阅读推广人系列教材（第二辑）

中国图书馆学会　编
总主编　王余光　霍瑞娟

图书馆家庭阅读推广

主　编　张　岩
副主编　肖容梅　师丽梅

CIPG 中国国际出版集团　朝华出版社 BLOSSOM PRESS

图书在版编目（CIP）数据

图书馆家庭阅读推广 / 张岩主编 . -- 北京：朝华出版社，2017.6

阅读推广人系列教材．第二辑 / 王余光，霍瑞娟主编

ISBN 978-7-5054-4024-1

Ⅰ．①图… Ⅱ．①张… Ⅲ．①图书馆—读书活动—教材 Ⅳ．① G252.17

中国版本图书馆 CIP 数据核字（2017）第 133268 号

图书馆家庭阅读推广

主　　编	张　岩
副 主 编	肖容梅　师丽梅

选题策划	张汉东
责任编辑	吕　哲
责任印制	张文东　陆竞赢

出版发行	朝华出版社		
社　　址	北京市西城区百万庄大街 24 号	邮政编码	100037
出版合作	（010）68995593		
订购电话	（010）68996050　68996618		
传　　真	（010）88415258（发行部）		
联系版权	j-yn@163.com		
网　　址	http://zhcb.cipg.org.cn		
印　　刷	环球东方（北京）印务有限公司		
经　　销	全国新华书店		
开　　本	710mm×1000mm　1/16	字　　数	230 千字
印　　张	14.75		
版　　次	2017 年 6 月第 1 版　2017 年 6 月第 1 次印刷		
装　　别	平		
书　　号	ISBN 978-7-5054-4024-1		
定　　价	39.80 元		

版权所有　翻印必究·印装有误　负责调换

阅读推广人系列教材（第二辑）编委会

主　编　王余光　霍瑞娟
编　委　（按姓氏音序排列）
　　　　邓咏秋　何官峰　黄　鹏　金德政
　　　　李东来　李世娟　李西宁　邱冠华
　　　　师丽梅　王丽丽　王　玮　王新才
　　　　王　媛　吴　晞　肖容梅　熊　静
　　　　徐　雁　许　欢　张　岩　张　章
　　　　仲　岩

总 序

全民阅读、阅读推广，是立足中国文化、提高中华民族素质与竞争力的重要举措，近年来受到政府与社会的广泛关注。党的十八大报告在关于"扎实推进社会主义文化强国建设"的论述中明确表示，要"开展全民阅读活动"。2014年和2015年，李克强总理先后在《政府工作报告》中提及"倡导全民阅读""建设书香社会"。

开展全民阅读活动是一项社会文化系统工程，需要集合全社会的力量推行。图书馆承担着传承社会文明、传播知识信息的重要职责，尤其在推动全民阅读、提高人民群众思想道德素质和科学文化素质，推动社会进步中发挥着重要作用。其实，图书馆界开展阅读推广工作由来已久，甚至可以说，提供阅读场所和读本的图书馆，自诞生之时就以阅读推广为自身的天然使命。2005年，作为我国图书馆界及相关业界最有影响力的社会组织，中国图书馆学会成立了科普与阅读指导委员会，这标志着中国图书馆学会在推动全民阅读上有了专门的组织机构。2009年，科普与阅读指导委员会更名为阅读推广委员会，下设15个专业委员会。近年来，中国图书馆学会依托图书馆行业自身优势，联合社会力量，积极倡导全民阅读，指导和推动全国图书馆界开展阅读推广活动，加强阅读文化和阅读服务的研究，集聚了一批从事全民阅读与阅读推广研究和教育培训等方面的专家，形成了开展阅读推广活动的长效机制。

图书馆馆员是图书馆阅读推广活动的策划者、组织者和实施者，其相关能力直接影响着图书馆阅读推广活动的成果与实效。图书馆阅读推广活动的开展，离不开高素质的"阅读推广人"。为了更加规范有效地开展阅读推广活动，进而从根本上促进我国全民阅读事业的发展，中国图书馆学会于2014年年底在江苏常熟举办的全民阅读推广峰会上,正式启动了"阅读推广人"培育行动,计划通过未来几年的努力,培育一大批专业"阅读推广人"。通过培育行动,将有更多职业"阅读推广人"在图书馆、学校以及更广阔的空间里发挥更大的作用,为推进全民阅读工作和书香社会建设做出更大的贡献。

为了配合"阅读推广人"培育行动的开展,中国图书馆学会组织编写了阅读推广人培育行动系列教材。希望这套教材的出版能对"阅读推广人"的培育和图书馆界及相关业界阅读推广工作的开展有所助益。由于编者水平有限及出版时间仓促,书中错误之处在所难免,敬请同行及读者指正。

中国图书馆学会理事长、国家图书馆馆长:韩永进

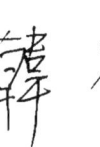

目 录

第一讲　中国传统家庭阅读与藏书 / 1
第一节　中国传统家庭阅读 / 1
第二节　中国传统家庭藏书与书房 / 17

第二讲　中国现代家庭藏书与书房 / 25
第一节　现代家庭藏书的构建 / 25
第二节　现代家庭书房 / 34
第三节　现代家庭阅读氛围 / 37

第三讲　家庭阅读方法 / 41
第一节　读、听、写与阅读分享 / 41
第二节　体验式阅读与角色扮演 / 59

第四讲　图书馆与家庭阅读推广 / 71
第一节　图书馆在家庭阅读推广中的作用 / 71
第二节　图书馆家庭阅读推广的意义 / 81
第三节　图书馆家庭阅读推广的思路 / 84

第五讲　图书馆家庭阅读书目 / 103
第一节　家庭阅读书目的类型 / 103
第二节　图书馆家庭阅读书目的编制 / 108

第六讲　图书馆家庭阅读推广活动 / 129

第一节　图书馆家庭阅读推广活动的策划 / 129

第二节　图书馆家庭阅读推广活动的组织实施 / 137

第三节　图书馆家庭阅读推广活动的品牌塑造 / 142

第七讲　国内图书馆家庭阅读推广案例 / 153

第一节　国内图书馆家庭阅读推广实践概览 / 153

第二节　深圳市图书馆界"阅读在我家"全城联动阅读推广活动 / 164

第三节　宁波市图书馆"大山雀自然学堂"家庭阅读活动 / 167

第四节　江阴市图书馆"阅读·家庭的欢笑"推广实践 / 171

第八讲　国外家庭阅读传统与图书馆家庭阅读推广案例 / 175

第一节　国外家庭阅读传统概览 / 175

第二节　英国"阅读起跑线"计划 / 179

第三节　俄罗斯奥廖尔州立儿童图书馆"家庭年"阅读推广实践 / 182

第四节　日本国际儿童图书馆助力家庭阅读 / 184

附录 / 189

中国幼儿基础阅读书目 / 189

中国小学生基础阅读书目 / 195

中国初中生基础阅读书目 / 203

中国高中生基础阅读书目 / 209

中国父母基础阅读书目 / 214

南书房家庭经典阅读书目 / 221

后记 / 227

第一讲

中国传统家庭阅读与藏书

第一节 中国传统家庭阅读

中国是一个拥有古老家庭阅读传统的国家,"耕读传家久,诗书继世长"的家庭规训,是古代书香门第中家庭阅读最贴切的表达,直到今天仍然深刻影响着中国家庭的阅读文化。

一、传统家庭阅读与传统文化

古代家庭阅读传统,根植于中国传统文化中的"修齐治平"思想之中。《大学》有云:

> 古之欲明明德于天下者,先治其国;欲治其国者,先齐其家;欲齐其家者,先修其身;欲修其身者,先正其心;欲正其心者,先诚其意;欲诚其意者,先致其知;致知在格物。物格而后知至,知至而后意诚,意诚而后心正,心正而后身修,身修而后家齐,家齐而后国治,国治而后天下平。自天子以至于庶人,壹是皆以修身为本。

"修身""齐家""治国""平天下"是对先秦儒家的主要代表孔子、孟子"修己治人"伦理思想的集中概括。儒家从由近及远、由己及人的原则出发,把社会的改造、天下的治理,最后归结为"诚意""正心"的道德修养,把个人的道德完善,看成是万事之本。"修齐治平"是传统中国人至高无上的伦理哲学,也是中国古代家庭阅读的目标和追求,即通过家庭阅读,在个人和家庭的层面实现"修身""齐家",而这是实现"治国"及"平天下"更高政治理想的必由之路。在这个意义上，中国家庭阅读的传统既是修身之道，又是入仕之道。家庭阅读是从单纯的家庭行为演变为进入社会生活、政治生活的重要途径。

（一）传统家庭阅读的目标

"修齐治平"是古代家庭阅读的主要目标，这就决定了中国古代家庭阅读传统的特点必然服从于与"修身""齐家""治国""平天下"对应的对人的素质的要求。因此形成了独具中华传统文化特点的读书观。

1. "修德明礼"

"礼"是中华传统文化的精髓，中国自古被誉为"礼仪之邦"，"礼"在中华传统文化当中具有举足轻重的作用。子曰："非礼勿视，非礼勿听，非礼勿言，非礼勿动。"[1]"礼"涉及日常生活准则，在古代社会规范着人们的道德和行为。《礼记·学记》所谓"玉不琢，不成器，人不学，不知义"，明确指出了阅读对于个人成长的重要性。

古代家长将知礼、好礼作为家庭教育的第一要务。家庭阅读的重要目的，是使家庭成员掌握中华传统文化最基本的伦理要求，即"礼义廉耻""忠孝节义"等思想。从这个意义上看，这也是读书修身的重要组成部分。古代家长期待子弟通过读书而知晓"仁义礼智信"和"忠孝节义"，这些内容即"德"的具体化。理解"仁义礼智信"与"忠孝节义"，概括而言，就是懂得为人与处事的道理。古代家长对修德的重视源于其对家庭兴衰的忧患意识。牟宗三认为："中国人的忧患意识绝不是生于人生之苦罪，它的引发是一个正面的道德意识，是德之不修，学之不讲，是一种责任感。"[2]古代家长意识到，修德可以保证家族兴旺、长盛不衰。在我国传统的价值体系中，修德又是孝行的内容之一，这便符合了古代宗法制度下家庭治理的内在伦理逻辑。

2. "修养身性"

北宋黄庭坚说："三日不读书，则义理不交于胸中，对镜觉面目可憎，向人亦语言无味。"[3]古代家庭阅读的一个重要功能，是讲究修身养性，涵养气质。所

---

[1] 杨伯峻. 论语译注 [M]. 北京：中华书局，2006
[2] 牟宗三. 中国哲学的特质 [M]. 上海：上海古籍出版社，2008
[3] 苏轼. 苏轼文集（第五册）[M]. 孔凡礼，点校. 北京：中华书局，1986

谓"书香气",就是通过阅读修养身心,陶冶性情。《颜氏家训》有言,读书"有益于身心耳……至于陶冶性灵,从容讽谏,入其滋味,亦乐事也"①。曾国藩说:"人之气质,由于天生,很难改变,唯读书则可以变其气质。古之精于相法者,并言读书可以变换骨相。"②

从以上可以看出,中国家庭阅读传统的一个重要特点,是将阅读作为一种个人文化生活的情趣来看待,家庭阅读传统因此而具有鲜明的美育特点。

3."学而优则仕"

隋唐以来,随着科举制度的逐步确立,尤其是明清时期科举制的完全成熟,使得"朝为田舍郎,暮登天子堂"、由农而仕的场景成为可能。这时,一些家庭的阅读也相应地向"学而优则仕"靠近,家长以子孙勤学入仕为荣,导致出现功利性阅读的潮流。如《寿州龙氏家规》劝诫子孙,在"士农工商"四民中,"读书为第一",并进一步阐释了"俸禄享千钟,黄金收万镒,皆从读书苦中来"等一系列功利思想。然而,也有家庭坚持传统的读书观,认为"读书非仅为科名也。能研求义理,学为好人,即不必以科名始贵。若但从事章句,仅志科名,恐科名未必即得而已,先失为好人,可耻孰甚"③,教育子孙不要为功名利禄所沾染。

(二)传统家庭阅读的主要内容

传统家庭阅读是为了修德,而儒家经典是社会普遍认可的关于德、礼思想最正统的文献。经典乃载道、论道、传道的基本载体,通过经典来体道、悟道,才能实现"内圣外王"的崇高志向。因而,经典阅读即是修德最直接的方式,相应地,经典阅读也成为传统家庭阅读的主要内容。可见,我国传统家庭阅读并不因个人的阅读旨趣而转移,而是顺应伦理之义的历史必然,这一伦理之义正切合社会的道统思想。我国古代社会所形成的家庭阅读秩序,必然受控于强大的主流伦理潮流,并与之互为表里,推动着我国古代独特的经典阅读文化的形成。

经典阅读的形成,经历了一个长期的发展过程。首先,汉武帝置"五经博士",使《诗》《书》《礼》《易》《春秋》正式被钦定为"经典",从而实现了儒

---

① 颜之推.颜氏家训[M].姜岸,编译.呼和浩特:内蒙古人民出版社,2008:3
② 徐洪升.曾国藩的藏书思想与读书之道[J].河南科技学院学报,2014(7):96—98
③ 西林岑氏祖训[G]//周秋芳,王宏.中国家谱资料选编:家规族约卷·下.上海:上海古籍出版社,2013:530

学典籍的经典化过程。其次，汉武帝"兴太学"，并以儒家经典教育太学生，太学生只要通过考核即可成为朝廷的官员，这就使通晓儒家经典成为"育才、迁官"的标准。再次，东汉私学环境宽松，私学肄业的学生同样可以举明经、被察举、授予官职，这极大地鼓舞了世人读经诵典的热情。最后，为移风易俗、教化民众，汉代派遣使者到各地观览民风成为定制，并将儒学的优秀践行者树立为道德楷模进行褒奖，这项政策在一定程度上使儒学落实到民间，使个体意识到经典阅读不仅可以"修德"而内圣，更能"由己推人"，实现践行社会责任的"外王"之道。

阅读经典是古人修德、行孝的必然选择，同样也离不开国家的推动。"以孝行治天下"的礼治思想与家庭宗法制度在伦理上高度契合，而经典阅读同样可作为个人理解家国关系、处理群己关系的直接路径。汉代实行"四科取士"以来，"明经"成为选官用人的必考科目。虽然魏晋时期"九品中正制"未采纳"明经"科目，而是以"品第"取人，但随即被隋唐科举制所取代。科举时代，"明经"一直是选官用人的必备条件。国家采取的"以经取人"的人才选拔机制，促成了古人重视经典的社会风气的形成。古人意识到，阅读经典不仅可以修德，更能够因此而成才乃至光宗耀祖。由此可见，阅读经典不仅是家庭和个人事务，同时也是国家为阅读设立的标准。

（三）传统家庭阅读的礼仪

中国是礼仪之邦。在古代，个体的行为要在礼仪的约束之下进行。《论语·为政》将个体行为符合社会发展的最高境界表述为"从心所欲不逾矩"。在家庭层面，古代家长更是将家庭成员的一举一动都纳入家礼的范围之内，家庭成员的阅读行为也必然要遵循一定的礼仪。南宋真德秀在《教子斋规》中就强调，为人要识礼数，在家中要顺从父母，在书院要听从先生教诲，并对子弟的坐、行、立、言、作揖、诵读和书写做了详细的规定。在阅读时，应"专心看字，断句慢读。须要字字分明。毋得目视东西，手弄他物"；在写字时，要做到精力集中，字要写得"齐整圆净，毋得轻易糊涂"[1]。一些兴办家塾的大族还规定了读书的纪律，如先生对学生说话时，学生应起立垂首听训；有客人来塾，学生都应起立，俟客人坐定方坐；大小便后均须洗手，不得以脏手碰书。

---

[1] 真德秀.教子斋规[G]//从余.中国历代名门家训.上海：东方出版中心，1997：196

（四）传统家庭阅读书目的选择

一般而言，古代的家长会为子女列出所读书目。据笔者考证，这些书目基本以经史典籍为主，但是各个历史时期的家庭阅读书目也不尽相同。如北宋司马光在《居家杂仪》中给男子所列的阅读书目中就包括《孝经》《论语》《尚书》《春秋》及诸史①等经典书籍。到了清代，一些家族在其家塾中为子弟所列书目更为详细，例如，宁波《镇海柏墅方氏师范堂义塾规则》规定："塾中初学其书，以《三字经》《弟子规》《夏小正》《鉴略》《孝经》《朱子》《小学》为善，次则《千字文》《百家姓》《神童诗》……此数种后，即应令读四子书……"②

古代一般家庭规定，在子女入学后（一般为10岁左右）即可"博览群书"，但实际上并不是所有的书都可以读，而是遵循经典的原则对书籍加以甄别和选择。如朱熹《家礼》中就规定子女："凡所读书，必择其精要者而读之（如《礼记》中的《学记》《大学》《中庸》《乐记》之类。它书仿此）。其异端非圣贤之书，传宜禁之，勿使妄观以惑乱其志。"③有些家规还规定子女读杂书要受罚："如好观杂书，若佛老等经……教者罚。"④《浦江郑氏义门规范》甚至还规定："子孙不得目观非礼之书，其涉戏谑淫亵之语者，即焚毁之。"⑤这样，古代家长通过对阅读书目的选择和控制，保障了阅读内容的经典性。

（五）传统家庭阅读的方法

古代家庭阅读之法强调"循序而致精"。首先，家长对不同年龄、性别的子女应该阅读何种书籍提出了具体的要求，并制定了相应的阅读顺序，以实现循序渐进的阅读目标。如《黄山岘阳孙氏家规》规定："各家教子者，先之四书五经，以植其基；次之《通鉴纲目》，以广其蓄；参之诸子百家，以绎其趣；上下古今名

---

① ［日］吾妻重二.朱熹《家礼》实证研究［M］.吴震，郭海良，译.上海：华东师范大学出版社，2012：271
② 镇海柏墅方氏师范堂义塾规则［G］//费成康.中国的家法族规.上海：上海社会科学院出版社，1998：317—321
③ ［日］吾妻重二.朱熹《家礼》实证研究［M］.吴震，郭海良，译.上海：华东师范大学出版社，2012：271
④ 黄山岘阳孙氏家规［G］//周秋芳，王宏.中国家谱资料选编：家规族约卷·下.上海：上海古籍出版社，2013：565
⑤ 浦江郑氏义门规范［G］//费成康.中国的家法族规.上海：上海社会科学院出版社，1998：268—284

物，以悉其蕴，其学亦云正矣。"[1]其次，家庭成员在阅读时应做到精读。袁衷就提出了"读书贵博亦贵精"的思想。曾国藩提出了"读书不二"的方法，明确指出："一书未完，不看他书……穷经必专一经，不可泛鹜。"[2]再次，读书应持之以恒。如南宋吕祖谦规定："后生为学……不可一日放慢。每日须读一般经书，一般子书……须静室危坐，读取二三百遍，字字句句须要分明。又每日须连前三五日授通读五七遍。"[3]此外，古代家长还鼓励子女养成阅读与思考相结合的习惯。曾国藩就以朱熹"虚心涵咏""切己体察"的具体读书方法辅导儿子，促其养成边读边思考，以切身体会书中的道理，从而达到知行合一的读书习惯[4]。

（六）传统家庭阅读的条件

为保障子孙读书，我国古代家族采取了一系列措施，如建立丰富的家庭藏书供子孙阅读；设立家塾，延请老师为子孙进行导读和教育；采取相应的奖惩措施鼓励及鞭策家庭成员阅读。

1. 丰富家庭藏书

吴晗指出："自板刻兴而私人藏书乃盛，其中风流儒雅，代有闻人，宿史枕经，笃成绝学。甚或连楹充栋，富夸琳琅，部次标签，搜穷二酉，导源溯流，蔚成目录之学。"[5]我国古代家庭藏书是继官府藏书之外数量最多的四大藏书体系之一，古代家庭对藏书的重视程度可见一斑。为了保障家庭阅读的开展，家庭成员极尽所能搜罗书籍，家训、家规中也有大量有关家庭藏书的记载。如累世袭居的江州陈氏义门，在其家法中就有"设立书堂一所于东佳庄"等供聪敏子弟修学之用的记录，还特别强调，如果稍有学成应举者，"除现置书籍外，须令添置"。此外，该家族还有专人对书籍进行管理，"于书生中立一人掌书籍出入，须令照管，不得遗失"[6]。《浦江郑氏义门家法》中规定，家族应"广储书籍，以惠子孙"，

---

[1] 黄山岘阳孙氏家规［G］//周秋芳，王宏.中国家谱资料选编：家规族约卷·下.上海：上海古籍出版社，2013：565
[2] 曾国藩的读书"条规"［J］.中国职工教育，2009（7）：6
[3] 吕祖谦.辨志录［G］//从余.中国历代名门家训.上海：东方出版中心，1997：228
[4] 徐洪升.曾国藩的藏书思想与读书之道［J］.河南科技学院学报，2014（7）：96—98
[5] 吴晗.江浙藏书家史略·序言［M］.北京：中华书局，1981：1
[6] 江州陈氏义门家法［G］//费成康.中国的家法族规.上海：上海社会科学院出版社，1998：238—243

强调书籍不能外借，以免散逸，甚至将私卖家庭藏书的行为视为不孝："义门书籍，子孙是教。鬻及借人，兹为不孝"[1]。古代家庭宏富的藏书不仅使家庭成员可以博览群书，还为他们提供了良好的阅读环境，从而保障了家庭阅读活动开展的资源和空间基础。

2. 实施奖惩措施

古代家庭对阅读的保障不仅在于提供书籍和阅读之所、延师讲学，还将阅读纳入家庭治理体系之中，不仅重视对阅读的引导，还对阅读的效果进行考核，对子女和家长的行为均有明确的规范。首先，家长对读书效果差者予以责罚。如《浦江郑氏义门家法》中明确规定，子弟在举行冠礼之后，家长要"每月十日一轮，挑背已记之书"。如果在检查中，子弟"初次不通，去巾一日；再次不通，则倍之；三次不通，则分衿如未冠者。通则复之"[2]，惩罚措施之重，由此可见一斑。其次，族长也对不鼓励子女读书的家长予以惩罚，如《毗陵长沟朱氏祠规》中就规定："如幼童品质颖秀，其父甘于废弃，不送读书，罚银一两"，还进一步表明他人如"有从旁谤议，阻挠不肯成人之美，定责二十板"。反之，家族还会对勤奋读书、天资聪颖的子弟予以荐拔，对子弟参加科举考试的路费进行资助，"乡试卷资程仪，每人银一两，武场程仪减半。会试卷资程仪，每人银六两，武场程仪减半"；对于考取功名的子弟，则予以奖励，如"新贵贺仪，入泮贺银二两，五贡贺银三两，乡科贺银一十二两，钱仪二分之一，甲第贺银廿四两，钱仪二分之一"；一些家族还将子孙有才德、登名仕宦者，在家谱的附录中单独列篇记述，以凸显其对于"振家声"的贡献[3]。

二、传统家庭阅读与私塾、家塾

私塾、家塾是传统家庭阅读的重要场所与空间，是传统家庭阅读系统化、规范化的重要形式。为了督促和引导子孙读书，我国古代的世家大族一般都兴办家塾和私塾。家塾不仅免费，而且为子弟提供笔墨纸砚。古代家族还会延请老师为

---

[1] 浦江郑氏义门家法 [G] // 费成康. 中国的家法族规. 上海：上海社会科学院出版社，1998：268—284
[2] 毗陵长沟朱氏祠规 [G] // 费成康. 中国的家法族规. 上海：上海社会科学院出版社，1998：295—299
[3] 锡山邹氏家乘凡例 [G] // 费成康. 中国的家法族规. 上海：上海社会科学院出版社，1998：259—261

子弟讲学、解惑，如《临安钱氏谱例》便规定："宗族子弟读书，当择名师训之。"[①]家族对老师的选择也有较为严格的规定："家塾之师必择明于道术、端严可为师法者为之，苟非其人，则童稚之学以先入之言为主，教之不正适为终身之误。若曰童稚无知，不必求择明师，此不知教者也。"[②]

个人受教育的程度，决定读者的阅读能力，社会教育普及程度也影响着社会的阅读风尚和文化水平。曾国藩出身于耕读世家，历经家塾教育、书院教育，受到家人、塾师、学人朋友及书院山长的影响较大，教育对他的文献阅读起着非常重要的作用。曾国藩自小家庭教育良好，他"少长至冠，未离亲侧。读书识字，皆我君口授"，既受其祖父注重"书、蔬、鱼、猪"的传统家法影响，亦受其父"晨夕讲授指划"的阅读教育。这样的耕读家庭环境里，眼睛所常见的是祖父稍有闲余便手捧书卷的场景，耳朵所听的常是有关文献阅读的种种教诲之声。曾国藩之父曾麟书可以说是曾国藩第一位较为重要的老师。亦父亦师的家庭教育，再加上久经科场之经历，使曾麟书深知一曝十寒成不了大业。阅读兴趣的培养是其家庭教育的重要内容，"每天规定儿子固定的读书时间，并一定要曾国藩把书背得滚瓜烂熟，他才满意"。如此优良的家庭阅读教育环境，对曾国藩后来的阅读生涯产生深远影响。在父亲带领下，曾国藩读完四书五经，又读《史记》《文选》等其他书籍。没几年工夫，曾国藩就能做八韵诗和制艺文章，成为当地小有名气的读书青年。他去长沙府应童子试，一举中得第七名。至此，家庭教育已不能满足曾国藩所需，于是家人又将其送往衡阳唐氏家塾。

唐氏家塾由衡阳汪觉庵先生设馆授徒，应于科举之需，遂尤重四书文（即时文，或称八股文）之阅读与写作。明清两代，对于四书文的写作所据经传注疏有严格的规定，即以朝中所颁布的《四书大全》《五书大全》为式。曾国藩抱着科举成功的梦想，自然不得不熟读此二种文献。唐氏家塾的教育，对曾国藩而言，主要强化了他作为一个应试者应具备的阅读内容与阅读方向，为其后来的人生之路做了必要的铺垫。

---

① 临安钱氏谱例[G]//费成康.中国的家法族规.上海：上海社会科学院出版社，1998
② 泾县潘氏家规[G]//周秋芳，王宏.中国家谱资料选编：家规族约卷·下.上海：上海古籍出版社，2013：522

三、传统家庭阅读与家训、家规

中国是一个极其重视家庭教育的国度,家训、家规是承载家庭阅读价值,明确家庭阅读理念,规训家庭阅读行为的重要载体。历代家训、家规当中包含着丰富而精彩的中华家庭阅读思想。耕读传家、明理修身、勤学苦读、持之以恒、知行合一、博约相宜等阅读思想,一定程度上彰显着中国传统家庭阅读的价值、目的、态度、内容、方法与取向。

(一)规范家庭阅读价值

"耕读传家"是中华传统家庭阅读文化最受认可的核心价值,它代表了传统农业社会中国人的价值观、生活观与世界观。"耕田可以事稼穑,丰五谷,养家糊口,以立性命。读书可以知诗书,达礼义,修身养性,以立高德。""耕读传家"既学做人,又学谋生。今天,我们依然可以在很多中国家庭的门楣、中堂看到"耕读传家""晴耕雨读""耕读家风""耕读人家"等耕读匾额,"耕"与"读"既是中国家庭安身立命之本,又是其最为理想的生活方式与价值取向,是中国传统家庭治家理念的集中体现,是历代家规、家训的重要内容。

南北朝时期著名的文学家、教育家颜之推的《颜氏家训》,是中华历史上第一部内容丰富、体系宏大的家训,被誉为"古今家训之祖"。《颜氏家训》明确提出,"耕"与"读"对于传统家庭同等重要,其中说"生民之本,要当稼穑而食,桑麻而衣",对以"万般皆下品,唯有读书高"为代表的"唯读书论"进行了有益的引导与批判。晚唐五代名臣章仔钧治家有方,留下《太傅公家训》,其中有云,"传家两字,曰读与耕……不孝子孙,眼底无一句诗书,胸中无一段道理"[1],明确把"传家两字,曰读与耕"一句放在篇首,还对子孙后代的学问修养、品德操守提出了很高的要求。明末清初著名理学家张履祥在《训子语》里说,"读而废耕,饥寒交至;耕而废读,礼仪遂亡",教诫子孙要耕读为本,农耕为生活之本,阅读为礼仪之本。

此外,清代名臣曾国藩以耕读为核心的治家思想,影响更为广泛而深远。曾国藩的父亲曾麟书曾亲自撰写了一副对联:"有子孙有田园,家风半耕半读,但

---

[1] 陆林.中华家训[M].合肥:安徽人民出版社,2000:145—146

以箕裘承祖泽；无官守无言责，世事不闻不问，且将艰巨付儿曹。"亦耕亦读，勤俭持家，敬祖睦邻，成为曾家持家立业的基本理念和世代相袭的传统。曾国藩在清道光二十九年（1849）四月十六日给他的几个弟弟的信中写道："吾细思，凡天下官宦之家，多只一代享用便尽，其子孙始而骄佚，继而流荡，终而沟壑，能庆延一二代者鲜矣。商贾之家，勤俭者能延三四代；耕读之家，谨朴者能延五六代；孝友之家，则可以绵延十代八代。我今赖祖宗之积累，少年早达，深恐其以一身享用殆尽，故教诸弟及儿辈，但愿其为耕读孝友之家，不愿其为仕宦之家。"①曾国藩以"耕读"作为持家、立业、兴族的根本，相比为官为宦，耕读孝友才是延绵家族兴旺的支撑。

（二）规范家庭阅读目的

中华传统阅读文化的一个重要方面，即是关于读书目的性的探讨，即读书的主要目的是什么。历代家训、家规当中不乏对家庭阅读的目的、取向的规范与教诫，包括明理修身、传承家学、求取功名、光耀门楣、变化气质、人生至乐等方面内容，而明理修身无疑是以儒家思想为核心的中国传统家庭读书的主要目的。

康熙皇帝在《庭训格言》中即表达了读书明理的价值："圣贤之书所载皆天地、古今、万事万物之理，能因书以知理，则理有实用。……世之读书者，生乎百世之后而欲知百世之前，处乎一室之间而欲悉天下之理，非书曷以致之？"②

颜之推在《颜氏家训·勉学篇》中写道："夫所以读书学问，本欲开心明目，利于行耳。……古之学者为己，以补不足也；今之学者为人，但能说之也。古之学者为人，行道以利世也；今之学者为己，修身以求进也。夫学者犹种树也，春玩其华，秋登其实；讲论文章，春华也，修身利行，秋实也。"③他认为读书能明理、修身、养德，能通晓养亲、事君之理，同时能够美风美俗、砥砺品性等。

明末清初著名理学家、教育家朱柏庐在《朱柏庐治家格言》中说："读书志在圣贤，为官心存君国。"④所谓志在圣贤，即明确读书之目的在于治学成才、求取真理，而不在于求取功名。

---

① ［清］曾国藩.曾国藩家书（一）［M］.长沙：岳麓书社，1985：420
② ［清］康熙.庭训格言［M］.杭州：浙江古籍出版社，2013：107
③ ［北齐］颜之推.《颜氏家训》全译［M］.贵阳：贵州人民出版社，2008：85
④ 时亮.《朱子家训 朱子家礼》读本［M］.北京：中国人民大学出版社，2016：206

清代张英在《聪训斋语》中阐释："人心至灵至动，不可过劳亦不可过逸，惟读书可以养之。"[1]重点强调阅读可以滋养人心，可以丰富人的生命体验，带给人内心以宁静。明代吴麟徵《家诫要言》有云："多读书则气清，气清则神正，神正则吉祥出焉，自天佑之。读书少则身暇，身暇则邪闲，邪闲则过恶作焉，忧患及之。"[2]从正反两个角度阐明读书对人气质的影响——读书有助于发扬正气，不读书则易于生发邪气。实际上，张英和吴麟徵都是在强调读书的修身功能。

晚清名臣曾国藩特别强调子弟要以修身明理为读书目标。清咸丰六年（1856）九月二十九日，他写信给儿子曾纪鸿说："凡人多望子孙为大官，余不愿为大官，但愿为读书明理之君子。勤俭自持，习劳习苦，可以处乐，可以处约。此君子也。"[3]他劝诫不要以求取功名作为读书的目的，而应该通过读书修身明理，成就君子人格。

明末清初理学家孙奇逢以学问和名节闻名，与黄宗羲、李颙并称"明末清初三大儒"。他在《孝友堂家训》中说："古人读书，取科第犹第二事，全为明道理，做好人。道理不明，好人终做不成者，惰与傲之习气未除也。洒扫应对，先儒谓所以折其傲与惰之念。盖傲惰除而心自虚，理自明，容色词气间，自无乖戾舛错。事父、从兄、交友，各有攸当，岂不成个好人。日用循习，始终靡间，心志自是开豁，文采自是焕发，沃根深而枝叶自茂。"[4]他告诫子孙，读书取科登第是次要的，重要在于明道理、做好人。而要做好人，必须除傲惰之气，虚心求学。

（三）规范家庭阅读态度

与现代社会相比，中国传统家庭阅读文化更加重视面对阅读的态度。阅读并不是一件随意的事情，阅读的态度往往与为人处事、立德修身联系在一起。历代家训、家规当中有很多是对家族子弟养成正确阅读态度的劝诫规范，其中包含着勤学苦读、持之以恒、用心专一、惜时如金、谦虚谨慎等价值导向。

勤学苦读。"勤"和"恒"是古人对读书最基本的两项要求。古往今来，闻鸡起舞、囊萤映雪、凿壁偷光等典故都是中国人对勤学苦读的生动描写与价值褒奖。

---

[1] 赵忠心.中国家训名篇[M].武汉：湖北教育出版社，1997：251—252
[2] 马誉国，马吉照.父母课：我国传统家庭教育经典译注大全[M].合肥：安徽人民出版社，2013：221
[3] [清]曾国藩.曾国藩家书（一）[M].长沙：岳麓书社，1985：251
[4] [清]孙奇逢.孝友堂家训[M].北京：中华书局，1985：3

西汉初年的孔臧教导儿子："人之讲道，惟问其志，取必以渐，勤则得多。山溜至柔，石为之穿；蝎虫至弱，木为之弊。夫溜非石之凿，蝎非木之钻，然而能以微脆之形，陷坚刚之体，岂非积渐之致乎？"[1] 康熙皇帝在《庭训格言》中写道："故凡事可论贵贱老少，惟读书不同，贵贱老少读书一卷，则有一卷之益；读书一日，则有一日之益。此夫子所以发愤忘食，学如不及也。"[2] 强调读书有一分付出便有一分回报，有一分耕耘便有一分收获。读书的道路上没有捷径可走，来不得半点虚假。

持之以恒。南宋词人叶梦得在《石林家训》中要求子女："旦起须先读书三五卷，正其用心，然后可及他事。暮夜见烛亦复然。若遇无事，终日不离几案。"[3] 强调读书要用心，排除干扰和杂念。康熙帝教育子女："初学贵有决定不移之志，又贵有勇猛精进之心，尤贵有贞常永固不退转之念。"[4] 读书求学如逆水行舟，不进则退，唯有勤学苦读，长期不懈地坚持，才有可能真正学有所成、学有所得。

惜时如金。唐末五代十国著名诗人王贞白在《白鹿洞二首》中有云："读书不觉已春深，一寸光阴一寸金。"正是表达了一种用心读书而不觉时光流逝的态度与状态。"一寸光阴一寸金"亦成为后世劝诫读书人珍惜光阴、刻苦攻读的千古名句。南北朝著名诗人王褒在《幼训》中写道："文士何不诵书？武士何不马射？若乃玄冬修夜，朱明永日，肃其居处，崇其墙仞，门无糅杂，坐阙号哎。以之求学，则仲尼之门人也。"[5] 在这里，王褒教诫子孙不论冬夏，珍惜时间，保持肃静，专心读书。三国时期诸葛亮在《诫子书》中告诫儿子："夫君子之行，静以修身，俭以养德，非淡泊无以明志，非宁静无以致远。夫学须静也，才须学也，非学无以广才，非志无以成学。淫慢则不能励精，险躁则不能治性。年与时驰，意与日去，遂成枯落，多不接世，悲守穷庐，将复何及！"[6] 诸葛亮以此告诫儿子要勤学立志，不可荒废怠慢，徒耗光阴，后悔莫及。

用心专一。传统家庭阅读强调专一、执一的阅读态度，不能"东一榔头、西一棒槌"，泛泛而读，要熟读成诵。康熙帝教育子女："初学贵有决定不移之志，

---

[1] 余欣然.中国历代家书精华[M].北京：中国社会出版社，2005：105—106
[2] [清]康熙.庭训格言[M].杭州：浙江古籍出版社，2013：135
[3] 周秀才，王若，邵宝龙，等.中国历代家训大观（上册）[M].大连：大连出版社，1997：228
[4] [清]康熙.庭训格言[M].杭州：浙江古籍出版社，2013：22
[5] 吴言生，翟博.中国历代家训集锦[M].西安：三秦出版社，1992：66
[6] 李伯勋.《诸葛亮集》笺论[M].西安：陕西人民出版社，1997：286—292

又贵有勇猛精进之心，尤贵有贞常永固不退转之念。"①晚清名臣曾国藩在《曾国藩家书》中告诫子弟："诸弟在家读书，下审每日如何用功？余自十月初一立志自新以来，虽懒惰如故，而每日楷书写日记，每日读史十页，每日记茶余偶谈一则，此三事未尝一日间断"②，"凡作一事，无论大小难易，皆宜有始有终"③，"若志在穷经，则须专守一经，志在作制义，则须专看一家文稿。……或欲阅之，但当读一人之专集，不当东翻西阅"④。强调读书贵在用心专一，有始有终；要一本一本地读，不要东翻西阅。

谦逊谨慎。传统家庭阅读特别强调谦逊谨慎的阅读态度，所谓学海无涯，戒骄戒躁，知之为知之，不知为不知，来不得半点骄傲自满。颜之推在《颜氏家训》中写道："率意自读史书，一日二十卷，既未师受，或不识一字，或不解一语，要自重之，不知厌倦"⑤，"吾每读圣人之书，未尝不肃敬对之。其故纸有《五经》词义及贤达姓名，不敢秽用也"⑥等，以此劝诫后世要有谦逊的阅读态度。

（四）规范家庭阅读内容

中华典籍浩如烟海，穷极一生往往也难以窥其一斑，因此家庭阅读的内容导向就显得尤为重要。历代家训、家规不仅明确了阅读的价值、目的、态度，也对传统家庭阅读的主要内容进行了规范，明确回答了家族子弟应该读什么的问题。从历代家训强调的阅读内容导向来看，首先要读儒家经典，即所谓的圣贤书，这是传统家庭阅读的基础内容与必备内容。其次是博览群书，即在阅读儒家经典的基础上扩大阅读范围，利于事用。

儒家经典不仅是人们的伦理道德规范，也是人们安身立命的普遍行为准则，是历代家训、家规关于家庭阅读内容的根本导向。古人训诫子弟读书，必然从四书五经开始。《颜氏家训》以"务先王之道，绍家世之业"⑦来形容精读儒家经典

---

① [清]康熙.庭训格言[M].杭州：浙江古籍出版社，2013：22
② [清]曾国藩.曾国藩家书[M].北京：昆仑出版社，2001：12
③ [清]曾国藩.曾国藩家书[M].北京：昆仑出版社，2001：299
④ [清]曾国藩.曾国藩家书[M].北京：昆仑出版社，2001：164
⑤ [北齐]颜之推.《颜氏家训》全译[M].贵阳：贵州人民出版社，2008：33
⑥ [北齐]颜之推.《颜氏家训》全译[M].贵阳：贵州人民出版社，2008：100
⑦ [北齐]颜之推.《颜氏家训》全译[M].贵阳：贵州人民出版社，2008：103

的重要性。颜之推认为："夫圣贤之书，教人诚孝，慎言检迹，立身扬名，亦已备矣。"① 唐代文学家李华在《与外孙崔氏二孩书》中云："汝等当学读《诗》《礼》《论语》《孝经》，此最为要也！"② 明代大臣庞尚鹏在《庞氏家训》中写道："子弟以儒书为世业，毕力从之。"③ 清代朱柏庐在《劝言》中说："若能兼通《六经》及《性理》《纲目》《大学衍义》诸书，固为上等学者；不然者，亦只是朴朴实实，将《孝经》《小学》《四书本注》置在案头。常自读，教子弟读，即身体而力行之，难道不成就好人？"④ 这些经典家训无一不突出强调阅读正统儒家经典的必要性。古人认为，若能精读儒家经典并能身体力行，则完全能够满足传统家庭子弟修身养德、安身立命、求取功名的价值需求。

康熙帝在《庭训格言》中进一步详细阐述经史典籍的重要价值，特别强调少年子弟切不可读小说等非经典内容。"训曰：古圣人所道之言即经，所行之事即史。开卷即有益于身。尔等平日诵读及教子弟，惟以经史为要。夫吟诗作赋，虽文人之事，然熟读经史，自然次第能之。幼学断不可令看小说。小说之事，皆敷演而成，无实在之处，令人观之，或信为真，而不肖之徒，竟有效法行者。彼焉知作小说者譬喻、指点之本心哉！是皆训子之道，尔等其切记之。"⑤ 而南宋陆九韶的《居家正本制用篇》则阐述得更加详细，他说："愚谓人之爱子，但当教之以孝弟忠信。所读须先《六经》《论》《孟》，通晓大义。明父子、君臣、夫妇、昆弟、朋友之节。知正心、修身、齐家、治国、平天下之道。以事父母，以和兄弟，以睦族党，以交朋友，以接邻里，使不得罪于尊卑上下之际。次读史，以知历代兴衰。究观皇帝王霸，与秦汉以来为国者，规模措置之方。"⑥

随着时代的发展、社会的进步，除了阅读正统儒家经典外，部分家训当中也鼓励子弟在阅读儒家经典的基础上，拓宽阅读视野，广泛涉猎各种阅读内容，以开拓阅读视野。张履祥在《训子语》中云："书籍惟六经诸史、先儒理学，以及

---

① [北齐]颜之推.《颜氏家训》全译[M].贵阳：贵州人民出版社，2008：10
② 姚铉.中华传世文选：唐文粹[M].长春：吉林人民出版社，1998：916
③ 翁福清.中国古代家训集成[M].北京：中国国际广播出版社，1992：266
④ 赵忠心.中国家训名篇[M].武汉：湖北教育出版社，1997：245
⑤ [清]康熙.康熙教子庭训格言[M].北京：中国社会科学出版社，2004：35
⑥ 周秀才，王若，邵宝龙，等.中国历代家训大观（上册）[M].大连：大连出版社，1997：256

历代奏议有关修己治人之书，不可不珍重护惜。下此则医药、卜筮、种植之书，皆为有用。"[1]袁采在《袁氏世范》中写道："盖子弟知书，自有所谓无用之用者存焉。史传载故事，文集妙词章，与夫阴阳卜筮，方技小说，亦有可喜之谈……子弟朝夕于其间，自有资益，不暇他务。"[2]颜之推认为，读书"当博览机要，以济功业"，即要博涉群书、精通典籍。另外，在此基础上，他认为还要广为涉猎，不但要涉猎书本知识，还要注意从日常生活中获取知识，强调"博学求之，无不利于事也"[3]。

（五）规范家庭阅读方法

中国传统的读书人往往根据自己的读书实践，从读书活动的客观规律出发，总结出普遍适用、可资借鉴的读书方法，并在家训中充分表达，倾囊相授，以期对家族子弟的读书生活给予指导和帮助。

循序渐进。对书的选择要由易到难，随着年龄的增长，阅读的难度要逐步加大。如唐代官至少卿监的李恕在《戒子拾遗》中教诫道："男子六岁，教之方名。七岁读《论语》《孝经》。八岁诵《尔雅》《离骚》。十岁出就师傅，居宿于外。十一专习两经。志学之年，足堪宾贡。"[4]

质疑求师。要带着问题读书，要注意向老师求教，要多加思考。如明代以至孝和宽厚闻名的何伦在《何氏家规》中教诫道："略有疑惑，即为质问，不可草草揭过。俟一本通贯，仍听先生摘其难者而挑问之，或不能答，即又思之，思之不通，然后复讲。"[5]

取精弃粗。读书要融会贯通，抓住要点，不可拘泥于书本上的只言片语。如清代官至礼部主事的郑日奎在《与弟侄》的信中以"养蚕"为例教诫道："为蚕养桑，非为桑也。以桑饭蚕，非为蚕也。逮蚕吐茧而丝成，不特无桑，蚕亦亡矣。取其精，弃其粗；取其神，去其形。所谓罗万卷于胸中而不留一字者乎。"[6]

---

[1] 赵忠心.中国家训名篇［M］.武汉：湖北教育出版社，1997：313
[2] 尹奎友.中国古代家训四书［M］.济南：山东友谊出版社，1997：336—337
[3] 颜之推.《颜氏家训》全译［M］.贵阳：贵州人民出版社，2008：56
[4] 卢正言.中国历代家训观止［M］.上海：学林出版社，2004：219—220
[5] 徐梓.家训：父祖的叮咛［M］.北京：中央民族大学出版社，1996：201—204
[6] 苏全有.中国历代名人书信大系·前清卷［M］.北京：人民日报出版社，2000：5—6

勤于动笔。不动笔墨不读书,读书要养成做摘录、写评论的习惯,有益于巩固记忆、深刻理解、积累资料。南宋朱熹在《朱子文集》中写道:"早晚受业请益,随众例不得怠慢。日间思索有疑,用册子随手札记,候见质问,不得放过。所闻诲语,归安下处,思省切要之言,逐日札记,归日要看。见好文字,录取归来。"①强调在阅读过程中要养成随手记笔记的习惯,勤于动笔,勤于思考、温习。

博约结合。读书忌泛而无择,也忌固守一隅;博约结合,由博到约,由约反博,是明智的选择。康熙帝在《庭训格言》中说:"书不贵多而贵精,学必由博而致约。"②晚清曾国藩还特别为子弟读书总结出"专字诀",强调读书之专精:"若夫经史而外,诸子百家,汗牛充栋。或欲阅之,但当读一人之专集,不当东翻西阅。……此一集未读完,断断不换他集,亦专字诀也。"③

(六)规范传统家庭阅读取向

中国古代曾把那种死读书、读死书,虽满腹经纶,却毫无见解的人比喻为"两脚书橱""书呆子"。传统家庭虽强调阅读的重要性,但对只会读死书的书呆子持批评态度。人们普遍希望自己的子弟在阅读活动中既能明事理、长才能,又能将所学知识运用到实践当中去,达到学以致用、知行合一的境界。历代家训、家规尤其强调知行合一的家庭阅读取向。

康熙皇帝在《庭训格言》中写道:"人之读书,本欲存诸心,体诸身,而求实得于己也。如不然,将书泛然读之,何用?"④强调读书不但要用心去读,而且应该身体力行,应用于实践当中,如此才能真正有所得。《颜氏家训》对"只会读书,不通事故"的读书取向持批判态度:"世人读书者,但能言之,不能行之,忠孝无闻,仁义不足。……问其造屋,不必知楣横而棁竖也;问其为田,不必知稷早而黍迟也;吟啸谈谑,讽咏辞赋,事既优闲,材增迂诞,军国经纶,略无施用。故为武人俗吏所共嗤诋,良由是乎!"颜之推既从正面强调读书学问贵在践行,又从反面阐明知识不能践履的危害,以此教育子孙学贵能行。此外,《颜氏家

---

① 尚诗公.中国历代家训大观[M].上海:文汇出版社,1992:113
② [清]康熙.康熙教子庭训格言[M].北京:中国社会科学出版社,2004:107
③ [清]曾国藩.曾国藩家书选注[M].合肥:安徽人民出版社,2013:61.
④ [清]康熙.康熙教子庭训格言[M].北京:中国社会科学出版社,2004:169

训》提出"学之所以，施无不达，①"即通过学习掌握了道理，就应该照此做事。只要认真去做，没有做不到的。

清初理学家朱柏庐在《劝言》中通过正反两个方面来论述学以致用、身体力行的读书观点。"先儒谓今人不曾读书，如读《论语》，未读时是此等人，读了后只是此等人，便是不曾读。此教人读书知义理之道也。……所以读一句书，便反之于身，我能否如是否？做一件事，便要合之于书，古人是如何？此才是读书。"②强调读书不是为了让人们谋求富贵，而希望通过阅读成就君子人格。如何将读书与现实生活联系起来，才是关键，这也是历代家训、家规当中尤为重视的问题。朱柏庐提出，读书的关键在于"反之于身"，这既是读书致用的重要方法，也为中国传统读书家庭通过阅读指导实践，实现立德、明理、修身的阅读目标提供了具体路径。不断地"反之于身"，即是不断将所学所读应用于实践，并通过实践加以检验的过程。

第二节　中国传统家庭藏书与书房

一、中国传统家庭藏书

中国传统家庭藏书历史悠久，最早可以追溯到春秋时期，伴随着私学的兴起而兴起。孔子往往被认为是最早的私人藏书家，而自孔子之后，他的弟子们在他所居住的堂室"庙藏孔子衣冠、琴、诗、书"。战国时期，传统私家藏书得到进一步发展，"百家争鸣"的社会文化氛围，使传统私家藏书有了极为宽松的环境和土壤。从此，中国传统家庭藏书逐步体系化，与官府的藏书共同发展，互为补益，一直延续数千年时间。

一般认为，整个中国传统家庭藏书可以划分为以下几个阶段：

第一阶段是中国传统家庭藏书的成长期，大体处于春秋末年到东汉。这个阶段，标志性的特征为"百家争鸣"。在这次文化运动中，产生了六艺、诸子、史学、

---

① 赵忠心.中国家训名篇[M].武汉：湖北教育出版社，1997：35
② 赵忠心.中国家训名篇[M].武汉：湖北教育出版社，1997：245

兵家、医学、天文、地理等大批中华传统典籍，这些藏书门类基本奠定了后世传统家庭藏书的基本格局。虽然经历了秦始皇"焚书坑儒"的文化浩劫，但正是因为传统家庭藏书强大坚韧的生命力，很多中华经典幸免于难，汉代借此恢复了百家之学。而在汉武帝"罢黜百家，独尊儒术"的影响下，经学大为发展，经书典籍数量剧增，这也体现在中国传统家庭藏书结构的变化上——史学著作明显增加。此时典籍的形制主要为简帛书。由于竹木简比较笨重，书写、携带和保藏都很不方便，因此在一定程度上限制了私家藏书活动的发展速度。虽然出现了像河间献王、蔡邕、刘安、刘歆那样收藏颇丰的藏书家，但私人藏书主要还是局限在少数学者、士大夫中间，未能形成较为普遍的现象。

第二阶段是中国传统家庭藏书的发展期，大概处于魏晋南北朝至隋唐期间。这一时期我国学术文化得到了迅速发展，特别是隋唐时期，达到了高峰。经、史、子、集四类典籍，包括佛道经典，比汉代大大增加。一方面，造纸术的发展大大推动了传统家庭藏书的发展。另一方面，爱护藏书成为士大夫德行标准的重要依据。"借人典籍，皆须爱护，先有缺坏，就为补治，此亦士大夫百行之一也。"[1]家庭藏书在这一时期已经发展成为一种社会风尚，一般文人士大夫间相互传抄，与人共读，无私借读或捐赠给善读者，也推动了少数平民百姓有机会加入到藏书家群体之中。这一时期中华传统家庭藏书呈现出诸多特点，成为后世家庭藏书风向的基础与标杆。

一是藏书质量得到显著提高，一方面表现在藏书量上的突破，藏书万卷的现象已经出现。另一方面，从藏书的目标上来讲，提倡藏用结合。特别是隋唐时期，由于文化的高度繁荣，学术风气开明，由此极大地推动了图书种类的发展。

二是科举制确立，雕版印刷发明、普及后，私学成风，显著推动了传统家庭藏书的发展。特别是科举制确立之后，"学而优则仕"，以求取功名为目标的主流阅读需求成为推动传统家庭藏书发展的主要动力。

三是魏晋风度赋予了读书治学以全新的价值与追求。"对酒当歌，人生几何"、围炉雅聚、曲水流觞的风度，赋予这一时期传统士大夫家庭藏书以更自由、深沉的追求，阅读与藏书更加趋向思想的自由与灵魂的独立，家庭藏书成为中华文人

---

[1] 颜之推.颜氏家训[M].姜岸，编译.呼和浩特：内蒙古人民出版社，2008：78

士大夫崇尚儒雅、追求精神升华的重要表现。藏书自娱、读书明志相对于"学而优则仕",无疑更进了一步。唐初还出现了供读书人自己读书治学的书院,一部分热衷于教育的藏书家开始用自己的藏书开展教学活动,或无私地将自己的藏书捐赠给书院,供书生们作为学习教材,这在一定程度上也促成了中国古代藏书体系的另外一部分——书院藏书的发展。

第三阶段是中国传统家庭藏书的兴盛期,大体处于宋代至清末。这一时期,中国学术文化发展至高峰并进入总结阶段,在政府、民间的双重推动下,一大批经典典籍被重新整理、研究、编辑,特别是《永乐大典》《四库全书》等超大图书文化整理工程,极大地推动了家庭藏书文化的兴盛。具体表现在:

一是雕版印刷的普及,给图书生产与流通带来极大便利。传统家庭藏书已经不限于士大夫阶层,很多乡绅、豪门、商贾及一般读书人家,都参与到家庭藏书建设当中,藏书家庭数量大大增加。

二是产生了家庭藏书文化现象,出现了职业藏书家。在家庭藏书的处理技术方面,藏书家不仅积累了大量实践经验,而且出现了有关专著。这些藏书家"一生精力,耽耽简编,肘敝目昏,虑衡心困,艰险不避,讥诃不辞。节缩饔餐,变易寒暑。时复典衣销带,犹所不顾"[1]。他们用情于书,几成痴迷,即所谓"淫嗜生应不休,痴癖死而后已"[2]。藏书家的爱书成痴构成了家庭藏书文化的独特风景,也为后世读书、藏书确立了价值标准与行为规范。

三是传统家庭藏书发展趋势呈现多样性。从藏书阶层看,有士大夫,有官僚豪门,有乡绅富贾,也有一般的布衣学子。从藏书家类型看,有著述型、校勘型、收藏型、贩贾型等等。不同类型的藏书家从不同途径发展了家庭藏书,有的将藏书内容转化为新的知识体系,有的校订了图书中的讹误,有的搜采异本、精于措理,有的储存吐纳,促进了图书的流通,从各个渠道丰富了藏书文化。

四是传统家庭藏书情趣性特征凸显。家庭藏书与官府、书院藏书最大的差异就在于,私家藏书除了实现藏书、读书等基本目标外,还注意在藏书的过程和形式中,追求精神上的享受和内心的平静、悠逸。南宋诗人尤袤说,"饥读之以当肉,

---

[1] 范景中.藏书铭印记[M].杭州:中国美术学院出版社,2002
[2] 陈微.明代藏书家徐惟起研究[M].福州:福建教育出版社,2016

寒读之以当裘，孤寂读之以当友朋，幽忧读之以当金石琴瑟"，明代藏书家谢肇说，"读未曾见之书，历未曾到之山水，如获至宝，尝异味，一段奇快，难以语人"，这里呈现的都是读书的情趣。可以说在几千年的传统家庭藏书文化中，家庭阅读的情趣性贯穿始终，这也是中华传统家庭阅读文化最深厚的人文魅力，正是这种对于读书理想化、审美化、艺术化的追求，指引着我们一路与阅读同行。

二、中国传统家庭书房

传统家庭书房是主人修身养性、求学问道的场所，是文人雅士心灵的栖息地。读书抚琴、吟诗作画、焚香品茗，悠然自得，体现着主人的品性与风格，寄托着传统读书人的趣味、情怀与理想。传统家庭书房是中华传统家庭阅读文化的重要构成，是中国家庭阅读文化的空间载体与理想呈现，书房的布局、陈设、礼仪，无不是中华优秀传统文化的具象体现。

（一）传统家庭书房的文化意象

中国传统家庭书房又称书斋或文房。古代文人觉得身入书房，心神俱静，修身养性，就如同斋戒一样；书房又是文人雅集会友、从事各种文化艺术活动的场所，因此也称作文房。历代文学作品中介绍了多个曾经真实存在的著名书房，如白居易的庐山草堂，苏轼的雪浪斋，倪云林的云林堂、清秘阁，张岱的梅花书屋、不二斋；也有各种文学家虚构出来的、仅存在于想象世界的书房，如怡红院、潇湘馆以及探春所住的秋爽斋，其实都是高度理想化的文人书房。

传统家庭书房往往是以主人个人名义所建。在中国传统宅院中，除祖堂外，书房是文人最重要的精神场所，是主人文化情趣、情感、理想的重要寄托，传统书房主人往往会给自己的书房命名，以表明志向、寄托情怀、自勉或彰显个人生命中一些隐逸的思想情趣与向往。比如唐代诗人刘禹锡的"陋室"，体现了他高洁的品行与安贫乐道的生活情趣；南宋诗人陆游的"老学庵"则取自"师旷老而学，犹秉烛夜行"之语，立志要活到老、学到老，生命不息，学习不止；清代文学家蒲松龄的"聊斋"，则相传他在创作《聊斋志异》时，为搜集素材，常在路边设免费烟、茶，以吸引过路人在此讲讲故事、传闻或聊聊天，他的书房亦由此得名。梁启超"饮冰室"则强调为学、做人"如人饮水，冷暖自知"，总要躬身践行，才能有所得。传统文人的家庭书房，通过形形色色的命名彰显着主人为学、修身、立业、生活的情怀与情趣，成为传统书房文化的重要组成内容，也无形中赋予了传统家庭书房活的灵魂与文化意象。

因此，中国古代传统书房不仅是单纯意义上的藏书之所，还是中国传统读书人追求仕途的起点，更是他们观照内心、寻找自我的归途。当厌倦了政治的黑暗与争斗时，传统读书人可偏安于书房，吟诗作画，晴耕雨读；或是二三好友相聚，奇文共赏，疑义与析……书房成为古代传统读书人不可或缺的消遣和休憩的处所。

（二）传统家庭书房的布局陈设

从功能上而言，传统家庭书房不仅是学习、读书的重要场所，也是以文会友、从事文化活动的地方，兼具实用性、精神性、社交性等多元价值和功能，这在一定程度上也使得传统家庭书房在功能布局、家具陈设方面形成了独特而丰富的文化。不同书房的布局与陈设体现着主人不同的生活品位与审美意趣。

在崇尚读书的古代，书房是文人骚客的安身立命之所。它既是文人修身为学的必要支撑，又是他们政治、文化、社会价值以及知识与思想的标识与彰显。尽管文人经济状况迥异，但是文人书房往往都追求高雅别致，营造出一种浓厚的文化氛围。文人于此，可读书明志，吟诗作画，对弈弹琴。唐代大诗人刘禹锡虽只有一间简陋的书房，但"斯是陋室，惟吾德馨。苔痕上阶绿，草色入帘青。谈笑有鸿儒，往来无白丁。可以调素琴，阅金经；无丝竹之乱耳，无案牍之劳形"，充分彰显了文人书房的基本价值与审美取向。

明中叶，约16世纪以后，文人开始就书斋著书立说，企图塑造其理想的书房模式。如高濂在《遵生八笺·高子书斋说》中，详细描述了他理想中的书房，书房中器物与家具的摆饰如下："斋中长桌一，古砚一，旧古铜水注一，旧窑笔格一，斑竹笔筒一，旧窑笔洗一，糊斗一，水中丞一，铜石镇纸一。左置榻床一，榻下滚脚凳一，床头小几一，上置古铜花尊，或哥窑定瓶一。……冬置暖砚炉一。壁间挂古琴一，中置几一，如吴中云林几式佳……坐列吴兴笋凳六，禅椅一，拂尘、搔背、棕帚各一，竹铁如意一。右列书架一，上置《周易古占》……"[①] 书房内的物品包括文房四宝等文具，以及书架、书案、书几和榻等家具，还有古董与书画

---
① [明]高濂.图解《遵生八笺》[M].济南：山东美术出版社，2008

等摆饰。这些都是文人在文化上享有支配权的重要象征物品，也体现了当时的书房布置和形制。

从功能布局上而言，约定俗成，书房总是深藏在园林一角的花木深处，保证足够的私密性。室内空间不宜高深，其前要有平阔的庭院，以便内部光线明亮，适于读书；窗下要引水成池，蓄养金鱼，围植碧草，让斋中的读书人可以养眼清心。明代李日华《紫桃轩杂缀》中所说的理想的书斋环境是："在溪山纡曲处择书屋，结构只三间，上加层楼，以观云物。四旁修竹百竿，以招清风；南面长松一株，可挂明月。老梅寒蹇，低枝入窗，芳草缛苔，周于砌下。东屋置道、释二家之书，西房置儒家典籍。中横几榻之外，杂置法书名绘。朝夕白饭、鱼羹、名酒、精茗。一健丁守关，拒绝俗客往来。"[1] 筑室于山间水涯并不现实，但可以营造山房的趣味，表现出传统书房在布局上远离尘嚣、亲近自然的理想追求。

从室内设计上而言，清代著名学者李渔在《闲情偶寄》一书中专门谈到书房的装饰，有很多精妙的设计，但崇尚的是"宜简不宜繁"，力求"高雅绝俗之趣"。自古及今，书房并无一定之规。富者可专门筑楼，贫者或室仅一席；有的雕梁画栋，有的则环堵萧然。书房或筑于水滨，或造于山间；或藏诸市井，或隐于郊野。

从室内陈设而言，传统书房的基本陈设一般包括：家具类，如书桌、书椅、罗汉床、画案、屏风、月牙桌、琴棋桌、香几、花架、茶几、茶椅等；书房用具类，如文房四宝、熏炉、香炉、印盒、印章、香盒、书箱、笔屏、托盘、臂搁等；摆件类，如棋盘、座屏、花瓶、盆钵、石刻、烛台、紫砂壶、古琴、拂尘等；饰件类，如牌匾、竹帘、帷幔、书画（卷轴画、扇面画）等；盆景类，如鱼缸、洗砚池、花草四雅等。

中国传统书房最具代表性的文房器物包括：文房四宝、书画、茶具、古琴、盆景等。传统读书人好古，好读先贤书，重历史经验，发思古幽情，追求会古通今的乐趣。在文房器物方面，往往追古求古，越古越有意思。书画真迹、碑帖原拓、古籍善本自然是书房的珍品。明清文人珍藏宋元版书，使用旧窑或古铜的器物成了一种雅趣。这在那时的论著或文学作品中多有反映。

1. 文房四宝

文人对书斋陈设是非常讲究的："……天然几一，设于室中左偏东向，不可

---

[1] ［明］李日华.六研斋笔记·紫桃轩杂缀［M］.南京：凤凰出版社，2010

迫近窗槛，以逼风日。几上置旧砚一，笔筒一，笔砚一，水中丞一，砚山一。古人置砚，俱在左，以墨光不闪眼，且于灯下更宜。书尺、镇纸各一，时时拂拭，使其光可鉴，乃佳……屏风仅可置一面，书架及橱俱以置图史，然亦不宜太杂，如书肆中。"[1]从中不难发现，笔墨纸砚在书斋中是不可或缺的。在传统文人眼中，文房四宝透露出的书卷气，是一种内在文化底蕴的外露，也是一种空灵的表现。文人推崇的是一种脱俗的风致，一种高雅的品味，一种胸有成竹、从容不迫的生活态度，以及不疾不徐、游刃有余、回归自然的生活哲学。于是，文房四宝渐渐成为人们争相收藏、把玩的器物，使之在注重实用的同时，也大大加强了艺术性和鉴赏性。比如说笔筒，明以前，笔筒多注重实用价值，形体较小，而到了明清时期，笔筒除工艺更加精良外，外形也有了很大改观——形体硕大，造型趋向艺术化并以此凸显其"雅致"。文房四宝的辅助文具，如文具匣、笔格、笔屏、笔洗、镇纸、水中丞、墨房、砚山、印泥盒、臂搁等，都成为重要的文玩并作为书房装饰的主要陈设。

2. 书画

书画一直是中国传统文人钟爱之物，到明代，由于富豪商贾的加入，书画的收藏进入佳境。当时许多文人如文徵明、唐寅、祝允明等，都是靠卖画、卖文为生，可见书画市场的活跃。传统书房陈设中，张挂书画作品是必不可少的。而收藏图书被文人视为一件颇为风雅的事。即使在民间，人们也用图书装饰美化自己的居室。"看书画如对美人，不可毫涉粗浮之气，盖古画纸绢皆脆，舒卷不得法，最易损坏，犹不可近风日……"[2]，将书画比喻为美人，观赏时小心翼翼，对其爱怜、珍惜之情跃然纸上。

3. 茶具

品茗是古代书房最常见的活动之一，因此茶具成为古代家庭书房必不可少的器物。茶壶在明代由大器形向小型化转变，从此茶盏和茶壶成为最基本的茶具。时大彬是明代宜兴制作紫砂壶的高手，他所制之壶小巧玲珑，能使人"生闲远之思"，为茶壶之上品，成为时人追捧的茶具。文震亨也认为，"茶壶以砂者为上，

---

[1] [明]文震亨.长物志·卷十·位置[M].徐州：江苏科学技术出版社，1984：348—350
[2] [明]文震亨.长物志·卷五·书画[M].徐州：江苏科学技术出版社，1984：147

盖既不夺香，又无熟汤气"①。古人推崇融实用性和欣赏性为一体的茶壶，因此所制茶壶或像花果树木，缀以草虫；或像飞禽走兽，生动自然，可谓千姿百态，让人爱不释手。

4. 古琴

书房抚琴，是文人的一种雅好。悠远的琴声"能使江月白，又令江水深"；淡泊的琴声"仿佛弦指外，遂见初古人"。琴声最宜伴月，"松风吹解带，山月照弹琴"；琴声也可对酒，"一杯弹一曲，不觉夕阳沉"。琴声扩大了书房之趣，琴声提炼了书房之韵。在中国传统文人心目中，琴可养心，亦可正心。在古代诗文中，琴与文人相伴相随。而在古代文人的观念中，琴是居室中"雅趣"，不可一日不对清音。琴既可"怡情"，又可"同调之友声""嘤鸣求友"。琴为古乐，虽不能操，亦须壁悬一床②。通过抚琴，文人能达到自我排遣和自我沉醉的境界。

5. 盆景

书房氛围的营造离不开盆景，盆景往往能够为书房带来生气与活力。明代高濂在《遵生八笺》中这样描述书斋环境："窗外四壁，薜萝满墙，中列松桧盆景，或建兰一二，绕砌种以翠芸草令遍，茂则青葱郁然。旁置洗砚池一，更设盆池，近窗处，蓄金鲫五七头，以观天机活泼。"③盆景为书房的内外环境增加了难得的雅趣。盆景所用之山石造型或自然逼真，或玲珑有趣，或奇形怪状，平时把玩摩挲，可有回归超尘之感，备受文人喜爱。好石还要有合适的盆盘架座来烘托。硬木几架案桌，古穆沉稳，精致优雅，古意盎然；斑竹、树根座架则具天然野趣。玩石并清供于案桌几架，使室内增添了独特的艺术氛围，渲染了高雅脱俗的文人气息。

文房器物历经隋唐的兴起，宋元的普及、成形、拓展，明代进入繁荣期。明皇室也喜好起书斋的文玩。明太祖朱元璋第十子鲁王朱檀墓中就出土了诸多文房器物，例如水晶鹿镇纸、水晶兽形水盂、玉荷叶笔洗、碧玉笔搁等。文房清玩，形微体轻，与重器大件相比，实属小器物。然而，正是这些小玩意儿构成了绚丽多彩、品味高雅的传统书房文化，彰显了中国传统读书人的品性、趣味与情怀。

---

① [明]文震亨.长物志·卷十二·香茗[M].徐州：江苏科学技术出版社，1984：418
② [明]文震亨.长物志·卷七·器具[M].徐州：江苏科学技术出版社，1984：296
③ [明]高濂.遵生八笺[M].合肥：黄山书社，2010

第二讲

中国现代家庭藏书与书房

第一节 现代家庭藏书的构建

随着知识经济与学习型社会的到来,阅读越来越成为现代公民获取知识文化、提升个人竞争力、培育文化艺术修养的必要途径。对家庭而言,良好的阅读习惯不仅关系着家庭成员的身心成长与职业发展,更与建设和谐家庭关系、培育良好家风有着密切的关联。因此,相对于传统家庭藏书而言,现代家庭更加重视家庭藏书的构建。作为家庭阅读的基础,现代家庭藏书的构建也呈现出与传统家庭藏书不同的问题与方向。特别是,如何构建更加符合现代社会发展特点、利于家庭成员全方位发展的必要藏书,成为现代家庭藏书建设的重中之重。

如何构建好自己的家庭藏书,是家庭阅读的第一步,也是最核心的一个部分。构建家庭藏书的主要目的有二:第一,建立家庭成员必备的读物,开启家庭阅读的基本藏书储备。在互联网、电视、手机等家庭娱乐消费的冲击下,现代社会的很多家庭几乎看不到一本书,缺乏开展家庭阅读的基本条件。第二,家庭藏书可以创造一种阅读的环境和氛围。家庭藏书能够显著营造家庭阅读的氛围,向每一个家庭成员传达一种阅读的态度和方向。这种借助藏书创造出来的、对阅读的一种美好想象,能够显著激发人们在家庭进行阅读的兴趣,形成家庭阅读的一种环境或氛围的暗示。如果一个孩子从小就养成读书习惯的话,他一生都将受用无穷。那么作为一个普通家庭,至少要藏哪些书籍?这涉及构建家庭藏书的第一个部分,即选书的问题。

选书是阅读活动的开始。我们每一次阅读,都是从手边的各种读物中所做出的选择。对于一个现代家庭而言,如何选择符合家庭成员阅读兴趣且有利于家庭成员成长发展需要的图书至关重要。家庭藏书的选择往往会受很多因素的影响,包括家庭成员的阅读兴趣、喜好、学历、职业、性别、年龄、职业等在内的多种因素,都会影响一个家庭藏书的构建。

一、兴趣导向

在家庭藏书的构建过程中,我们也往往会陷入一些误区。比如过分看重某一种单一标准,过分重视图书的发展价值功能而忽略阅读者的兴趣因素。此外,还存在数量充裕但类型单一的情况。比如都是某一类专业书籍,或者所谓"非经典名著"不读的价值倾向,而这类书籍恰恰可能是家庭成员不感兴趣的。因此,家庭选书的第一原则就是兴趣。以兴趣作为选书的首要依据,是构建家庭藏书的基础;离开兴趣指导的家庭藏书,往往只能成为摆设。我们首先要保证身边有一批藏书,而这些藏书必须包括我们感兴趣的种类。唯有感兴趣的藏书才能最大限度地激发家庭成员的阅读兴趣,也更加有利于家庭成员养成阅读的习惯,建立良好的家庭阅读环境和氛围。正如艾登·钱伯斯(Aidan Chambers)在《打造儿童阅读环境》(*The Reading Environment*)中所说:"如果我们是充满期待,自发性地想去阅读,那么我们将很容易进入状态并乐在其中;但如果我们百般不愿地被迫拿起书本,那么阅读将沦为一项无聊透顶的作业。"[①]

二、经典导向

作为一种阅读推广的导向,阅读经典经久不衰。当然,经典的作用毋庸置疑,但经典的选择建立在阅读兴趣的基础上,经典阅读是家庭阅读文化的更高追求。对于经典的作用,先辈学人多有论述。梁启超说,作为中国学人,就有必要读一些中国传统经典;不仅需要阅读必要的经典,对那些"最有价值的文学作品"和"有益身心的格言",还需要熟读成诵。章太炎说:"中学诸生,年在成童以上,记诵之力方强,博学笃志,将从此始。若导以佻奇,则终身无就。"[②]朱自清在

---

① [英]艾登·钱伯斯.打造儿童阅读环境[M].许慧贞,译.北京:五洲传播出版社,2011:18
② 张明仁.古今名人读书法[M].北京:商务印书馆,2007:230

《经典常谈》的序中说:"在中等以上的教育里,经典训练应该是一个必要的项目。经典训练的价值不在实用,而在文化。"[1]

如何选择经典?中西方经典数量庞大,浩如烟海,一般家庭在经典的选择上往往会面临诸多困难,不知从何下手。在经典藏书的构建过程中,第一,可以借鉴来自权威出版商、阅读推广机构、媒体等做的推荐目录。如由中国红十字基金会和谐家庭公益基金与家庭期刊集团主办、由《中华读书报》等媒体协办的"百种中国家庭藏书书目公益推荐活动",于2012年世界读书日正式启动,一年后,"百种中国家庭藏书书目"评选结果公布,随后出版了《中国家庭理想藏书》。"百种中国家庭藏书书目"推荐,可谓推荐对象明确,推荐者专业功力深厚,推荐书目内容凸显经典特色。首先,活动有明确的推荐对象,"为具备一定购买能力和阅读习惯的普通白领家庭"[2]推荐书目。其次,推荐者是一个专业的团队,主要成员由国内一流专家学者和知名文化人组成,推荐书目评审委员会成员有:教育部高等学校图书馆学专业教学指导委员会主任、北京大学信息管理系教授王余光,北京大学中文系教授陈平原,凤凰卫视主持人梁文道,著名作家毕淑敏,中国社会科学院《世界文学》主编余中先,中国社会科学院哲学所研究员周国平,复旦大学图书馆原馆长葛剑雄,著名作家梁晓声,北京大学科学史与科学研究中心教授吴国盛,中国社会科学院社会学所研究员李银河。再次,推荐书目内容和范围凸显经典,"向中国家庭推出一批经得住时间考验、堪称经典并具备收藏价值的图书书目"[3],范围涵盖中外人文社会科学、自然科学和家庭生活三个方面的内容。第二,借鉴公共图书馆针对家庭经典藏书的推荐。2013年11月,深圳图书馆创设"南书房"服务区以倡导经典阅读,尤其关注家庭阅读。2014年初,中国图书馆学会阅读推广委员会与深圳图书馆联合策划、启动了"南书房家庭经典阅读书目"推荐项目,并于2014年世界读书日发布了《2014南书房家庭经典阅读书目(30种)》,旨在向广大读者推荐适合当今中国家庭阅读与

---

[1] 朱自清.经典常谈[M].北京:中国工人出版社,2015:1
[2] 百种中国家庭藏书书目公益推荐活动[EB/OL].中华读书报,2012-04-25(03)[2016-07-12]. http://epaper.gmw.cn/zhdsb/html/2012-04/25/nw.D110000zhdsb_20120425_1-03.htm
[3] 百种中国家庭藏书书目公益推荐活动[EB/OL].中华读书报,2012-04-25(03)[2016-07-12]. http://epaper.gmw.cn/zhdsb/html/2012-04/25/nw.D110000zhdsb_20120425_1-03.htm

收藏的经典著作。这份书目拟于每年世界读书日发布30种，预计用10年时间可达到一般家庭经典书架的基本容量。目前，"南书房家庭经典阅读书目"已经连续发布3年，对于中国家庭经典藏书的构建起了重要的引领作用。深圳图书馆"南书房家庭经典阅读书目"在经典图书的遴选与推荐上，秉持以下几项原则：（1）推荐书目是中国大陆公开出版发行的正式出版物；（2）立足家庭亲子阅读需求，关注读物的可读性，部分入选典籍为选本或译注本；（3）经典图书需要时间淘洗和沉淀，入选图书侧重于历久弥新之作；（4）以文、史、哲经典图书为主，兼顾社会科学、科学普及读物；（5）为方便阅读，推荐书目多为通行版本。应该说以上这五项原则，兼顾家庭阅读的基本特征与方向，具有很强的适用性和可操作性。此外，在书目的编写和发布上，充分考虑到阅读和收藏的双重价值功能，突出对不同版本图书的比较和甄选，明确提出面向家庭的推荐版本。

三、儿童导向

儿童读物往往是构建现代家庭藏书的起点，也是一次重要机会。"小手牵大手"的模式，很大程度上让现代人因为孩子再次走上持续性家庭阅读的道路。因此，我们要重视儿童读物的选择对于家庭阅读习惯的整体影响力。特别是近年来在全国兴起的亲子阅读热潮，让越来越多年轻的父母意识到阅读对于儿童成长发展的重要价值，儿童读物成为现代家庭藏书的重要构成。

（一）参考国际儿童图书出版领域的重要奖项

目前国际上有几个具有影响力的童书奖。这些有影响力的国际童书奖是选择儿童读物的重要风向标。

1. 美国凯迪克奖（The Caldecott Medal）

美国凯迪克奖（图2-1）始创于1938年，以19世纪英国插画家伦道夫·凯迪克（Randolph Caldecott）的名字命名。这个奖主要奖励"以最杰出的艺术表现及图像诠释完成的儿童图画书"，评审标准包含：图画的艺术技巧、以儿童读者为诉求对象及图像诠释能力（即以图像诠释主题、概念、情节、角色和情绪氛围等）。凯迪克奖不以说教为目的，而更看重图画书的文学价值。每年由美国图书馆协会（American Library Association，简称ALA）从上一年美国出版的数万本童书中选出一个首奖和三个杰作奖，并颁发奖章。凡是得奖作品，封面上都贴有凯迪克先生的著名插画——"骑马的约翰"奖牌贴纸，金色为首奖，银色为杰作。凯迪克奖代表童书界的至高荣誉。

图 2-1　美国凯迪克奖奖章

2. 国际安徒生奖（The Hans Christian Andersen Award）

国际安徒生奖（图 2-2），又称为"小诺贝尔奖"，由国际少年儿童读物联盟（International Board on Books for Young People，简称 IBBY）于 1956 年设立，每两年颁一次奖，授予儿童图书作家和插画家，以此奖励并感谢他们写出了好书。这个奖项由丹麦女王玛格丽特二世（Magre Ⅱ）赞助，并以童话大师安徒生（Hans Christian Andersen）的名字命名。国际少年儿童读物联盟是一个致力于在世界范围内推广少年儿童图书的公益性组织，成立于 1953 年，总部设在瑞士巴塞尔。

图 2-2　国际安徒生奖奖章

3. 纽伯瑞儿童文学奖（The Newbery Medal for Best Children's Book）

1744 年，英国印刷商人纽伯瑞（John Newbery）先生首开风气，将儿童出版物上加写"娱乐"两个字。他为儿童设计的第一本书叫《美丽小书》（*A Little*

Pretty Pocket-Book），这是世界上第一本专门的儿童书。他还开办了世界上第一家专门的儿童书店。从此，他不断改进，印刷发行了许多精美的儿童图书，深受儿童喜欢。由于纽伯瑞打破当时保守的风气，崇尚"快乐至上"的儿童教育观念，开辟了英美儿童文学之路，所以后人称纽伯瑞为"儿童文学之父"。纽伯瑞儿童文学奖由美国图书馆协会的分支机构——美国图书馆儿童服务协会（Association for Library Service to Children，简称 ALSC）于1922年为纪念纽伯瑞而创设。每年颁一次奖，专门奖励上一年度出版的英语儿童文学优秀作品。每年颁发金奖（The Newbery Medal Award）一部、银奖（The Newbery Honor Books）一部或数部。得奖者必须为美国公民或居民。

4. 英国卡内基文学奖（The Carnegie Medal in Literature）

卡内基文学奖设立于1936年，是英国图书馆协会为纪念苏格兰慈善家安德鲁·卡内基（Andrew Carnegie）而设立，现由 CILIP（The Chartered Institute of Library and Information Professionals）颁发，主要颁发给英国的儿童小说或是青少年小说家。它是世界儿童文学界的最高奖项之一。

5. 英国凯特·格林纳威奖（The Kate Greenaway Medal）

凯特·格林纳威奖，是由英国图书馆协会于1955年为儿童绘本创立的奖项，主要是为了纪念19世纪伟大的童书插画家凯特·格林纳威（Kate Greenaway）女士。该奖独特之处在于，得奖者除了可以得到奖牌，还有资格为图书馆挑选总价500英镑的绘本。自2000年起，得奖者还可另外获得5000英镑，这笔奖金由柯林·米尔斯（Colin Mears）提供。该奖设有"格林纳威奖""最佳推荐奖"和"荣誉奖"。它虽然是英国儿童绘本的最高荣誉，但得奖者却不仅限于英国国籍的插画家。

6. 美国图书馆协会最佳童书大奖（The ALA Notable Children's Books）

该奖由美国图书馆协会颁发。获得入选资格的童书中，必须包含美国各项图书大奖的得奖童书。所以，已得到其他奖项的图书，如果再获得该奖的肯定，是锦上添花。

7. 德国青少年文学奖（The German Juvenile Literature Award）

德国青少年文学奖是德国自1956年以来，唯一定期颁发的国家级青少年文学奖。评选单位是德国青少年文学协会。德国青少年文学奖共分四种：图画书奖、儿童图书奖、少年图书奖和非文学类图书奖。此外，附设一个德国青少年文学特别奖项，对象是专题图书和优秀的作家、插图家和翻译家。它是德国最重要的儿童文学奖项，也是德国唯一由国家颁发的儿童和青少年文学奖项，旨在促进儿童和青少年走进文学世界，帮助公众了解儿童和青少年文学领域的新作品。

8. 意大利博洛尼亚儿童书展最佳童书奖（The Bologna Ragazzi Award）

博洛尼亚儿童书展（图 2-3）有着 40 余年的历史，每年高度专业化地展示业界最新动态，全面俯瞰儿童图书出版业，因此吸引了世界各地出版商的积极参与。发展至今，它已经成为全球规模最大、最具权威和影响力的儿童书展和年度儿童图书博览会。全球最负盛名的儿童图书出版商，如兰登书屋、哈珀·柯林斯、企鹅童书等等，都非常重视博洛尼亚儿童书展，每年均会携新书、新作者参展。书展上一个重头戏便是颁发最为著名的博洛尼亚儿童书展最佳童书奖，这也是全球儿童出版界最受瞩目的奖项。它以创意、教育价值、艺术设计为标准，评选出小说类、非小说类以及少年三个级别中最杰出的作品，折桂的图书都被冠以优质图书的标章。

图 2-3 博洛尼亚儿童书展海报

9. 布拉迪斯国际插画双年展（The Biennial of Illustrations Bratislava，简称 BIB）大奖

布拉迪斯国际插画双年展始于 1967 年，是国际上重要的儿童图画书插画原画展。它悠久的历史，使其成为国际上无可取代的重量级儿童图画书插画展。该展览是由斯洛伐克文化局、联合国教科文组织（United Nations Educational, Scientific and Cultural Organization，简称 UNESCO）斯洛伐克委员会等机构共同创立。创立的目的，不仅在于呈现来自世界各国优良儿童图画书的插画作品，也为世界各国插画家提供一个机会，向专家和出版商展示他们的作品。

10. 日本绘本奖

日本绘本奖,是由日本全国学校图书馆协会与每日新闻社举办的。奖项分为"日本绘本大奖""日本绘本奖""日本绘本奖翻译绘本奖"三大类,另外还设有由读者投票的"日本绘本奖读者奖"。在日本,各大出版社一年大约出版 1000 种新绘本。通过专家评审和读者投票,从中评选出"日本绘本大奖"1 名,"日本绘本奖"2~3 名,"翻译绘本奖"1 名及"读者奖"1 名。其中一些得奖作品会成为全国青少年读后感写作大赛的指定书目。

(二)参考国内儿童阅读领域的重要奖项和榜单

与欧、美、日等发达地区和国家相比,中国童书出版发展相对较晚。近年来,中国儿童阅读推广呈现快速发展势头,一些有影响力的儿童阅读推广媒体、公益机构、出版机构、公共图书馆开始发展自己的儿童图书评价体系。其中有影响力的包括"丰子恺儿童图画书奖"、深圳少年儿童图书馆"深圳年度十大童书"等。

1. 阅读媒体领域

2005 年,《父母必读》杂志推出年度童书排行榜,每一年的"优秀童书排行榜 Top10"已经成为国内颇具公信力的童书大奖,是中国家长选择童书的风向标。

2. 图书出版领域

2009 年,一个旨在推广优秀的华文原创儿童图画书,及表扬为儿童图画书做出贡献的作者、插画家和出版商的华文儿童图画书奖——"丰子恺儿童图画书奖"诞生。该奖项由致力于推广儿童阅读与亲子共读的陈一心家族基金会发起,在丰子恺先生的女儿丰一吟的支持和帮助下,该奖有幸以丰子恺先生之名命名。这是第一个国际级的华文儿童图画书奖,希望能鼓励更多优秀人才投入创作,出版优质华文原创儿童图画书,提升社会大众对华文儿童图画书的重视与了解。

3. 公共图书馆领域

由深圳少年儿童图书馆参与的"深圳年度十大童书"评选,截至 2016 年,已连续举办三届。借助"深圳读书月"在全国的影响力,"年度十大童书"邀请具有全球影响力的儿童图书出版人、阅读推广人、教育人士等作为评委,影响力逐年增加，成为影响国内家庭选购儿童图书的重要风向标。

此外，"深圳年度十大童书"子活动："我最喜爱的童书"，则由深圳少年儿童图书馆发起，联合全国15个城市儿童图书馆联合举办，共同打造国内最具公信力、影响力的童书评选。该评选最大的特点是邀请全国主要儿童图书馆、学校、阅读推广团体进行海选和推荐，通过专家评选与儿童阅读评选相结合的方式，让儿童对图书的直接评价成为该书能否入选榜单的重要指标，充分考虑到儿童的阅读兴趣。

四、藏量导向

一个普通家庭具体应有多少藏书为宜？清乾隆年间修《四库全书》时，乾隆皇帝在一道上谕中说："其一人而收藏百种以上者，可称为藏书之家。"这里的"藏书之家"，或许是指藏书家而非普通家庭的藏书量。因为古代一种书籍往往从数卷到数百卷不等，因此"收藏百种"，至少也是"千卷户"了。北京大学王余光教授认为，普通家庭的藏书量应在500种（册）左右比较适宜。条件稍好的家庭，可有一个书房，作为家庭成员读写的公共空间。梁实秋曾在报纸上发表文章呼吁："一个正常的良好的人家，每个孩子应该拥有一个书桌，主人应该拥有一间书房。书房的用途是庋藏图书并可读书写作于其间，不是用以公开展览藉以骄人的。"[1]

王余光教授曾说："全民阅读的一个重要任务是青少年阅读"[2]，因为在社会所有阅读群体中，处于学龄时段的少年与青年占据了很大的比例；而以图书馆这样的机构与"书香之家"一起来推动"全民阅读"，是因为它具有专业性、权威性和独有的丰富资源。因此，"推进全民阅读"应该同"推进社会信息化"一起，成为当代图书馆业务的重心。他还明确指出，"当前我国图书馆事业还做不到让社会的每一个角落的每一个人'都有书看'这一理想目标，那么，有一定经济条件并有必要的居住空间的家庭，通过自己的投入来建构家庭基本藏书，配备好一

---

[1] 梁实秋. 闲暇处才是生活［M］. 北京：北京时代华文书局，2014：30
[2] 张雪娇. 全民阅读：深入人心　如火如荼［EB/OL］.［2017-03-03］. http://www.chinaxwcb.com/2017-01/20/content_350956.htm

个包括孩子在内的家庭书房，就显得十分必要，因为书房可以给家庭成员营造一个阅读的环境和氛围"[1]。在此基础上，像国际上流行的培养"有修养的母亲"，进而开展"亲子阅读"和"分享阅读"等家庭文教活动才有了可能。

王余光教授认为，"如果让一个孩子从小就养成读书习惯的话，他一生都会受用无穷"，"作为培养良好阅读习惯、营造良好阅读氛围的重要场所，家庭是推进全民阅读最应关注的对象"[2]。而"耕读传家"传统的实质，就是注重家庭藏书、读书。不能在社会现代化的进程中丧失这种优秀传统，而应该在具备了一定经济基础的情况下，在生活日益小康的进程中，倍加重视个人、家庭乃至全社会的藏书风气和阅读习惯的建立。

读书需要选择和引导。从家庭藏书的选择层面来看，家庭藏书推荐书目，对于读者个体和家庭乃至社会，都有重要的参考和引导意义。一般而言，推荐书目也当从推荐经典开始。经典阅读是一剂良药，能把遗失的优良阅读传统找回来，并引导阅读和家庭藏书的理性重建。从阅读经典开始，让大众对阅读产生兴趣，这样引导大众培养和形成阅读的自觉意识，然后大众才能自觉去买书、读书和藏书。家庭藏书转型最直接有效的办法，是通过家庭藏书推荐书目引导、带动读者个体及家庭入藏和阅读图书。推荐书目是开启家庭藏书之路的法门，家庭藏书推荐书目为家庭藏书转型节省了时间，提高了效率。家庭藏书推荐书目是家庭藏书观念理性回归后的必由之路，是家庭藏书的落脚点和家庭阅读的出发点。

第二节　现代家庭书房

现代家庭书房是家庭成员业余学习、研究、工作的空间，它既是办公室的延伸，又是家庭生活的一部分。书房的双重性使其在家庭环境中处于一种独特的地位，一间独具匠心的书房，不仅能使主人专心沐浴书香，而且还能彰显主人的独特品味。

---

[1] 张雪娇.全民阅读：深入人心 如火如荼［EB/OL］.［2017-03-03］.http://www.chinaxwcb.com/2017-01/20/content_350956.htm

[2] 王余光.总序：关注全民阅读［M］//何江涛.耕读传家.北京：北京图书馆出版社，2007：6—7

一、现代书房的特点

（一）私密性

书房，需要让人安静，不能嘈杂，一定的私密性是保证读者能够沉浸在阅读中的必要条件之一。但受城市房价、面积、格局等方面的制约，现代书房的私密性也受到了很大的挑战。除了以独立的空间形式存在，书房加客厅或者书房加卧室的形式也非常常见，或者以某一个空间角落的形式存在，这是很多家庭儿童阅读空间的新形式。书房的形态各异，但都是为了保证阅读者的独处空间，使人能够安静地徜徉在书籍的海洋，尽情享受阅读带给自己的静谧与舒适。

（二）个性化

书房是一个私密性较强的场所，其摆设布置一定要符合阅读者本人的兴趣爱好。例如，为孩子创设一个阅读角，就需要有孩子喜欢的元素在其中，吸引其走进阅读区进行阅读；书架的高低要符合孩子的身高特点，用矮书架，方便孩子取放；书籍选择应由阅读者自己决定，而不是由父母或长辈强行要求，抑或是全部摆放"撑门面"的经典书籍。总之，整个书房应该是一个可以让阅读者放松并身心愉悦的地方，这样才能提高阅读效率，真正做到让读者爱阅读、享受阅读。

（三）舒适性

书房虽然是阅读、学习、办公的场所，但也是居家生活的一部分，其舒适性不容小觑。例如，灯光的明暗一定要适中，既不能太亮，也不能太过昏暗，影响阅读者的阅读效果。明亮的书房，对阅读者也有提神的作用。另外，书房中书架、书桌、凳子的摆放，也要符合人体学的要求，让阅读者看得舒适、坐得舒适、写得舒适。

二、书房的装修

装修书房，可以从序、明、静、雅这几个字上着手。在设计新概念书房时，首先，要对主人的藏书进行整理。将所有书籍分门别类整理好，按照阅读习惯放置，方便阅读。其次，将书房划分为书写区、查阅区、储存区等小空间。这样既可以使书房看起来井然有序，还可提高工作效率。书房的装修风格，最重要的是明亮而雅致。书房的采光和照明一定要好，而且光线要恰到好处。人的眼睛，在过强或者过弱的光线环境中注视时间过长，容易感到疲劳。所以，写字台最好放在阳光充足、光线很好、太阳又不能直射的窗边。这样既能够充分利用自然光，工作累了的时候也能够看一下窗外的景致，让眼睛得到充足的休息。对于喜欢独立思考的人来说，书房安静是十分必要的。在装修书房时，可以选用隔音、吸音效果好的装饰材料。天花板可采用吸音石膏板吊顶，墙壁可采用软性壁纸等装饰；天花板和壁纸应选用典雅、明净、柔和的浅色色调，如淡蓝色、浅米色、浅绿色等。地面可采用吸音效果好的木地板或地毯，以取得书房宁静的效果。窗帘要选择较厚的材料，以阻隔窗外的噪音；也可以选择百叶帘，既能遮住强烈的日光，又不遮挡光线。

三、书房的布置

书房里的家具除了必备的书柜、桌椅外，风格的选择、家具的选购，都让人费神。一般情况下，书房追求的是实用、简洁，并不一定要昂贵。书房布置一般需保持相对的独立性，特别是从事美术、音乐、写作、设计等工作的人士的书房，其布置原则，应该以最大限度方便其工作为出发点。书房的功能应包含以下几方面。首先，有阅读、书写、创作等功能的工作区，这也是书房的中心区，应该处在相对稳定且采光较好的位置，这一区域主要由书桌、工作台（架）、电脑操作台、座椅等组成。其次，有会客、交流、商讨等功能的接待交流区。这一区域因书房功能的不同而有所区别，同时又受到书房面积影响，主要摆放客椅或沙发。再次，有存放书刊、文档、文具等物品的贮物区，这是书房中不可缺少的部分，一般以书橱为代表。

以上这些功能区的划分要清晰而得体，既相对独立，又方便联系。书房中的东西也要及时进行分类。一些不常用的东西可以暂时束之高阁，而常用的则放在伸手可取的地方。除此之外，书房中一定要设有台灯和书柜用的射灯。台灯要选择光线均匀而柔和的，也可适当加入一些自己喜欢的小摆件。在布置书房时，主人可以把自己的情趣充分融入书房的装饰中：一件艺术收藏品，几幅钟爱的绘画或照片，几幅亲手写就的墨宝，哪怕是几个古朴简单的工艺品，都可以为书房增添几分淡雅、清新。此外，精致的盆栽也是书房中不可忽略的装饰细节，绿色植物不仅可以让空间富有生命力，对于长时间思考的人来说，也有助于其舒缓、调节情绪。

与传统书房相比，现代人早已放弃了正襟危坐的姿态，居家读书全然是一种休闲，我们更需要的是一间随时随地都能舒心阅读的书房。

第三节 现代家庭阅读氛围

著名教育专家陈鹤琴先生在《为儿童造良好的环境》一文中指出："要孩子学会阅读，我们的家庭、我们的社会，必定要先有阅读的环境。"[①] 梁实秋先生说过："一个正常的良好的人家，每个孩子应该拥有一个书桌，主人应该拥有一间书房。"[②] 我国台湾经济学家，现任美国威斯康星大学经济系教授的高希均先生在《构建一个干净社会》一书中也提倡："家庭中应以书柜代替酒柜、书桌代替牌桌，转移上咖啡馆与电影院的金钱与时间来买书、读书。"[③] 确实如此，一个到处都能看到书的家庭才有可能培养出爱读书的孩子。另外，在居室的布置上还要注意，让孩子在他的生活空间里尽可能多接触书。在一个充满好书的家庭环境中，家长经常看书、谈论书、珍爱书，孩子耳濡目染地也会成为一个爱书的人。家长喜欢看书，就会有丰富的知识，能给孩子讲许多有趣的故事，也能解答孩子经常提出的"为什么"，由此使孩子逐渐喜爱阅读。家长带孩子去图书馆或朋友家借书、去书店选购图书，都可以使孩子从中体会到书籍带给他的快乐。相反，在一个很难找到几本书的家庭里，家长不爱读书，孩子对书籍十分陌生，他们就很难对读书产生兴趣。幼儿最喜欢的阅读方式是和家长共同阅读，孩子主要是喜欢这种亲密氛围。家长在与孩子共同阅读的过程中，自然缩短了相互之间的距离，产生共同的话题，达到相互理解和信任，收到最佳的教育效果。喜欢和孩子一起读书的

---

① 陈鹤琴. 家庭教育[M]. 上海：华东师范大学出版社，2013
② 梁实秋. 一个正常的良好的人家，主人应该拥有一间书房[EB/OL].[2017-03-03].http://www.anyv.net/index.php/article-349281
③ 高希均. 构建一个干净社会[M]. 上海：上海三联书店，1999：50

家庭里，常常洋溢着温馨、求知、上进的文化氛围，这无疑是一种理想的、充满乐趣的、高水平的家庭生活。

父母是孩子的第一任老师，父母爱读书会耳濡目染地影响孩子阅读。心理学家研究表明，视觉刺激比听觉刺激更容易被人接受。如果孩子长期看到父母阅读，比说教能起到更为明显的作用。德国教育界学者认为，如果一个人在13~15岁之前还没有养成阅读的习惯和对书的感情，那么，他今后很难再从阅读中找到乐趣，阅读的窗户将永远对他关闭。人的阅读兴趣应该从小培养，家庭对于一个人阅读兴趣和阅读能力的培养，有着至关重要的作用。因此，公共图书馆着眼于家庭的儿童阅读推广必不可少，这一方面的努力和投入，将在全民阅读素质的提升中起到事半功倍的作用。

一、父母——家庭阅读的示范

从"耕读传家"的传统家庭阅读文化中不难看出，一个家庭是否有良好的阅读氛围，父母往往发挥着不可替代的作用。书香门第的形成，一定离不开家族长者对于后代读书的谆谆教导与以身垂范。以曾国藩家族为例，作为家族的主要继承人，曾国藩一生读书不辍、治学不止、以身作则，不遗余力地教导和勉励其兄弟子侄读书。在给弟弟的信中，曾国藩这样写道："盖士人读书，第一要有志，第二要有识，第三要有恒。有志则断不甘为下流；有识则知学问无尽，不敢以一得自足，如河伯之观海，如井蛙之窥天，皆无识者也；有恒则断无不成之事。此三者缺一不可。"曾国藩认为，读书做学问须先"立志"，也就是要确定一种求知的愿望、愿景；坚定读书的意志、志向，这是一种极度扩张的主观精神，具体表现为要有"为知识而知识"的决心和勇气。关于读书，曾国藩所寄希望于兄弟子侄的是：志不可一日坠，心不可一日松。他是以是否"发奋自立"作为标尺衡量有无读书之"志"的。"苟能发奋自立，则家塾可读书，即旷野之地、热闹之场亦可读书，负薪牧豕，皆可读书；苟不能发奋自立，则家塾不宜读书，即清净之乡、神仙之境，皆不能读书。何必择地？何必择时？但问立志之真不真耳！"由此可见，曾国藩希望在其家庭倡导一种"有志"于读书的家庭阅读文化。

在现代社会，如果父母有良好的阅读习惯，那么阅读亦会成为孩子一项重要的文化生活；反之，没有父母的率先示范，也往往无法形成真正的家庭阅读氛围与环境。我们认为可以从以下几个方面着手，为营造良好的家庭阅读环境打基础与提供保障。

二、保障家庭阅读的基本时间

拥有一定的家庭阅读的时间至关重要。现代社会，父母忙于工作应酬，子女忙于课业应试；以智能手机为代表的移动客户端和以微信为代表的社交网络的兴起，在不断改变人们生活方式的同时，也在让人们成为网络附庸，属于个人的业余时间变得愈加碎片化，真正用于阅读的时间少之又少。因此，我们呼吁和倡导建立一种"家庭阅读时间"的文化，即家庭成员每天抽时间集中读书、谈书的文化。享誉全国的"深圳读书月"曾提出一个口号："每天阅读一小时"，鼓励人们每天保证一小时的阅读时间。那么家庭亦是如此，人们要从电视、手机、网络的束缚中解脱出来，利用饭后、睡前的时间阅读。这不仅能丰富家庭成员的文化生活，更能增进家庭成员间的交流与理解。

三、保障基本的家庭阅读空间

家庭阅读的空间与氛围，不仅可以为家庭阅读提供赖以存在的硬件基础，往往也能够形成对家庭成员参与阅读的心理激励与暗示。那么，家庭阅读空间的最基本要求是什么呢？现代家庭因为条件所限，并不能保证都拥有独立的家庭书房，但基本的书架、书桌应该是家庭阅读最基础的配备。现实当中，我们往往发现，很多家庭最好的空间往往被电视等占据，书架、书桌还没有成为家庭普遍、必备的家具。"让书柜取代酒柜"曾是台湾社会阅读推广的一句重要口号，旨在鼓励人们从家庭阅读环境的构建开始，让阅读成为人们生活方式的一部分。

四、保障基本的家庭阅读资源

家庭阅读资源，主要指家中要有一批家庭成员感兴趣的藏书。一个"阅读家庭"应该是随时随地都可以看到书、拿到书的家庭。当代社会，随着数字出版及公共图书馆服务体系的日益成熟，未必每个家庭都要成为藏书之家，但是保有一定量的、大家感兴趣的图书则是必需的。这些图书可以自行购买，可以借自公共图书馆，也可以是适用于移动客户端的电子图书。当然，在经济条件允许的情况下，应该鼓励家庭加大在阅读方面的开支，让购书、逛书店成为家庭文化消费习惯，这将在很大程度上促进家庭阅读习惯的形成。

五、保障基本的家庭阅读活动

基本的家庭阅读活动，主要指适合家庭成员的阅读行为。如家庭共读、朗读、听书、讲故事、讨论书等，都可以看作基本的家庭阅读活动。特别是有儿童和青少年的家庭，习惯性的家庭阅读活动，对于孩子的全面发展有着不可忽视的作用。一方面，公共图书馆及各类阅读推广组织要加大力度为家庭阅读提供指导，面向父母及祖父母、保姆等儿童监护人宣传家庭阅读的理念与方法，鼓励和支持家长持续开展家庭阅读行为，激发家庭成员的阅读兴趣。另一方面，公共图书馆及专业阅读推广机构应该建立与社区家庭的广泛联动，通过对家庭成员的阅读培训，与家庭联动开展阅读沙龙，鼓励家庭之间的阅读交流，帮助家庭邀请相关阅读推广人开展基于邻里家庭的阅读沙龙和故事会等活动，从根本上为家庭成员阅读习惯的养成提供支持和帮助。

以深圳市罗湖区图书馆推出的家庭图书馆计划为例。该图书馆通过馆藏、人员方面的优势，支持阅读基础条件较好的家庭面向社会公开示范，一方面展示书香阅读家庭的文化风貌，激发更多家庭参与到家庭阅读的行列中来；另一方面，定期向家庭图书馆配送相关图书及指导开展主题活动，让这些家庭成为社区邻里之间重要的阅读推广空间，从而影响更多家庭。

第三讲 家庭阅读方法

在信息爆炸的时代条件下，人们需要掌握阅读的方法与技巧，提取有用信息，提高阅读效率，提升阅读体验。阅读方法是多种多样的。常用的阅读方法有浏览式阅读法、精研式阅读法、选择式阅读法、比较式阅读法、梯次式阅读法、拓展式阅读法、推想式阅读法、编排式阅读法、计划式阅读法、惜时式阅读法、致用式阅读法、查检式阅读法、笔记式阅读法等不下十种。[1]究其本质，便是抓住重点、加强记忆、去伪存真。

以上阅读方法均适用于家庭阅读。由于家庭阅读发生的地点及共享特征，分享式阅读、角色扮演、体验式阅读等阅读方法被更广泛地运用。正确、高效、适用的阅读方法能让家庭阅读事半功倍，同时也能让阅读的过程充满乐趣和吸引力。本讲拟将家庭阅读常用且效果较好的阅读方法予以重点介绍。但是，家庭阅读方法并不局限于这些。同时，这些阅读方法并不是相互割裂、各自为政的，而是相互交织使用的。

第一节 读、听、写与阅读分享

一、读书

"书读百遍，其义自现。""大声读书"（主要为朗读与诵读）历来是中外传统

---

[1] 徐雁，陈亮.全民阅读参考读本［M］.深圳：海天出版社，2011：2—3

的阅读方法,在历史上发挥了不可替代的作用,至今仍然是阅读的重要方法之一。朱熹曾说:"凡读书,需要字字响亮,不可误一字,不可少一字,不可多一字,不可倒一字,不可牵强暗记,只是要多诵数遍,自然上口,久远不忘。"[1]曾国藩也曾说:"李杜韩苏之诗,韩欧曾王之文,非高声朗诵则不能得其雄伟之概,非密咏恬吟则不能探其深远之韵。"[2]

琅琅书声,是许多人关于阅读最初的记忆。相较于学校、图书馆、书店等公共阅读空间而言,家庭阅读空间更为私密和自由。因此,除了默读之外,家庭阅读能够更多地将声音、画面甚至实践体验等结合起来。"大声读书"是家庭阅读最有效、最常用的方法之一。在家庭中大声读书,有助于理解文章的思想感情,增强读者表情达意的能力和词汇储备,也能创造良好的家庭阅读氛围,感染其他家庭成员阅读。

(一)朗读

所谓"朗读",即看到文字,先读出声音,再由声音在大脑中唤起意思,达到理解。[3]声情并茂的朗读,能将无声的文字转化为有血有肉的有声情境,能形象、生动地表达文字作品的思想内涵。通过朗读,读者调用了听觉、视觉等感官活动,能更好地体验文字中包含的思想与情感,同时,更加有利于读者集中注意力、抓住重点。正如叶圣陶先生所说:"吟诵的时候,对于讨究所得的不仅理智地了解,而且亲切地体会,不知不觉之间,内容与理法化而为读者自己的东西了,这是最可贵的一种境界。"[4]

在家庭中朗读,不应"和尚念经",也不应"照本宣科"。读者的眼、口、耳、脑需要协同运作,是对文章的理解和再创作。在家庭阅读过程中,掌握一些朗诵技巧也是必要的。

---

[1] 朱熹《训学斋规》
[2] 曾国藩.曾国藩教子书[M].钟叔河,整理.海口:海南出版社,1994:22
[3] KNOX,BERNARD M.W.Silent Reading in Antiquity[J].Greek,Roman and Byzantine Studies,1968,9(4):421—435(转引自:申艺苑,袁曦临.图书馆用户朗读听书分享平台之构建研究[J].图书馆杂志,2015(4):52—56)
[4] 叶圣陶.叶圣陶语文教育论集[M].北京:教育科学出版社,1980:13(转引自:庞妍.让有效朗读回归语文天地[D].大连:辽宁师范大学,2013)

家庭阅读常用的朗读技巧有[①]：

保持音色：通过声音的高低、长短、强弱以区别不同人物。

确定基调：把握所读文献的主要精神，并分层次处理好传达感情的语气。

突出重音：根据文章的特点、中心思想和感情等需要，把有些词语和句子加以突出，或重些，或轻些，以示区别。

变化语调：通过升调、降调、平调、曲调等语调变化，反应语气或情境的变化。

调整节奏：依据人物语言、心情、语言环境、气氛等的不同而适时调整朗读节奏。

适度停顿：为了表达文章的内容、思想感情或是换气需要，在句子、自然段和意义段之间进行适度停歇。

语音变化：充分重视音变现象（如轻声、儿化、变调等），并予以体现。

……

相较于诵读而言，朗读法更贴近人们的生活，也更易于操作，在家庭阅读中运用也更为广泛。

（二）诵读

诵读法是在理解的基础上，通过"眼观口诵心惟，熟读精思成诵"，全面深入理解文献的读书方法。[②]

"三分文章七分读"，从孟子的"诵其诗，读其书"可知，在先秦时期，诵读就已经成为阅读和教育不可或缺的一部分。至汉代，讽（背诵）、诵（吟唱）、读（朗读）等读书方法已很流行，此时，诵读法的三个基本要素已经具备。到了宋元时期，诵读法走向成熟，朱熹、真德秀、程端礼等都对此有所阐述。朱熹不仅提出了诵读的标准、诵读时的形体要求、诵读的要点，而且提出诵读"三到"（心到、眼到、口到）、"心到最急"这一诵读法的精髓。明清时期，诵读法进一步深化，开始注重诵读的心理和生理影响的规律。同时，张履祥提出读书"先令成诵，而徐以涵泳其意味，体之于心"[③]。崔学古则提出了"探

---

① 常育新.浅谈朗读方法与技巧［J］.中小学教师培训（小学版），1995（X3）：45—46

② 周庆元.诵读法的历时演化与现时解读［J］.中国教育学刊，2004（10）：45—48

③ 中华书局编辑部.丛书集成初编211·初学备忘篇［M］.北京：中华书局，2011

读""熟读""温读"等系统的阅读方法。近现代，诵读逐渐淡出历史。20世纪90年代，随着社会对传统文化的重视，诵读才逐渐复兴。进入21世纪，诵读更是呈加速发展的态势，被称为"第四次读经回潮"[1]。如官方层面的"祭孔"活动、成立孔子学院等；学校推行以"儒经"诵读为主要内容的国学教育；教育企业成立私塾，提倡国学教育；民间机构和学者组织推广诵读活动等（图3-1）。

由于古代教育和阅读以经、史、子、集等内容为主，诵读曾经是家庭阅读最重要的方法之一。随着诵读法的复兴，诵读逐渐恢复了其在家庭阅读中的重要地位，并成为家庭阅读经典文献的最重要方法之一。

图3-1 父母和孩子一起诵读经典

"熟读唐诗三百首，不会作诗也会吟。"事实上，声情并茂地诵读，确实特别适宜于阅读抒情诗文、文言文等作品，因此诵读通常与经典读物联系在一起。通过吟诵，读者可以有节奏地、有感情地诵读诗文，深刻体会古诗词文赋的精神内涵和审美韵味；通过调动视觉、听觉、触觉等多种感官机能，把听、说、读、写结合起来，加强记忆；同时，诵读为读者阅读古典文献创设了一个较为真实的语言情境，有利于读者形成自己独特的、正确的经验认知和情感领悟，也有利于读者展开想象，体会语言文字之美。[2]

与默读和朗读相比，诵读更注重阅读内容的音义结合。"音"是传词达意的前提，"义"是音律悠畅的基础，两者互为补充，相互交融。[3]因此，在家庭阅读中，

---

[1] 石大建. "儒经"诵读思潮在民间社会的兴起及其动员机制——以H市D区的民间读经活动为例[D]. 上海：上海大学，2009

[2] 周晓梅. 诵读方法的演变及当代价值——基于文言文教学的研究[D]. 重庆：西南大学，2013

[3] 周晓梅. 诵读方法的演变及当代价值——基于文言文教学的研究[D]. 重庆：西南大学，2013

要达到有效诵读，必须应用相关的诵读技巧；同时，对于处于诵读启蒙阶段的儿童读者而言，来自家庭成员或老师的诵读技巧指导和帮助，是十分必要的。

在家庭阅读中，常用的诵读技巧包括音高、音强、音色、音长等语言的物理要素的美化，语调、句调、轻重格式、发声方法等情感要素的应用，表情、妆容等副语言要素[1]的运用等。在家庭诵读中，要以灵活自由的时间和生动活泼的方式，调动诵读行为的积极性和可持续性。常用的方式有接龙诵读（即一人一句，连接往复）、对话诵读（即以上句接下句的形式进行诵读比赛）、配乐诵读（选取古典音乐作为背景音乐配合诵读）、诵读表演（通过配乐、改编成歌曲或舞蹈等方式展示）等，能激发诵读兴趣，巩固阅读内容[2]。同时，创设具有浓郁文化氛围的经典家庭阅读环境，如在家庭中准备丰富的诵读材料，家庭成员积极参与、互相影响，让孩子作为"小老师"教家庭成员诵读等，均有助于增强诵读的可持续性。

相较于朗读而言，诵读更适用于古典文献的阅读，更有助于从作品的声律气韵入手，体会其丰富的内涵和情感。

（三）背诵

背诵这种学习方法古已有之，也是行之有效的阅读方法。在许多名家看来，背诵是学习知识、了解文化的有效形式。清代学者刘大櫆在《论文偶记》里曾说："积字成句，积句成章，积章成篇，合而读之，音节见矣歌而咏之，神气出矣。"[3]梁实秋在《岂有文章惊海内——答邱彦明女士问》一文中就曾经这样写道："这种教学方法（背诵默写）看似是一种很不聪明的方法，但却能在无形中帮助学生认识中文文法的要义，体会拣词炼句的奥妙。"[4]可见背诵的重要性。

背诵是一个反复朗读或默读，从而达到记忆的过程。背诵并不等于死记硬背，与读者的思辨能力和创新意识的培养相关。背诵能培养读者语感，提升读者的表达能力，增强记忆力和注意力，培养和提高读者阅读的兴趣；[5]也能使人对文化

---

[1] 张军民.内涵·韵律·规范·技巧——"中华经典诵读"中的"读什么"和"怎么读"[J].语文建设，2011（12）：68—70
[2] 杜艳玲.幼儿中华文化经典诵读教育价值与方法研究[D].济南：山东师范大学，2009
[3] 刘大櫆.论文偶记[M].北京：人民文学出版社，1998
[4] 梁实秋.梁实秋文学回忆录[M].陈子善，编.长沙：岳麓书社，1989
[5] 江莹.浅议背诵在语文教学中的重要性[J].中国校外教育，2014（9）

有更深层次的理解，在潜移默化中熏陶读者。

背诵的方法主要可分为机械式、理解式和技巧式三类[①]：

机械式背诵：读者依靠机械重复的朗读，达到自然成诵的效果。此种方法适合天生记忆力好或者对"硬背"方式适应良好的读者。值得注意的是，机械式背诵并不是不要理解。自然背诵法、接龙背诵法、尝试背诵法等，均是行之有效的机械式背诵方法。

理解式背诵：读者在揭示了阅读材料与自身固有的知识之间的联系之后再进行背诵。理解式背诵在全面性、速度和巩固等方面要优于机械式背诵，且成人的理解式背诵要比儿童好。抓线索背诵法、图像再现背诵法、联想背诵法等，通常被广泛运用。

技巧式背诵：读者借助记忆术进行背诵，可以训练超强的记忆能力。所谓记忆术，即是将新阅读材料与已经知道的事情联系起来的一种记忆事物的方法。通过串字背诵法、强化链接背诵法、位置编码背诵法等，读者利用深层加工理念的记忆规律来进行背诵，能事半功倍，大大提高背诵效率。

朗读是背诵的外在表现形式，背诵是朗读的结果之一。朗读是背诵的基础，背诵是朗读的提高。[②]

二、听书

"听书"是通过听觉来阅读作品。在东西方历史上，在社会识字率极低、纸张书籍奇缺的环境下，听书起到了传播知识与文化、传承历史的重要作用。如古希腊的《伊里亚特》《奥德赛》，古印度的《罗摩衍那》《摩诃婆罗多》等巨著，在最初的流传过程中，都有赖于听书这种口耳相传的方式。而戏曲、说书、评书等艺术形式，在很长一段时期内更是普罗大众阅读的重要渠道。

听书不仅仅是个人的阅读活动，也是文化交流活动、创作活动、学习和教育活动。[③]古代的阅读很多都是以"你读我听"形式为主的公共阅读。例如古希腊

---

① 欧阳时忠.中学语文背诵方法探索[D].南昌：江西师范大学，2006
② 欧阳时忠.中学语文背诵方法探索[D].南昌：江西师范大学，2006
③ 张鹏,王铮."听书"形态的起源、发展与趋势——兼论图书馆面对新型音频资源的应对策略[J].图书馆理论与实践，2016（3）：8—12

人和古罗马人通常在公开场合为公众诵读自己的作品；在中世纪的欧洲，公共阅读亦是阅读的最主要形式。然而，随着印刷术的普及和造纸术的进步，书籍的价格逐渐下降，阅读也逐渐"从朗读到默读，从公开阅读到私下阅读"[①]，听书的地位逐渐下降。

除了传统的"你读我听"[②]之外，随着信息技术的发展，利用移动智能设备获取音频书籍的途径更为多样，听书的内容形态、产生方式、传播方式及接收与利用方式都产生了深刻变革。仍然有相当一部分人选择欣赏评书或者收听广播类读书节目，但利用新型听书资源和设备进行家庭阅读的人越来越多。

（一）听书风行的原因

听书打破了阅读时间的限制，解放了读者的双手、双眼，使得读者可以充分利用上下班、做家务、散步、休闲娱乐等零碎时间，也使得在现代社会中用眼过度的人群获得了让眼睛休息的时间。而不论是阅读纸质书还是电子书，都没有如此"自由"。

听书降低了阅读的门槛，使视障和识字不多的人群均可参与到阅读中去，及时获取信息和知识，享受阅读的乐趣。

听书可以加深记忆。抑扬顿挫的声音往往便于读者体会阅读内容的情感，加深记忆力和理解力，增强读者与作者的情感共鸣。

听书资源便于获取。纸质书质量大、携带不便，对于阅读环境也有一定的要求，而大量听书资源可通过手机、平板电脑、MP3等移动阅读设备随身携带，随时取用。

听书可以多人共享。家庭成员可以在同一时间、同一地点共同阅读同一本书，并对阅读内容进行讨论；也可以突破时空限制，利用网络和移动阅读设备转发、分享阅读内容。

听书的优点虽然不少，但由于声音的传播距离有限，转瞬即逝，在很长一段时间内，"听书"是和"读书"紧密联系在一起的。随着现代信息技术的发展，

[①] 栗月静.阅读的历史：从朗读到默读[J].教师博览（文摘版），2012（12）：54—56（转引自：[英]彼得·伯克.什么是文化史[M].蔡玉辉，译.北京：北京大学出版社，2009）

[②] 张鹏，王铮."听书"形态的起源、发展与趋势——兼论图书馆面对新型音频资源的应对策略[J].图书馆理论与实践，2016（3）：8—12

数字化、网络化、移动化技术的进步和移动阅读设备的普及，"听书"在现代社会再次流行起来。

（二）听书资源的载体

20世纪六七十年代，美国盲人基金会为了照顾盲人和退役的伤残军人，找人朗读纸质书籍，然后录制成磁带，播放给有阅读障碍的人听。到了20世纪80年代，这种磁带流入了消费市场，被美国人称为"Audio Book"，直译过来就是"听书"，也被翻译成"有声读物"[1]。这便是现代意义上"听书"的开始。在现代家庭阅读中，听书载体的形态经历了一条从以磁带为代表的Audio Book到以MP3为代表的E-Audio Book（数字有声书），再到以音频APP为代表的E-Audio Content（数字有声内容）的变化路径。[2]

家庭阅读中，常见的听书资源载体有：

广播电视听书节目：听众收听电台或者收看电视中的读书节目。此类节目通常具有主持人播音特色和个人风采，能吸引一批铁杆书迷。

磁带及CD：磁带和CD在20世纪八九十年代曾经风行一时，是当时听书的主要资源载体。内含的听书资源通常由优秀专业人员录制，因此声音质量较高。至今，随书光盘仍然是家庭听书资源的重要来源。

移动阅读设备：听书资源通过U盘、移动硬盘等可移动存储设备传播、存储，通过MP3、MP4、智能手机、PAD等可移动智能终端播放。而这些资源可以是已经录制成声音的MP3/MP4格式，也可以是TXT等文本格式（可利用软件或TTS设备转换成声音）。优点在于存储量大，使用方便。

网络：听书资源存储在网络中，读者需要的时候，通过网络下载或联网收听。优点在于下载、分享方便，但声音质量良莠不齐。

（三）热门家庭阅读听书资源

随着听书载体形态的变化和智能终端（手机、PAD等）的普及，家庭阅读听书资源极为丰富。下面介绍几种当前较为热门的家庭阅读听书资源：

---

[1] 刘宝华.图书馆的人文关怀——建立"听书室"的思考［J］.科技信息，2007（32）：601
[2] 张鹏，王铮."听书"形态的起源、发展与趋势——兼论图书馆面对新型音频资源的应对策略［J］.图书馆理论与实践，2016（3）：8—12

1. 听书类 APP

目前市场上应用人数较广、好评较多的，主要有以有声图书为主的APP、以课程知识类内容为主的APP、以演讲类内容为主的APP、以文字转音频类功能为主的APP等，详见表3-1。

表 3-1 听书类 APP

类型	代表 APP	资源特色	同类资源
以有声图书为主	喜马拉雅 FM	以有声图书为主，集合音乐、电台、广播剧等资源，是最常用、最普及的听书APP	懒人听书、酷我听书等
以课程知识类内容为主	网易公开课	以课堂教学、知识文化为主，集合TED、名校公开课、纪录片等内容	腾讯课堂、学霸君等
以演讲类内容为主	TED	以公开演讲和讲座为主，内容多为天文、地理、环保、经济等精深课题	一席、开讲啦等
以文字转音频类功能为主	Instapaper	除了可以将文字转音频之外，软件可搜集、整理和聚合文献内容，提供"稍后读"服务	声之梦等

鉴于以有声图书为主的APP应用较为广泛，以下对当下流行的该类APP从资源内容、操作界面、功能亮点等层面做简要对比，详见表3-2。

表 3-2 以有声图书为主的 APP 对比

APP 名称	资源特色	操作界面特点	功能亮点
喜马拉雅 FM	资源最为丰富，并有音乐、电台、评书等多种资源	界面元素协调，颜值高，操作简便	明确具有"定制听"和"下载听"两大功能
懒人听书	资源较丰富，以热门图书和小说为主	界面一目了然，操作最为简单	首页具有"每日荐书"和"节目推荐"，提供导读
酷我听书	资源较丰富，以热门图书和小说为主	界面简洁，功能明确	有"哔哔"功能，鼓励读者吐槽、参与
蜻蜓 FM	资源较丰富，以热门图书和小说为主，有公开课等资源	操作相对复杂	突出个性，有自媒体功能，每一个分类下均有"精品/力推"
爱听掌阅	资源较少，以有声图书为主	操作简单	"导入"功能可导入自有电子书资源

2.微信听书

微信听书，通常通过听书资源公众号、阅读推广公众号及各种读书会微信群听书活动来实现。微信听书资源通常是经过编辑精选的内容，因此推送的内容、声音的质量均较高；但由于其资源有限、检索不便等先天缺陷，因此通常作为听书活动的补充，详见表3-3。

表3-3　常见微信听书资源

类型	代表	服务形式
"听书"资源公众号	十点听书	每天晚上10点准时推送可以听的精美文章
	咪咕听书FM	推荐自身资源平台如APP、网站上的优秀有声读物
阅读推广公众号	爱阅公益	通过"爱阅电台"收听或点播有声读物
"读书会"微信群听书活动	听说后院	后院读书会微信群组织的听书活动，每晚由5名成员用语音分享一本书，每人10分钟；群内每个成员每个月必须分享一次，否则自动淘汰

3.图书馆听书资源

图书馆购买有声读物并提供馆外在线使用，同时搜集并整理网络中更多形态的听书资源，经过信息标引和揭示后，通过微信、APP或网络等途径供读者使用，详见表3-4。

表3-4　图书馆听书资源

类型	服务方式
有声读物数据库	购买如《云图数字有声图书馆》《爱迪科森网上报告厅》等有声读物数据库，并提供馆外在线服务
精选有声读物推送	精选有声读物，通过微信公众号、APP或网络等途径推送给读者。如国家图书馆推出网上"文津经典诵读"，每天为读者介绍和推荐一条中华传统美德格言、一首古诗词，并且配备在线朗诵；深圳市罗湖区图书馆在微信公众号推出"罗湖好书声"，读者既可以聆听书友分享的"书声"，也可以亲身参与录制、分享等
真人图书馆	具有丰富人生经历和特殊故事的志愿者成为一本真人"书"，讲述自己的故事，解答读者的疑问，供读者"阅读"。如黑龙江省图书馆的"真人图书馆"活动
光盘借阅	图书馆提供随身光盘、有声读物的外借服务
视障人士听书资源和设备外借	为视障人士建立专门的数字图书馆，集合有声读物资源。如中国盲文图书馆的"盲人数字图书馆"；上海图书馆提供的"阳光听书郎"外借服务等

三、读书笔记、思维导图与创作

(一)读书笔记

"眼过千遍,不如手过一遍。"读书笔记历来是备受推崇的阅读方法,是治学的主要工具之一。韩愈在《进学解》里讲他写读书笔记时说:"记事者必提其要,纂言者必钩其玄",说明读书笔记不光是摘记要点,还要写出自己的看法,对全书的内容做概括的说明。清初顾炎武的读书笔记巨著《日知录》言明,读书笔记应当在摘录旧书观点后,从许多材料中发掘出新的问题,提出新的见解。[1]古人也善于运用评注笔记,读完书后对它的得失加以评论,或对疑难点加以注释,如金圣叹评《水浒传》《红楼梦》等。由此可见,读书笔记从古至今都是重要的家庭阅读方法。

"好记性不如烂笔头。"读书笔记在读者阅读时记录下重点、心得、体会等内容,并加以整理,对帮助记忆、加深对文献的理解、积累材料、提高写作能力均有较大作用。

在家庭阅读中,读书笔记的写法主要有[2]:

摘录:摘录文献中优美的句子和词汇,有意义、有心得的观点和内容。

批注:在阅读时随时进行,在重要内容或有心得的文字上标注记号,或在空白处随时记录心得体会。

提纲:将文献的重点内容和要点分清层次后加以整理。

读后感:将读书的心得体会结合实际写成文章。

(二)思维导图(Mind Map)

家庭阅读时,读书笔记通常的展现形式主要为笔记本、活页本、卡片、书签、随书批注、剪报或思维导图。与传统的读书笔记方法不同,思维导图图文并重、简单有效,因此本文将重点对其进行阐述。

思维导图是读书笔记的展现形式,最初由英国心理学家东尼·博赞(Tony

---

[1] 读书笔记[EB/OL].[2016-08-29].http://baike.baidu.com/link?url=_OOimpS6dNQ dfDPL1 Hrjvr GnJtGnNT-6sqHbOLB_WRCjlelPxQjT0fnBXx1DFCh8t-CGi91_e2DA0BpJr287aa

[2] 陈良琪,孔宁.教孩子怎样读书——轻松阅读的78种方法[M].沈阳:万卷出版公司,2009:14

Buzan）在20世纪60年代提出。思维导图是用图表表现的发散性思维。思维导图始于一个中心，用来表示主要内容，分支图像均从中心图像向四周散射，用来表示各大主题、次主题等内容；分支由关键图像或关键词组成。[①] 思维导图可以使用曲线、符号、词汇、颜色、图片等要素制作，技巧在于突出重点、发挥联想、清晰明白、建立联系、享受乐趣。

相对于需要严格层级划分、明确概念、具备系统性的知识树而言，思维导图更为发散和灵活，更能应用于非"知识"领域信息的记录；与传统的段落式笔记相比，思维导图篇幅小，结构清晰，重点突出。

在家庭阅读中，思维导图利用图文结合的方式突出重点，形象、直观，能使读者的思路和对文献的理解更为清晰、深入，节省时间；易激起读者的兴趣与热情，便于识字不多的人阅读；也更易激发读者自身固有的知识，加深记忆，提升创造性思维[②]，因此最适用于阅读逻辑性较强、主题关联复杂的书籍。

简易的思维导图人人可以上手。一张纸、一支笔即可描绘出一张简单的思维导图。随着科学技术的普及，也可借助思维导图类软件进行。这些软件大多可通过电脑、手机等终端设备使用，部分软件实现了网络在线使用和多人团队协同工作的功能。表3-5列出了几种常用思维导图类软件和各自的特色。

表3-5 常用思维导图软件及特色

软件名	应用终端	网址	特色
XMind	电脑	http://www.xmind.net	国产免费软件，易用性强，能以鱼骨图、二维图、树形图、逻辑图、组织结构图等方式来展示；有音频笔记功能
MindManager	电脑 手机	https://www.mindjet.com	严格遵守东尼·博赞的制图法则，关键字都是放在延伸"手臂"上；能够提供XML的输出，能与微软办公软件沟通；快捷键使用方便，界面可视化；可以进行任务管理，协同工作
MindMeister	电脑 手机	https://www.mindmeister.com/zh	最好的在线思维导图应用之一，其网络版本屡获殊荣。能自由移动应用于各种平台而不用担心数据迁移问题，能实现多人在线团队协同工作

① ［英］东尼·博赞，［英］巴利·博赞.思维导图［M］.卜煜婷，译.北京：化学工业出版社，2015：33—37
② 王翠萍，胡石，宋佳.思维导图在阅读活动中的应用探析［J］.图书馆学研究，2011（14）：66—70

续表

软件名	应用终端	网址	特色
iMindMap	电脑 手机	https://imindmap.com	由东尼·博赞亲自监制开发而成，接近手绘的效果，是唯一带有自由形态的头脑风暴视图类思维导图软件。可同步云数据，但操作较为复杂，适用于小型的思维导图

除了以上软件外，Coggle、Mindmaps、FreeMind、Text to Mind 等思维导图软件，均有各自的特点和使用人群。

下面以东尼·博赞的《思维导图》一书为例，运用 XMind 软件绘制一个简易思维导图（图 3-2）。

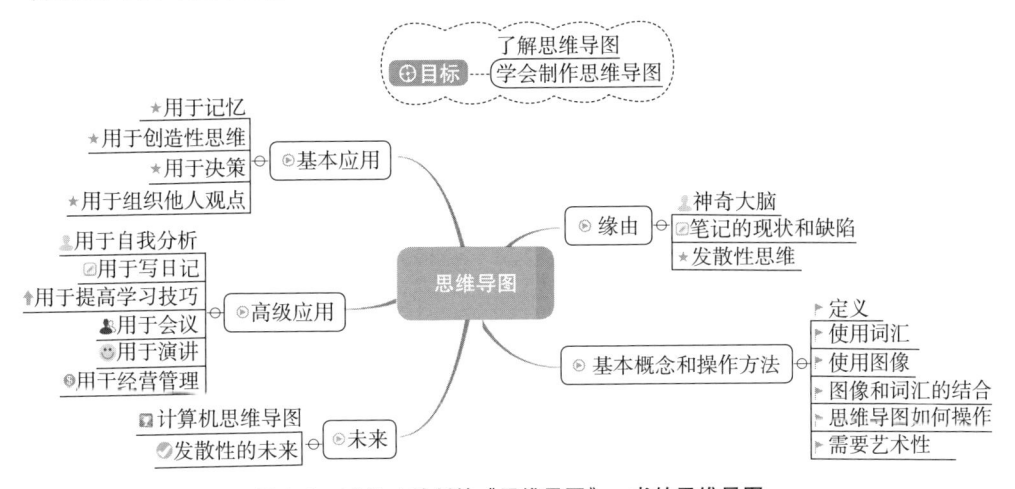

图 3-2 XMind 绘制的《思维导图》一书的思维导图

（三）创作

阅读对写作具有不可忽视的促进作用。积累大量阅读后进行创作，或延伸想象，或读写互动，成为家庭阅读的重要形式。我们既可通过书写来传达内心所思、所想、所悟，也可以通过想象和口述，创编、改编阅读作品，输出阅读心得。阅读和写作，一个是吸收，一个是表达；一个是输入，一个是输出。[1]

1. 延伸想象

想象是人脑对已有表象进行加工改造、创造新思想的心理过程。[2] 想象可以

---

[1] 吴瑞雪. 以读攻写——小学生阅读与写作教学策略探讨［D］. 武汉：华中师范大学，2012
[2] 刘丽红. 绘本阅读对于幼儿想象的激发［D］. 昆明：云南师范大学，2013

打破现实物象中的真实限制，但绝不是现实的机械翻版。在家庭阅读过程中，依据阅读内容展开想象的翅膀，利用抑扬顿挫的语言创设情境；利用图画、影视、幻灯、音乐、摄影等手段，生动再现文献中的情境，调动读者的多种感官，激发读者的情感；通过比较，激发读者的认识和想象；将联想与想象结合在一起，运用自身的感情内容、生活经历、文学积淀，对文献中的情节、场景等内容进行"推测式"想象[1]，最终，通过语言或文字把想象的内容表述出来。

2. 读后感

阅读后，把具体感受和得到的启示写成文章，便是读后感。读后感的写作，建立在阅读的基础上，书读得越深越透，感悟就会越丰富。读后感可以是从书中领悟出来的道理或精湛的思想，可以是受书中内容启发而引起的思考与联想，可以是因读书而激发的决心和理想，也可以是因读书而引起的对社会上某些丑恶现象的抨击、讽刺。

读后感的内容，受到文本内容以及读者知识、阅历、个性、情感等多方面因素的影响，因人而异、因文而异。其写作方式，通常有直抒胸臆式、一唱一和式、浮想联翩式、图说心语式、人生箴言式等。[2]

3. 自创作品

阅读与写作相互依赖、相互影响。读者通过大量阅读，累积词汇、语言、语法和素材，激发写作灵感，形成自己独特的观点和看法，矫正在语言表达中出现的逻辑不清、语序混乱的现象和对世界含糊不清的认识，改变自己的世界观和情感世界，净化心灵；在情感体验的同时，产生思想共鸣，产生认识顿悟和思想飞跃。[3]在此基础上，通过诗歌、散文、小说、论文、绘画、音乐等形式，表达读者的所思所想。

四、阅读分享

阅读绝不仅仅是个人的行为。在家庭阅读中，家庭成员之间，尤其是父母与

---

[1] 高艳魁.阅读与写作教学中对学生想象能力的培育［D］.长春：东北师范大学，2005
[2] 任伟.创意读后感 悦写促悦读——小学生读后感写作的困境与突破［J］.读与写（教育教学刊），2013（6）：206—207
[3] 吕晓英.论阅读之于写作的意义及其实现途径［J］.绍兴文理学院学报，2005（2）：102—105

孩子之间，分享阅读体会，共享阅读乐趣，能够激发思维、丰富学识、开阔视野、完善自我[1]，同时培养阅读习惯，激发阅读兴趣。

（一）亲子共读

儿童阅读对儿童自身和社会与国家的发展都很重要。由于儿童特有的生理和心理发展特点，亲子共读成为儿童阅读的常态，也是家庭阅读最重要的方式之一。

所谓亲子共读，是指父母和孩子围绕图书展开讲述、讨论、交流的一种分享性的、个性化的阅读活动。[2]亲子共读以书为媒介，以阅读为纽带，对儿童身心发展的好处显而易见。亲子共读还能增进父母与孩子之间的沟通与交流，促进家庭和谐，对父母阅读写作、对生活体悟也有间接的提升作用。同时，在家庭中创设有利于渲染阅读氛围的环境，如书房、图书角、阅读区等，能够提升儿童阅读的兴趣和专注度，也能够促进家长的学习和阅读。

1. 亲子共读的书目选择

少儿的生理和心理变化迅速，其阅读兴趣和阅读能力在不同年龄段均有较大不同。因此，在亲子共读书目的选择上，家长应当有分级阅读意识，依据孩子所处的不同阶段选择适合的书目。

分级阅读主要按照儿童的心智成长规律，提供大体适合某个阶段孩子特性的作品。目前，国内外童书分级标准主要有三种，即以"A"到"Z"分级法为代表的字母表体系，将童书从易到难分为26个级别；以"蓝思分级体系"为代表的数字体系，采用分值来评判阅读能力；年级体系，即依据不同孩子的年龄来判断其应有的阅读水平。[3]

在分级阅读意识的指导下，家长依据自身诉求和儿童需求选择优秀书目进行阅读。在具体书目的选择上，应当选择品牌作者或品牌出版社出版的童书，选择在国际、国内获奖的童书，选择权威机构和专家列出的推荐书目等。

2. 亲子共读的主要形式

亲子共读的地点通常为家庭、图书馆少儿区、公园等较为生活化的场所，其

---

[1] 吕梅. 共享阅读——送给家长、老师和所有想组织读书活动的人 [M]. 北京：国家图书馆出版社，2011：1—15

[2] 何江涛. 耕读传家 [M]. 北京：北京图书馆出版社，2008：110—116

[3] 于露. 国内外童书出版分级阅读比较研究 [J]. 出版发行研究，2014（10）：71—74

主要形式有：

自由朗读：这是最简单，也是最常用的亲子共读方法，即家长声情并茂地将书中的文字或画面描述给孩子听，或者孩子自由阅读时向家长提问。

提问引导：家长和孩子在阅读过程中或结尾后，依据阅读内容的不同，向孩子提出相应的问题，或引导孩子做出猜测、数数、触摸、拍一拍、排序等动作，使孩子有身临其境的感觉，以便孩子加深记忆和体会。

交流讨论：家长和孩子针对阅读的内容进行交流和讨论。此方法适合年龄较大的孩子。

延伸想象：在阅读、理解内容的基础上，家长引导孩子展开想象，创编或改编故事。

在家庭阅读中，还可通过阅读竞赛、表演、角色扮演、手工、体验式阅读等灵活多样的形式，提高孩子的阅读兴趣，加深理解。

（二）家庭读书会

读书会是由一组人参与的互动形态的团体阅读活动，参与者阅读共同研究的作品与材料，分享学习心得，讨论观点和内容，激发新的思考和扩大思维的空间。[1] 18世纪的法国读书沙龙和19世纪北美妇女文学会，便是历史上有名的读书会活动。现代意义上的读书会起源于瑞典，称为"学习圈"（Study Circle）；发展至今，读书会已成为瑞典人的一种生活方式，几乎每一个瑞典的乡村都有读书会。[2] 在中国台湾、新加坡以及欧美等地，读书会也是较为常见的分享阅读的方法。

相较于亲子共读能够随时随地进行，家庭读书会通常选择某个固定的时间、以固定的形式来一起读书，共同学习。除了父母与孩子之外，孩子与孩子、孩子与祖辈以及其他亲戚、朋友，都可以参与进来。在形式上，除了亲子共读常用的方式之外，家庭读书会还会较多运用表演、诵读或朗诵、竞赛、做手工、交流心得体会等方式。为达到较理想的效果，家庭读书会通常定期或不定期举行。

目前常见的读书会组织形式主要有两种：

---

[1] 吴惠茹.以读书会促进全民阅读探析［J］.国家图书馆学刊，2014（6）：33—38
[2] 秦鸿.欧美图书馆读书会经验及其借鉴［J］.图书情报工作，2013（12）：88—92

1. 家庭读书沙龙

此种读书会通常为家庭自发组织，参与成员通常为家庭内部成员或亲戚、朋友、同学等。其必要环节通常为：由参与人员轮流担当主持人，定期诵读、欣赏美文，把近来读到的好书或文章推荐给其他家庭成员，然后对分享内容进行点评和互相交流。一般都会有一个才艺展示的环节，也会把成果以读书笔记、竞赛奖品等方式固定下来。

2. 社会性读书会

此类读书会通常为有一定组织机构、有固定活动场所和活动时间、有一定活动经费、有章程的群体性读书会举办的活动。国内现有读书会主要有：以中国金融博物馆书院读书会为代表的民间读书会；以南京图书馆陶风读书会为代表的图书馆读书会；以郑州大学读书会为代表的学校读书会；以凤凰网读书会为代表的网络读书会等。

以家庭为单位参与此类读书会组织的读书活动，是目前家庭阅读的重要方式，也能促进参与活动的多个家庭之间的交流和互动。在组织和参与家庭读书会之前，应当对当次活动的主题有所了解并进行阅读。读书会主旨活动通常为读书心得报告分享和讨论，同时也会搭配与主题相关的轻松有趣的活动，如品尝佳肴、音乐或剧目欣赏、郊外联谊、家庭聚会等。这些活动都能有效提升大家的参与兴趣，提升阅读体验。

（三）家庭阅读网络分享

网络重建了读者和文本的内在关系，打破了阅读主体所受到的来自客观世界和社会文化中的种种外部局限，为自主阅读提供了无限可能。[1]得益于开放、平等、协作、分享的网络与智能设备的普及，我国国民的数字化阅读率节节攀升。据 2015 年中国新闻出版研究院发布的第十二次全国国民阅读调查报告显示，我国国民数字化阅读接触率达 58.1%，超过了传统阅读率。[2]网络阅读共享是指读

---

[1] 罗伯特·林根. 第六种语言：网络时代的新传播语汇［M］. 台北：蓝鲸出版社，2001：47〔转引自：许欢. 小径交叉的数字花园——网络阅读共享行为模式研究［J］. 高校图书馆工作，2014（6）：78—84〕

[2] 中国新闻出版研究院.2015 年全国国民阅读调查报告［EB/OL］.［2016-08-10］.http://baogao.cnrencai.com/diaochabaogao/11508.html

者以互联网为基础，利用互联网工具进行的以文本（书籍、报刊）阅读为主体的阅读推介、分享、评价、传播的活动。[①]

1.家庭阅读网络分享流行的原因

家庭成员坐在电脑前或利用手机、Pad等移动阅读设备，随时随地分享阅读内容，省时省力；阅读内容可通过网络下载、推送、复制等，而不需要手写、复印等；电子文献价格相对低廉，为读者省钱；可以阅读到最新消息及自媒体信息，并且可以参与讨论、吐槽、建议等；同时，阅读网络分享能增强家庭成员的互动，加深家庭成员之间的情感联系。正因为网络分享资源丰富，省时、省力、省钱，参与度高，因此逐渐成为家庭阅读的重要方式。

2.家庭阅读网络分享的主要途径

家庭成员之间的网络阅读共享，借助手机、Pad等智能设备，依托微信、QQ、SNS等社交软件和网站，深入人们的生活，成为全民阅读的重要组成部分，详见表3-6。

表3-6 家庭阅读网络分享的主要途径

主要途径	特征	代表
文档分享	家庭成员通过文档共享网站分享阅读内容，在线阅读和下载涉及多个领域的资料，通常以虚拟积分作为鼓励用户上传文档的激励措施	豆丁、百度文库、新浪爱问等
人际推送	用户通过博客、微博、网络社区、微信等网络工具发表自己的阅读体验，发现网络优秀阅读内容，并借助网络渠道迅速传播从而影响他人	微博、微信、博客等
阅读社区	使用类似新闻组的小组方式组织用户，各个小组成员因有共同阅读爱好而聚集，创建、加入、收藏小组都极为简便，分享、交流阅读内容成为其联系的纽带，大都使用Tag机制	豆瓣网等
线上读书活动	家庭成员共同参与，收听或收看网站、读书会、直播平台等提供的阅读内容，并通过推送、文档分享等方式传播	"罗辑思维"线上读书会、"中信"线上读书会等

在现阶段，家庭网络共享阅读以浅阅读和碎片化阅读为主，内容也是五花八门、良莠不齐，甄别、选择网络阅读源显得尤为重要；同时，也应当加强互动，

---

① 许欢.小径交叉的数字花园——网络阅读共享行为模式研究［J］.高校图书馆工作，2014（6）：78—84

促进阅读评论与讨论。

（四）其他

阅读是不分年龄、不分性别的。随着现代化手段的普及，家庭成员之间的阅读分享打破了时间和空间的限制，加深了家庭成员之间的联系和交流。

家庭阅读分享，可以是家庭成员之间的分享、家庭与家庭之间的分享，也可以是家庭成员共同参与其他机构组织的阅读分享活动；活动地点既可以在家中，可以在室外，也可以在线上。目前，常见的可供家庭成员共同参与的其他阅读分享活动很多，详见表 3-7。

表 3-7　常见的其他阅读分享活动

分享方式	主要形式
故事会	讲述者在一定的空间区域内，为孩子们声情并茂地讲述各类有趣的故事。讲述者一般为家长、志愿者或组织机构工作人员，也可以是大一点的儿童。有时会配合音乐、PPT 或搭配手工活动
读书心得交流	参与者讲述读书经验和阅读心得，可以有一个主讲人，也可以是人人参与。有精品导读、心得交流互动、名家讲座等形式
晒书会与图书交换	通过展示自己喜爱的图书，与其他书友交流，共享阅读乐趣。除了"晒书"之外，一般经协商后可交换中意图书
图书漂流	将图书投放在漂流网站或特定地点，供阅读爱好者免费取阅、传阅，而后照此行事。漂流网站通常会交流心得体会，记录图书流转历程
体验式阅读	采用静态文本阅读与动态生活体验相结合的方式，引导读者亲自阅读、亲身实践、切身感受，从而加深对阅读内容的理解和感悟
角色扮演	读者扮演阅读内容中的角色，表演作品中的主要故事情节或自创情节，从而加深对阅读内容的理解

第二节　体验式阅读与角色扮演

一、体验式阅读概述

体验，是指通过亲身实践而获得经验的过程，是人类获取认知的一种有效方式。

"纸上得来终觉浅,绝知此事要躬行。"自古以来,人们就知道,要真正弄明白文献中的深意,往往需要生活中自身的真实体验。著名教育家陶行知就提倡"生活即教育",主张教育同实际生活相联系;而美国著名社会心理学家、教育家大卫·库伯(David Kolb)则提倡体验式学习,认为学习是一个体验循环过程:具体的体验—对体验的反思—形成抽象的概念—行动实验—具体的体验。如此循环,形成一个贯穿的学习经历,学习者自动完成反馈与调整,经历一个学习过程,在体验中认知。①

教育和学习如此,阅读也如此。现代阅读不再限于书本和文字的阅读,而能融合绘画、音乐、视频、手工、游戏等多种元素,从视觉、听觉、嗅觉等多种维度来体验阅读。体验式阅读就是通过丰富多彩的实践活动,让读者主动参与、亲历探索,通过观察、思考、合作、感悟、搜集和处理信息,分析和解决问题,从而获得新知识的过程。②在体验的过程中,阅读与体验相互作用、相得益彰。

(一)体验式阅读盛行的原因

体验式阅读以阅读内容为载体,将静态的文本阅读与动态的体验活动相结合,引导读者亲自阅读、亲身实践、切身感受③,从而加深对阅读内容的理解,加深记忆。

体验式阅读注重学习的过程和体验性,有助于养成科学严谨的学习方法,提高探究和解决问题的能力。④

体验式阅读在阅读的过程中常常是多向互动的,读者可以以小组的形式交流合作、共同探究,在讨论、交流、促进的过程中体验到合作的乐趣。

体验式阅读融合了绘画、音乐、视频、手工、游戏等多种元素,给予读者快乐的体验。

---

① [美]D.A.库伯.体验学习:让体验成为学习和发展的源泉[M].王灿明,朱水萍等,译.上海:华东师范大学出版社,2008
② 陈力勤.基于互动体验的少儿图书馆功能设计——以苏州第二图书馆少儿区功能设计为例[J].图书馆理论与实践,2016(6):86—90
③ 李茜.关于幼儿早期阅读——体验式阅读的分析与思考[J].吉林教育,2016(21):158
④ 陈力勤.基于互动体验的少儿图书馆功能设计——以苏州第二图书馆少儿区功能设计为例[J].图书馆理论与实践,2016(6):86—90

体验式阅读通过合作与参与，激起读者积极的情绪，形成乐观的心态，从而培养读者喜爱阅读、学会阅读的好习惯。

体验式阅读从体验中认识世界和形成良好的行为习惯，从而发展读者的个性和认知。

正因为体验式阅读有如此多的优点，随着生活水平的提高和国家、社会对阅读体验的重视，采用体验式阅读方法的家庭越来越多。

（二）体验式家庭阅读环境

阅读时，读者、读物、环境会相互作用，因此应当在家庭中提供充满体验元素的阅读环境，以促进体验式阅读。

创设体验式家庭阅读环境，应当提供多样化的、充足的阅读材料。图书资料、主题图片、墙饰布置、各种道具及教具、实物、碟片、书写材料等，在体验阅读活动中是不可缺少的支持材料。[1]在最为直接的图书的选择上，选择可读性、可用性、体验性兼具的读物，如折叠发声书，各种不同质感的读物（如皮、毛、布等），立体书、洞洞书、角色扮演书、玩具图书等。

创设体验式家庭阅读环境，还应当提供充足的阅读时间和场所。体验式阅读比普通的阅读需要更多时间，既包括阅读准备时间，也包括体验的历程、读后的回味与总结，还有之后不断的重复。而表演、实验、观察等活动，需要特定场所或地点提供支持。

创设体验式家庭阅读环境，还应当提供宽松、自由、充满体验元素的阅读氛围。在体验阅读的过程中，鼓励参与人员相互引导、支持、合作，鼓励参与和创作，允许失误，尊重个性。

（三）体验式家庭阅读的途径和方式

体验式家庭阅读鼓励参与，提倡用手去做、用耳朵去听、用嘴去说、用眼去看、用身心去感受，并与阅读内容相互呼应、相得益彰。主要途径和方式，详见表3-8。

---

[1] 柯恒波，徐华勇，谭亚君.让环境为幼儿的阅读添趣增彩——浅析幼儿园"体验阅读"活动的环境创设［J］.黑龙江教育学院学报，2014（5）：100—102

表 3-8 体验式家庭阅读的主要途径和方式

主要途径	主要方式
动手做	动手做实验、场景再现、手工制作、美食制作等
观察	观察植物生长规律、动物形态等
欣赏	听书、观看表演/剧目/电影、欣赏音乐会/歌剧等
表演	朗诵、讲故事、角色扮演等
游戏	与游戏书互动、阅读竞赛、诗歌赠答、对对子、你问我答等
体验	文化行走等

二、生活体验类家庭阅读

与学校阅读不同，家庭阅读的目的，除了学习知识、精研专业之外，通常还有体味人生、追求兴趣爱好的需求。因此，家庭阅读往往与生活息息相关。

创设生活体验式阅览环境，能够激发读者的阅读兴趣，解决实际体验过程中的问题和困难，令读者体会阅读的乐趣；而生活体验与阅读内容的相互印证，能够强化记忆，提升个人感悟。

（一）生活体验类家庭阅读的主题

一般家庭中都具备体验式阅读需要的阅读动力和操作条件（如工具、场所等），这使得生活体验能较好地与家庭阅读相结合。生活体验类家庭阅读的主题是多种多样的，详见表 3-9。

表 3-9 生活体验类家庭阅读的主题

主题	预期效果
手工制作	通过阅读，掌握手工制作的技巧和方式；通过实践，提升动手能力和创作能力
园艺种植	通过阅读，解决体验过程出现的问题，预见动植物未来发展形态，延伸对同类物种的认识；通过体验，加深对阅读内容的理解和感悟，提升园艺水平
美食DIY	通过阅读，掌握美食制作的要领和步骤；通过实践，提升操作水平
教育	通过阅读，掌握教育方法，针对孩子的身心发展状况选择教育方法；通过对教育方式的实践，增加对教育方法的体会和领悟
时尚美容	通过阅读，掌握流行趋势，并根据自身和家庭成员的实际状况进行实践；通过实践，提升审美情趣

以下以手工制作为例，具体阐述生活体验类家庭阅读的主要形式。

（二）手工制作

随着人们文化生活水平的不断提升和对精神文化生活的要求越来越高，手工制作和创意 DIY 逐渐融入人们的生活。手工制作指导书籍的家庭阅读，能使初学者了解手工的主要形式和方法，使入门者提升制作水平和审美情趣，提升对阅读内容的领悟和体会。近年来，各级图书馆在儿童阅读推广过程中，将亲子手工、手工绘本制作等内容加入进来，取得了良好的效果。

1. 亲子手工

亲子手工是家庭阅读的重要形式。围绕阅读的主题，亲子手工用深入浅出、生动好玩的方式，最大限度地发挥书本的力量，带着孩子一起去体验生活，品味人生。"这是一种更深入的绘本阅读体验，一种全方位的绘本解读。"[1] 同时，高质量的亲子手工能加深亲子感情，培养孩子的责任感和意志力，增强孩子的注意力和动手能力；有利于培养孩子解决问题的能力、思维能力、语言能力；也有利于让孩子获得成就感，增强自我效能。[2] 亲子手工的主要形式，详见表 3-10。

表 3-10　亲子手工的主要方式

手工方式	主要内容
涂色	在涂色书籍或材料上依据喜好或配色样图，用彩笔填充颜色
剪纸	用剪刀或刻刀在纸上剪刻花纹，用于装点生活或配合其他民俗活动
折纸	将纸张折成各种不同形状
编织	把细长的材料互相交错或勾连，编织物品
共制美食	运用多样食材制作美食
拼布	将布料按照图谱或图案拼接做成实用性或艺术性的布艺作品
积木拼搭	拼搭积木，形成不同建筑形状
橡皮泥/黏土	利用橡皮泥/黏土材料揉捏、塑造不同形状和物品

2. 绘本创作

手工绘本是指创作者自行创作、设计、制作完成一本绘本书，包括文字和图

---

[1] 方素珍.创意玩绘本［M］.杭州：浙江少年儿童出版社，2015
[2] 任建龙.试谈高质量家庭亲子手工作业［J］.湖北第二师范学院学报，2015（11）：99—101

画等全部内容，从封面到内页以及封底都需要自行构思、设计编排，并运用美术技巧加以完成。[①]手工绘本制作能激发孩子对周围环境的好奇心和对学习的兴趣，提升孩子的想象力和创造力，帮助孩子建立学习能力和创作能力之间的联系，同时促进孩子的语言表达能力、合作交往能力、手眼协调能力、观察能力、感知能力、逻辑思维能力的综合发展，让孩子"学会动手，学会动脑"[②]。

近年来，各地图书馆在推广儿童阅读时，较多地采用了手工绘本制作的形式。如广州图书馆大力推动绘本阅读与制作，组织广州市青少年绘本制作大赛、广东省"幸福成长"图书绘本制作大赛等活动；惠州少儿图书馆开展的手工绘本制作活动；苏州独墅湖图书馆举办的手工绘本制作活动（图3-3）等。这些活动鼓励孩子创作、家长参与，让孩子在创作中学习、在动手中阅读。

图3-3　苏州独墅湖图书馆"儿童绘本创作大赛"优秀作品（苏州独墅湖图书馆供图）

---

① 李俊国，汪茜.图书馆儿童阅读推广［M］.北京：朝华出版社，2015：197—224
② 王蓉.手工绘本制作展区宣传设计构思［J］.图书馆建设，2013（5）：11—13

三、保健体验类家庭阅读

随着医疗体制的改革、生活条件的改善和健康理念的更新，人们的保健意识逐渐增强，健康保健成为家庭阅读的重要内容。通过阅读健康保健类图书，读者学习相关知识，获得正确的指导，学会爱护自己和家人的身体，获得战胜疾病的希望；通过体验保健手段，获得独到的保健效果，寻求身体和心灵的健康，加深对疾病和自身的了解。表3-11列出了保健体验类家庭阅读的主要内容和体验方式。

表3-11 保健体验类家庭阅读的主要内容和体验方式

目的	阅读内容	体验方式
日常保健	养生类书籍等	推拿按摩、艾灸、针灸等
食疗	药膳、养生饮食等书籍	制作养生菜肴等
减肥	减肥塑身、减肥餐等书籍	制作减肥餐、运动等
健身	瑜伽、跑步、塑形、营养餐制作等书籍	体育运动、营养餐制作等
治疗疾病	心血管疾病、癌症、康复锻炼等书籍	康复锻炼、术后饮食制作等
阅读疗法	抑制烦躁和精神亢进、调整紊乱思绪、减轻内心焦虑、克服精神抑郁等类书籍	阅读，放松身心，体验书中教授的方法

四、文化体验类家庭阅读

阅读可以提升人的文化素养和精神境界，丰富人生阅历。文化阅读是家庭阅读的重要内容。文化阅读主要指阅读文化类书籍，包括历史、传记、文学、艺术等，是一种不带有强烈功利色彩的阅读，是对思想和心灵的升华与净化。[①]在家庭阅读中，文化体验与文化阅读相结合，能更好地启迪心智，提升精神境界和文化修养，在日积月累和潜移默化中提升读者的文化素质和文化创造力。

（一）文化体验类家庭阅读的主要内容和方式

文化是物质和精神财富的综合体，文化体验类家庭阅读往往也是综合的、相互交织的。如读者在阅读《红楼梦》时，既可选择阅读不同版本的《红楼梦》，也可欣赏有关《红楼梦》的影视作品、戏曲作品，赏析其中的音乐、舞蹈、表演艺术，还可以作为票友，亲身体验曲艺、角色扮演；可以阅读红学研究文献和收

---

① 马飞.阅读文化与文化阅读——写给第十五个世界读书日[J].中北大学学报（社会科学版），2009（6）：98—100.

看《百家讲坛》类电视节目，甚至还可以亲身制作《红楼梦》中出现的美食等。因此，文化体验类家庭阅读内容丰富、形式多样，能极大提升读者的阅读兴趣，增强文化的辐射力和感染力。表3-12列出了文化体验类家庭阅读的部分内容和方式，但值得注意的是，这些内容和方式都不是孤立的。

表3-12 文化体验类家庭阅读的主要内容和方式

阅读内容	体验方式
文学阅读和艺术欣赏	欣赏戏曲、话剧、电影、电视等，赏析音乐、美术、书法、舞蹈、摄影、杂技等作品
艺术实践	作为票友，亲身体验戏曲、民间文艺等，学习音乐、美术、书法、舞蹈、摄影等
历史阅读	民俗旅游、凭吊古迹、体验文化遗产、观看历史展览等
科普体验	通过科普游戏设备，亲身了解科技原理
文化创意	手工制作文化产品

近年来，各地图书馆逐渐开始重视文化体验类阅读。如南京师范大学图书馆成立了艺术空间，提供艺术文献借阅，定期开展艺术活动；杭州图书馆音乐分馆为读者搭建起一个音乐欣赏、制作、交流及文献阅读的平台；沧州市图书馆创建科普互动体验区，为读者提供科普实验服务等。文化体验类阅读鼓励家庭成员参与、分享，使爱好者大开眼界，更提升了读者的审美与文化生活品质，是家庭成员共享家庭阅读的方式之一。

（二）文化行走

"读万卷书，行万里路。"游学是古今中外最为传统的学习、教育方式之一，对人格养成和知识形成有重要作用。从周游列国的孔子，到行遍各地的司马迁、郦道元、李白、徐霞客；从跨越欧亚大陆的马可·波罗，到环球考察的达尔文，他们无不在游学中汲取各地文化的精髓，了解各地风土人情。《礼记·内则》说："桑弧蓬矢，志在四方"，儒家的"仁学之游"与"比德之游"，道家的"逍遥游"，佛家的"善法，成就犹如师子"等游学理论，贯穿了中国文化传承的脉络，也对后代游学活动和游学思想理论产生了深远影响。游学能够开阔知识视野，丰富学术与文化积淀，为个人成就梦想、施展才华提供了广阔的舞台。[1]

---

[1] 刘香民.中国古代游学的历史考察与反思[D].曲阜：曲阜师范大学，2010

文化行走是游学的现代表现形式之一，通过学习各地语言、拜访名流、感受各地风土人情，从而了解和比较各地人文、地理、历史，开阔眼界，提升文化素养。与一般的旅游不同，文化行走以增长知识和提升境界为目的，着重追求生命体悟、人文情怀、道德情操的陶冶和提高。[①]文化行走更注重旅游资源的历史、文化背景，推崇"参与、体验、娱乐、主题"的理念，通常会将历史、宗教、民俗文化等内容融合在一起，因此更为大众所喜闻乐见（图3-4）。

图 3-4 家庭成员共同参加"深圳记忆"文化之旅

家庭成员共同进行文化行走，与家庭阅读相得益彰。通过阅读，行走者可了解目的地的历史、文化背景；通过行走，读者可加深对当地风土人情的了解，提升文化审美和趣味。表3-13列出了文化行走的部分主题与家庭阅读的主要内容。

表 3-13 文化行走的部分主题与家庭阅读的主要内容

文化行走主题	家庭阅读主要内容
历史	历史发展脉络、文物古迹、古建筑、名人历史及作品、重大历史事件等
民俗	民俗特色和形成发展历程等
自然风光	形成的历史地理原因、重大历史事件和名人、当地神话传说等
文化遗产	传承发展状况、遗产特色等
都市文化	当地现代化发展历程、城市文化内涵、商业设施突出代表等

---

① 刘玉叶. 中国传统游学活动与现代教育［J］. 郑州大学学报（哲学社会科学版），2009（6）：51—54

五、角色扮演

角色扮演又称"Cosplay",是指读者扮演文学作品、动漫或游戏中的角色。[①]参与者表演作品中的某一个角色,按照自己的理解、角色的设定和情节的发展再现书中情节或自创情节,由其余的参与者或欣赏者记录并评价角色扮演者的表现,加深参与者和欣赏者对作品的思考和挖掘。这是一种"深阅读"的方法。从心理学的角度来说,参与者通过角色扮演再现社会生活,掌握角色之间的社会关系,对读者的认知和心理发展均有较大的促进作用。

(一)家庭阅读中角色扮演兴起的原因

在家庭阅读中,读者在阅读、理解作品的基础上,通过动作、语言、道具等途径,采用皮影戏、布袋戏、音乐剧、手偶剧、戏剧甚至只是简单的分角色朗读再现或自创作品的主要情节。

角色扮演可以让作品中语言和文字无法表达的内容通过动作、表情、背景、声音、舞蹈等方式表现出来[②];

角色扮演可让欣赏者直观感受作品内容,而不受文字理解能力的限制,同时打破文字作品的约束力,使传统的"读"变成欣赏,使阅读更富于情趣;

参与者通过表演,深入揣摩和体会作品中的真情实感,不仅可以加强记忆,提升读者对作品的体悟,推动深层次阅读,也锻炼了参演人员的表达、表演、创造和团队合作能力;

角色扮演提倡多人参与,使家庭成员的阅读互动性增强,提升了阅读的趣味性和参与度;

角色扮演可以彰显参与者个性,契合参与者的心理发展特征。参与者在角色扮演中可找到真我,实现对现实的反抗、对理想自我的重新塑造。[③]

基于以上原因,随着经济和多元文化的发展,角色扮演逐渐成为家庭阅读的重要方法之一。

---

① 陈蔚.基于绘本的公共图书馆儿童阅读推广研究[D].南京:南京大学,2012
② 李艳丹.浅析亲子共读的多种方式及其对儿童绘本出版的启示[J].出版广角,2015(13):32—33
③ 褚琳琳.Cosplay与社会整合——关于Cosplay的社会学研究[J].理论界,2010(12):186—189

(二)角色扮演的基本环节

角色扮演是在熟读、理解的基础上对作品的艺术再加工、深阅读,融汇了文学、音乐、美术、舞蹈、建筑等多种艺术成分。因此,一次成功的角色扮演式阅读,是建立在充分准备的基础上的。下面以亲子绘本剧的编排为例,具体阐述角色扮演类阅读所需要的基本环节[①]:

准备阶段:秉持以幼儿参与为原则,选择适合儿童身心特征的、适合表演的剧本和主题,既要尊重幼儿的选择权,也要尊重家长的参与权;设计戏剧活动,创设戏剧游戏区,营造戏剧氛围。

剧本创编阶段:在确定剧本主题的基础上,对剧本细节进行创编,丰富背景、剧情、对话、动作、配乐等元素。

排演阶段:在参与者熟读剧本的基础上,分析剧本和角色,并进行分派,制作必需的道具,进行分段排演和彩排等。

展演阶段:做好前期宣传、舞台调度、舞台美术(如布景、道具、灯光、音效)、人物造型和服装,调节演员心情,做好安保工作等。

总结延伸阶段:组织者和参与者对表演的各个环节进行总结,交流表演心得体会并进行延伸阅读等。

(三)亲子绘本剧

把绘本故事改编成剧本,运用舞台表演的方式和技巧,通过演员的表演来传达故事精神和内容的活动,有"开始—发展—高潮—结尾"的剧情结构,这样的剧目作品称为绘本剧。[②]

亲子绘本剧是目前家庭角色扮演式阅读的主要形式之一。随着民间公益阅读推广组织"三叶草故事家族"的实践和其他各类阅读推广机构的推进,国内亲子绘本剧的逐渐兴起,并在短短数年内风靡全国。儿童在绘本剧表演体验中分享有趣的故事,带领儿童从"情绪感受"进入"换位思考"的共鸣,最后进入"经验转换"的内在心灵引导。[③]绘本剧关注综合表达,关注过程,强调团队合作和交

---

① 孙立明.亲子戏剧——幼儿园与家庭合作新范式[M].南京:南京师范大学出版社,2015:53
② 李婷.儿童绘本:当下三种阅读传播方式研究[D].上海:上海师范大学,2015
③ 叶子.参加"三叶草首届绘本剧交流论坛"归来——放空重新装满[EB/OL].[2016-09-13].
http://blog.sina.com.cn/s/blog_53cf1d140102edas.html

流分享，最后达到家长和孩子的共同成长。

国内公共图书馆也积极借鉴绘本剧这一表现形式，推动亲子共读。如深圳市福田区图书馆举办的"书香福田"绘本剧嘉年华、太仓市图书馆举办的"绘本奇遇记"绘本剧大赛、宁波图书馆举办的读书周经典绘本剧创意表演大赛、江阴市图书馆举办的"绘声绘色·童心童梦"儿童绘本剧表演大赛等活动，都使得绘本剧逐渐为人们所熟知和接受，成为家庭阅读的重要组成部分。

第四讲

图书馆与家庭阅读推广

早在20世纪90年代的西方发达国家,图书馆就已经成为全民阅读和家庭阅读的重要推动力量。例如,1977年,美国国会图书馆即成立了阅读中心,专门负责推动全民阅读[①],发起美国第一个全国性的阅读推广活动——"全国读者年",主题活动深入到社区与家庭。在我国,2006年,中共中央宣传部、国家广电总局(现为国家新闻出版广电总局)牵头组织发起了全民阅读活动;同年,中国图书馆学会第一届科普与阅读指导委员会(现为中国图书馆学会阅读推广委员会)成立。2016年,中国图书馆学会阅读推广委员会图书馆与家庭阅读专业委员会成立,标志着图书馆作为民众最常见的文化服务机构和最主要的全民阅读阵地,在家庭阅读推广领域将处于更加重要的地位,发挥更加显著的作用,同时将推动图书馆家庭阅读推广相关理论研究和活动实践向着深层次、专业化方向发展。

第一节 图书馆在家庭阅读推广中的作用

一、图书馆是家庭阅读资源的重要提供者

自19世纪中叶近代图书馆诞生以来,图书馆就以其自身丰富的馆藏资源和

---

① Center for the Book.[EB/OL].[2016-07-20].http://www.read.gov/cfb/about.html

专业的服务体系，积极倡导全民阅读。馆藏资源作为图书馆开展服务的基本条件之一，直接影响着读者服务的质量和全民阅读推广的水平。近几年，随着全民阅读活动的深入开展，图书馆越来越重视和加强与家庭阅读相关的馆藏资源建设。

各图书馆，尤其是公共图书馆，作为市民的"大书房"，具有完备的文献资源收藏和保障体系，能为家庭读者提供全面、系统的阅读资源。其一，随着读者服务定位和服务理念的转变，以及公共财政投入的不断累加，公共图书馆的馆藏范围逐步扩大，内容逐渐丰富，更新速度不断加快，资源结构进一步优化，更加重视读者的阅读需求。其二，图书馆历来注重特色资源建设，而特色资源一般具有稀缺性、文化独特性、传承性，或需要系统积累，通常只有图书馆等专业机构才能提供。其三，图书馆顺应网络化、数字化时代的要求，提供丰富的、专业化的数字资源和互联网服务。读者可以不到图书馆，在家里通过互联网和新媒体，享受到便利的数字资源服务和数字化的图书馆服务。例如，在线阅读一本书、一本杂志，或下载学术论文等。

同时，图书馆可以为家庭读者提供免费阅读资源。2011年3月，文化部、财政部联合发文，要求公共图书馆逐渐实现全面免费开放；同年年底，《公共图书馆服务规范》（GB/T28220—2011）作为国家标准发布，总则中明确提出公共图书馆"基本服务应当免费"，体现出公共图书馆服务的公益性和基本性。基本服务免费举措大大拉近了家庭和读者与图书馆的心理距离，吸引越来越多的读者到馆借阅。除了公共图书馆，其他各类图书馆其实都有同样一个使命，就是面向公众免费开放，让所有人不受年龄或社会地位的限制，都能够得到免费的阅读资源和平等的阅读机会。

此外，据中国新闻出版研究院发布的第十三次全国国民阅读调查报告显示，我国国民在购买图书时可接受的图书价格仍然偏低，且比往年呈现减少趋势。例如，能够接受的一本200页左右的文学类简装书的平均价格仅为14.39元，比2014年的16.01元减少了1.62元。[①] 而在此调查结果发布前一个月，著名作

---

① 第十三次全国国民阅读调查数据在京发布［EB/OL］.［2016-07-12］.http：//www.huaxia.com/zhwh/whrd/whrdwz/2016/04/4809892.html

家二月河曾指出:"现在很多书价格很贵,往往令读者望而却步。"同时,据国家新闻出版广电总局的数据,2015年我国单册新书平均定价为55.15元。[①]通过对比不难发现,图书现在的市场定价总体上已经将国民的购书需求远远地甩在身后,这对推动家庭阅读是十分不利的,也从侧面证明了家庭阅读的需求并不能仅仅通过购买图书得到满足。在这种情况下,图书馆所提供的免费的、丰富的阅读资源就显得愈加重要,图书馆对于家庭阅读的重要性和意义亦凸显出来。

二、图书馆为家庭阅读提供空间

随着社会的发展,图书馆正显现出不可替代的功用,逐步成为社会主义精神文明建设和文化建设的重要载体,成为全民阅读推广的主阵地。图书馆,尤其是公共图书馆,正致力于为社会公众的阅读活动提供一个没有门槛的场所,利用得天独厚的空间和资源优势,为家庭营造出一个充满人文关怀的、充分尊重读者的、轻松自由而又温馨的阅读空间。在这里,每个人都可以快乐地学习和阅读。

一方面,图书馆阅读空间不断扩大,环境不断改善。"以人为本,服务第一"的理念逐渐成为图书馆设计的核心[②],在新一轮公共图书馆新馆建设高潮中,无论是地市级公共图书馆,还是县区级以下的基层图书馆,建筑面积成倍增长,阅读空间有了极大改善。事实证明,这样的改善逐渐赢得了读者的青睐,正吸引越来越多的家庭和读者前往图书馆阅读、学习或参与活动,增加了家庭与图书馆的黏合度。例如,北京市通州区图书馆新馆于2013年落成开放,总面积达16000余平方米。不论硬件设施,还是阅读环境,都有了很大改观,更加注重阅读空间设计,为家庭阅读提供更好的环境,通州区图书馆因此荣获"2014北京最美阅读空间·最美图书馆"称号。[③](图4-1)

[①] 亲,你觉得书贵吗[EB/OL].[2016-07-12].http://epaper.xiancn.com/xawb/html/2016-03/19/content_416749.htm
[②] 王余光.图书馆阅读推广研究[M].北京:朝华出版社,2015:132
[③] 北京阅读季"最美阅读空间"评选揭晓.[EB/OL].[2016-07-12].http://news.xinhuanet.com/book/2014-11/17/c_127220226_4.htm

图 4-1 北京市通州区图书馆新馆少儿阅览区（通州区图书馆供图）

另一方面，图书馆为家庭提供了日趋多元化的阅读空间。其一，处于信息时代的图书馆，在阅读空间设置或升级改造时，可以借助互联网技术，营造一个良好的信息、阅读和学习环境。比如，开通的各式各样的网络信息空间、数字学习空间等，不仅为家庭提供互联网数字阅读服务，还提供休闲类影视节目点播、学习类数字资源服务等，多元化的阅读空间让图书馆充满生机和活力。其二，图书馆注重阅读空间创新。例如，引入创客理念，设立创客空间，为青少年读者打造创意交流与实践空间，吸引家庭参与。如上海图书馆于2013年在国内率先开设"创·新空间"，旨在营造一个学习交流、信息共享的复合型新空间，实现馆员、专家、读者三者之间的多维交流。

此外，随着城市新型公共阅读空间的出现，家庭阅读空间有了新的选择。这种新型公共阅读空间，大多属于社区图书馆，但又不同于传统意义上的社区图书馆。这是一种新型的服务模式，通过整合、调整现有社区图书馆功能及布局，把图书馆从"书"的空间转变为"人"的空间，打造一个温馨、舒适、安静的，可供阅读、学习和休闲的多元共享空间。比如，2014年8月，号称全国首家提供24小时服务的免费阅读空间——"图书馆驿站"，在张家港购物公园建成并对外开放。驿站空间宽敞明亮，实现无线网覆盖，配备精美的定制桌椅，同时还设有饮料和点心自助售卖机（图4-2）。

图4-2 张家港市"图书馆驿站"(张家港图书馆供图)

三、图书馆组织多样化的家庭阅读推广活动

一直以来,图书馆家庭阅读推广活动的形式都是不拘一格、百花齐放的,不同地区的图书馆、同一地区不同级别的图书馆,均基于自身馆藏资源和服务特色,积极开展形式多样、内容丰富的家庭阅读推广活动。正如有的研究者所描述的那样,阅读推广的使命是让每一位潜在的读者都参与到阅读中来,通过多姿多彩的形式激发他们的阅读兴趣和激情。[1]笔者在综合当前常见的几种图书馆阅读推广活动分类方法的基础上,结合图书馆家庭阅读推广的实际情况,将家庭阅读推广活动归纳为主题活动、主题展览、推荐书目等三个主要类别。

(一)主题活动

对于公共图书馆而言,主题活动作为最常见的家庭阅读推广活动形式,通常包括讲座、论坛、沙龙、参观等,主题众多,内涵丰富。具体来讲,比如亲子阅读、趣味阅读、益智游戏、文明阅读、征文评奖、图书馆参观等。主题活动具有鲜明的特点,容易激发读者的阅读兴趣,获得读者的持续关注,吸引越来越多的读者和家庭参与到阅读活动中来。

例如,杭州图书馆于2015年10月举办了"甘绍泉数字国学与亲子教育"专题公益讲座,主讲人甘绍泉老师运用数字国学的智慧,指导大家如何正确和孩子交流、沟通。他列举了大量案例来诠释数字国学、数字易经的奥秘,解读数字的磁场能量,让每一位家长从多角度走入孩子的心灵世界。

---

[1] 许天才,杨新涯,王宁,魏群义.图书馆阅读推广的多元化趋势研究——以首届高校图书馆阅读推广大赛为案例[J].图书情报工作,2016(2):82—86

又如，上海市徐汇区图书馆于20世纪90年代设立了上海首家少儿实验图书馆，近年来在少儿活动方面推陈出新。为了给热爱英语的小朋友提供一个免费交流和学习英语的平台，成立了"623少儿英语Club"。"623"意即活动时间为每周六下午2点至3点，活动以英语口语交流的方式进行，每期活动围绕一个主题，结合听、说、读、写、画、唱、演、游戏的多样化形式，在轻松愉快的氛围中培养幼儿读者的阅读兴趣。自2013年春季举行第一期活动以来，吸引了越来越多家庭和小朋友加入俱乐部。目前该活动平台已经升级拓展为"623少儿俱乐部"，旨在提供一个共同交流和分享阅读快乐的平台，活动内容更加丰富，活动形式更加多样。

再如，厦门图书馆长期以来重视亲子阅读推广，深度开展系列绘本阅读主题活动，主要包括"何娟姐姐故事角""绘本玩意堂""快乐绘本秀"三大系列。图书馆不但注重对幼儿进行正确的绘本导读，还通过讲、读、演等多样的形式，组织家长与孩子一起阅读绘本，并充分利用现代多媒体技术，将音频、视频等元素融入绘本阅读活动中，引导小读者演绎绘本中的故事。

（二）主题展览

主题展览如同搭建一个临时的城市文化展示空间，通过策划和举办以城市、文化、阅读为主题的图文展览，挖掘、整理、推广和展示丰富的图书馆资源和城市文化资源，给市民带来知识与美的享受。上海社会科学院信息研究所王世伟研究员认为，就通例而言，图书馆展览服务，指在图书馆一定地域空间和网络空间中，通过展品陈列等方式，以展示文化艺术为主要内容的读者服务。[①] 各图书馆在进行新馆建筑设计或空间优化再造时，越来越重视展览空间的规划与设计。特别是近年来，图书馆展览正逐步成为新时期图书馆读者服务的一项重要业务，其中家庭阅读主题展览的比重也越来越大。

例如，广州图书馆与第三方合作开展了"立体世界真奇妙""百犬逗春风""探索自然的奥秘"等一系列大型亲子科普巡回展览。2015年11月举办的"探索自然的奥秘"展览，有活体动物，还有恐龙化石、蝴蝶标本等，从不同角度介绍了动物形态学、动物行为学以及生态学等方面的知识，生动演绎了种类丰富、

---

① 王世伟.图书馆展览服务初探［J］.图书馆杂志，2006（10）：22—26

形态各异的动物如何经历生物演化和环境变迁的过程；同时展出了许多充满趣味性、知识性的宣传展板，为观众提供了一个深入体验自然之美的氛围，吸引了众多家长和孩子前往参观。

又如，杭州图书馆于 2016 年 7 月举办了"小文艺家首秀"系列展览活动（图 4-3），展出了从幼儿园大班至小学二年级学生的 45 幅作品，展示了不同阶段孩子的成长变化。他们的画风自然、率真、不伪装，成功吸引了众多家庭共计 700 多人欣赏参观，让人们感受到他们的"艺术"离我们很近，就在我们的身边。[①] "小文艺家首秀"是由都市快报社和杭州图书馆联合举办的青少年才艺展示类系列活动，于 2014 年 8 月启动，面向 5~18 岁拥有文艺特长的青少年，以家庭为单位申请报名，定位于提供属于孩子的舞台，除了举办个人作品展览之外，还能进行展演活动。

图 4-3 杭州图书馆"小文艺家首秀"之书画作品展（杭州图书馆供图）

再如，为给广大读者和市民搭建网络文化活动的互动平台，由天津图书馆承办的天津市首届"网络读书摄影大赛和家庭藏书精品展览"于 2010 年世界读书日正式启动，活动主题为"点燃读书热情，享受快乐阅读"。天津图书馆和各区县图书馆热爱读书和摄影的读者积极参与，历经 6 个月，收集到了大量优秀摄影

---

① 蔡孜言、沈愉悦、应露宁联合书画展圆满落幕 . [EB/OL] . [2016-07-25] . http：//www.hzlib.net/hdbd/ 1813.htm

作品和珍贵藏书精品,并于10月分主题进行展出。其中,"读书摄影"专题展出了记录广大读者遨游书海、探索知识、学习研究精彩瞬间的摄影作品;"家庭藏书精品"专题通过照片和文字说明的方式,展出了广大读者和市民家庭藏书的特色精品。

(三)推荐书目

"书籍繁多,初学者每苦不得要领,故举其要目,俾易着手,亦目录学之任务也","据目录体例而称'举要目录',有的学者据目录的作用而称'导读书目',现在人们比较习惯用的是'推荐书目'"[①]。推荐书目在推荐优秀著作、配合图书馆阅读推广、开展阅读活动等方面一直发挥着积极的作用,愈发受到图书馆业界重视。家庭阅读推荐书目主要是面向家庭,涵盖父母自己阅读、亲子阅读和孩子自己阅读三个领域,进而有针对性地选择主题、编成书目,不仅要引导家庭成员读书,指明读书的先后次序,还要进一步指导他们怎样进行家庭阅读。

例如,国家图书馆少儿馆于2016年5月启动了《全国少年儿童图书馆基本藏书目录》优秀图书征集活动,诚邀全国各图书馆、出版机构以及广大读者推荐2015年出版的优秀少儿图书。《全国少年儿童图书馆基本藏书目录》是国家图书馆受文化部委托,于2010年起开始编制的书目,先后历经前期调研、优秀书目征集、总目整理、专家评审四个阶段,于2012年秋编制完成。书目整合了出版界、文化界、教育界等多方专家意见,精选了新中国成立以来尤其是近10年出版的优秀少儿出版物成果。书目采取分级、分类的编制方法,入选出版物在学科、年代、语言、类型等方面统筹兼顾。入选书目的文献总量达15000册(件),包含图书(含盲文)、期刊、报纸、电子出版物、音像制品、网络数据库等多种形态,涵盖了蒙、藏、维、哈、朝、彝、壮、傣等少数民族语言的少儿图书。书目充分考虑到了我国少年儿童阅读的广泛性和差异性,具有很强的普及性和推广意义。国家图书馆将结合文献出版情况和目录使用反馈情况,每年持续进行研究修订,确保书目的时效性,使其具有长期的指导意义。最新版本的《全国少年儿童图书馆基本藏书目录(2014)》已于2015年年底出版。

又如,为配合由国家图书馆和中国图书馆学会联合组织的"2014全国少年

---

① 黄强祺.论我国现存最早的推荐书目——《经籍举要》[J].图书馆界,1989(3):41—42

儿童绘本阅读年"活动的开展，国家图书馆少儿馆于2014年世界读书日前夕，编制完成了《绘本100》书目。本书目是在《全国少年儿童图书馆基本藏书目录》的基础上，遴选收录了2004—2013年间在中国大陆地区出版的100种适合我国少年儿童阅读的经典优秀绘本。书目既强调书目整体的全面性，又注重入选作品的故事性和艺术性，同时关注入选作品在中外绘本发展史上的经典性和代表性。书目共收录了16个国家的代表作家的经典作品，涵盖认知、亲情、友情、环境、人生、自然、文化、民间故事等多个主题，包括油画、版画、水彩画、水粉画、国画、剪纸、摄影等多种技法的经典绘本作品。《绘本100》书目是"2014全国少年儿童绘本阅读年"的指导书目，同时将作为我国少年儿童绘本阅读的一个基础核心书目，为我国图书馆、幼儿园、家庭和其他教育机构开展绘本阅读和亲子阅读推广工作提供参考。

对于地方图书馆来说，可以在《全国少年儿童图书馆基本藏书目录》《绘本100》等指导性书目的基础上，编制家庭阅读推荐书目，尤其要因地制宜、适时推出别具特色的家庭阅读推荐书目。

例如，金陵图书馆持续开展"美阅·读书"系列家庭阅读书目推荐及配套的阅读推广活动。2015年暑假期间，图书馆精选出10位优秀儿童文学作家的优秀作品，推出"阅读名家，品味经典"少儿名家书目，汇集了校园故事、幼儿童话、动物小说等题材，同时推出少儿名家系列作品展及主题书架，书架上的图书可供小读者们直接借阅。2016年6月又推出家书、家信主题书目，共28种图书，涵盖"时代烟尘：名人家书""风云激荡：家国天下""尘封旧事：指尖温情""寄语后辈：成材成人"等四个主题，并举办了相应家书、家信主题书展。

除了上述主题活动、主题展览、推荐书目三大类别之外，图书馆家庭阅读推广活动通过不断创新与发展，衍生出一系列新颖的活动形式。例如，源于丹麦的真人图书馆（Human Library，最初名为Living Library），其服务理念经由美籍华裔图书馆学专家曾蕾教授传入中国。2008年，上海交通大学图书馆在"2008数字图书馆前沿问题高级研讨班"上首次尝试了Living Library这种活动方式；次年3月，上海交通大学图书馆举办了为期三个月的"薪火相传Living Library经验交流活动",被认为是国内图书馆举办的第一次真人图书实践活动。[①]2012年,深圳市首个真人图书馆在罗湖区图书馆正式开馆[②],致力于打造城市居民平等对话、消除偏见、相互尊重的公共交流与知识共享空间,并于2014年第十五届深圳读书月期间推出主题为"阅读让家庭更美好"的真人图书馆活动,与读者分享家庭阅读带来的生活转变。

四、图书馆为家庭提供阅读指导

图书馆家庭阅读指导是指图书馆以家庭为服务对象,以亲子阅读作为纽带,根据不同家庭成员的需要,兼顾所有家庭内部成员的年龄差别,向他们提供阅读书目和图书资源,给予阅读方法等方面的指导,其核心是为了培育家庭成员的阅读素养以及促进家庭成员间的情感互动与家庭和谐。其中,尤以围绕亲子阅读所开展的阅读指导最为常见、最受关注。

其一,对家长开展亲子阅读指导。一是要指导家长自己学会阅读,成为终身读者。这样一来,家长除了自己有所收获外,还能为孩子树立爱读书、好读书的榜样,增进亲子交流。据2016年7月中国童书博览会上发布的我国首份中国城市儿童阅读情况调查报告显示,在阅读影响上,父母、老师、同伴是对孩子阅读习惯养成最重要的三类人,其中父母以34.8%的影响力居于首位。[③]二是要指导家长学会亲子阅读,能开展和指导亲子阅读。为此,图书馆应有针对性地邀请家庭教育专家开展家庭阅读指导活动,促使家长掌握一定的阅读理论和阅读指导方法。

其二,对孩子开展阅读方法指导。图书馆开展阅读方法指导,绝对不能仅限于家长,引导家长学会如何指导孩子阅读只是其中一步,是必要条件,但不是充分条件。因为通常情况下,小孩子注意力不容易集中,而且会对父母撒娇。"他山之石,可以攻玉",图书馆要鼓励家长和孩子一起来图书馆,通过参与亲子讲

---

① 柯丹倩,吴跃伟,董克.Living Library 组织模式与核心理念对图书馆创新的启示[J].图书馆建设,2012(4):58—61

② 我市首个"真人图书馆"亮相罗湖.[EB/OL].[2016-07-12].http://sztqb.sznews.com/html/2012-11/05/ content_2263460.htm

③ 父母阅读量越大,孩子的阅读量也就越大.[EB/OL].[2016-07-30].http://news.cyol.com/content/ 2016-07/15/content_13171746.htm

座、亲子阅读活动等，让孩子接受专业馆员或早教机构专业老师的指导，帮助孩子掌握正确的阅读方法，培养孩子的阅读兴趣。

其三，提供亲子阅读书目指导。一是提供面向家长的亲子阅读书目。这有助于家长学习国内外前沿家庭教育理念，吸收可操作的实践方法。家长可以有选择地深入阅读和钻研，在阅读中思考，在思考中实践。二是提供面向孩子的阅读书目。鉴于少年儿童在不同的成长时期，阅读性质和阅读能力是完全不同的，越来越多的图书馆引入了分级阅读理论，逐渐在馆藏建设、设施配备、借阅服务、阅读指导等方面推行分级阅读理念。除此之外，图书馆还可以邀请国内外相关领域的权威专家组建专业研发和推广团队，共同倡导分级阅读，合作编制具有科学性和指导意义的图书馆分级阅读书目。

第二节 图书馆家庭阅读推广的意义

一、有利于推动建设和谐家庭

习近平总书记在2015年中共中央、国务院春节团拜会上指出："家庭是社会的基本细胞，是人生的第一所学校。不论时代发生多大变化，不论生活格局发生多大变化，我们都要重视家庭建设，注重家庭、注重家教、注重家风。"[1] "端蒙养，重家教"是中华民族的优良传统，历史和现实证明，良好的家风、家教和家庭建设有利于引导家庭成员遵守家庭道德规范，形成守护个人健康成长和家庭幸福、社会和谐的重要力量。作为具有社会教育功能的图书馆，通过开展家庭阅读推广，充分发挥对家庭阅读的指导作用，带动家庭建设，让家庭阅读成为家庭建设的必修功课。

从微观的角度看，图书馆开展家庭阅读推广，要注重对个人的培养，进而推动家庭建设。如果把一个家庭比作一只木桶，那么家庭成员就是组成木桶的木板，这只木桶能装多少水，取决于它最短的那块木板。因此家庭建设要顾及每一个家

---

[1] 习近平：在2015年春节团拜会上的讲话［N/OL］.［2016-07-12］.http://news.xinhuanet.com/2015-02/17/c_1114401712.htm

庭成员,推进家庭建设也是每一个家庭成员的责任。只有每个家庭成员共同努力,才不会有"短板"。家庭阅读推广,其本质就是围绕家庭成员来开展,这是图书馆开展家庭阅读推广的落脚点。

从宏观的角度看,家庭作为社会的细胞这一基本属性,决定了家庭必须与社会建立起良性的互动关系。图书馆通过开展家庭阅读推广,实实在在地推动全民阅读,形成热爱读书的良好社会氛围,推进书香社会建设。具体来讲：

首先,通过开展家庭阅读推广,提高家庭成员素质。提高家庭成员素质是家庭建设的根本途径,每个家庭只有自觉地把阅读视为家庭的一种功能、家庭的一种追求、家庭的一个珍宝,将多读书、读好书融入家庭生活,才能提高每个家庭成员的知识水平和综合素质。

其次,通过开展家庭阅读推广,引导家庭教育。把学校教育和家庭教育结合起来,以"图书馆+学校"的模式,大力弘扬传统美德,建立以社会主义核心价值观为指导的家教家风。

再次,通过开展家庭阅读推广倡导快乐阅读,推动和谐家庭建设。随着社会的发展,我国家庭类型多样化,图书馆在开展家庭阅读推广时,要及时适应这种变化。例如,目前城市中最常见的是以一对夫妇和未成年子女组成的"2+1"或"2+2"家庭,适合亲子阅读,图书馆就应该围绕育儿立志、明德知礼等主题开展相应的阅读推广活动。再如,小孩不在父母身边的家庭,图书馆可以围绕快乐阅读、养生保健、时尚志趣、生活百科等主题开展阅读推广活动。

二、有利于推进建设书香社会

"家庭是社会的细胞。每个社会因为有不同的个人和家庭的存在而充满活力,而不同家庭组成的丰富多彩的社会构成一幅世界的图画。因此,倡导全民阅读,关键在于倡导家庭阅读；建设书香中国,核心在于建设书香家庭。"[1]这句话生动地道出了家庭阅读在推进全民阅读和建设书香社会进程当中所具有的重要意义。在中国文化史上,家庭阅读一直发挥着非常重要的作用,像"耕读传家久,诗书

---

[1] 推进全民阅读家庭是重要起点[EB/OL].[2016-07-12].http://culture.people.com.cn/n/2012/1120/c172318- 19629587.html

继世长",体现了中国文化传承和绵延的方式,所谓"富贵传家,不过三代;诗书传家,继世绵长",千百年来几成共识。在物质生活日益丰富的今天,如果家庭对阅读失去了兴趣,那么精神的贫困可能成为建设文明家庭、和谐家庭的绊脚石。如果把家庭阅读作为家庭的必需项目,加大阅读的投入,那么无数书香家庭就汇聚成了书香社会。

总体来说,图书馆家庭阅读推广有助于推动家庭藏书建设和家庭阅读环境建设,并为家庭提供阅读指导,也有助于家庭成员的亲情沟通。同时,开展家庭阅读推广有助于吸引家庭更多地利用图书馆阅读资源,积极参与各种形式的阅读活动。通过家庭阅读氛围的感染、家庭阅读习惯的形成,使家庭成员特别是青少年从小树立坚定的理想信念、正确的人生价值观、良好的思维方式。[1]因此,在一定程度上,图书馆应该把全民阅读的着力点放在家庭,重视家庭阅读推广,为建设书香社会做出应有的贡献。

图书馆要清楚地意识到自身所担负的传承文明和服务社会的责任,以助力建设书香社会为契机,加强家庭阅读推广工作力度,使图书馆逐渐成为家庭阅读推广的主阵地和家庭阅读活动的主要场所,成为建设书香社会的引擎。

三、有利于增强公众图书馆意识

对于图书馆尤其是城市公共图书馆来说,图书馆不仅作为文献收藏、利用中心和文献信息资源开发中心而存在,作为城市最基本的文化设施,它还是市民终身教育的知识殿堂,成为城市文化内涵和文化品位的重要象征。特别是近年来,图书馆更成为全民阅读的重要窗口和推动阅读型城市建设的重要力量。因此,图书馆意识的内涵和定义也在不断更新,但有一点是永恒的——图书馆意识反映了社会公众对图书馆的总体认知,折射了图书馆的存在价值。

一方面,图书馆通过开展家庭阅读推广,宣扬图书馆的社会价值和行业使命,以点带面对社会大众进行通识教育。在我国,由于种种原因,现在仍有一部分人不知道图书馆的功能和作用,更不用说能熟悉、使用图书馆的资源与服务。这种现象,即便在经济较为发达的城市也是存在的,需要所有图书馆人共同面对。为

---

[1] 周海英.论图书馆在家庭阅读指导中的实践与探索[J].图书馆学研究,2008(8):90—92;54

此，图书馆要向社会大众宣传，让他们知道图书馆是以书育人、传播知识、传递信息的地方，扭转大众对图书馆认识上的误区和偏差。同时，图书馆要宣传自己的资源和服务优势，开展多样化的、有意义的家庭阅读推广活动，吸引读者。"百闻不如一见"，身临其境才能感受和使用图书馆丰富的资源和优质的服务，让读者产生"来了便不想离开，离开了还想再来"的想法。

另一方面，图书馆通过开展家庭阅读推广，培养少年儿童热爱阅读和使用图书馆的习惯，同时让家长感受到图书馆在成才教育、亲子阅读中不可低估的作用。2016年3月，国家图书馆常务副馆长陈力在武汉"名家论坛"做客时强调，"得从小培养孩子的图书馆意识"①。因为小孩就如一张无瑕的白纸，图书馆通过开展家庭阅读推广，可以帮助培育小孩爱阅读、会阅读的习惯。在潜移默化中，图书馆意识一定会在孩子幼小的心灵里生根发芽。例如，英国政府拨款数千万英镑资助"阅读起跑线"（Bookstart）项目，给每一位妈妈和低幼儿童发放内含绘本、笔、贴纸等的大礼包，据称这是全世界第一个面向学龄前儿童的免费赠书活动。相信通过这样的项目和活动，有利于培养这些家庭成为图书馆的忠实用户。因此，在一定程度上，公众图书馆意识是推进家庭阅读的重要条件和基础；反过来，图书馆通过开展家庭阅读推广，可以营造全民阅读的社会气氛，让家庭、社会爱上阅读，爱上图书馆，从根本上培养和提升公众的图书馆意识，二者是相互依存、相互促进的关系。

第三节 图书馆家庭阅读推广的思路

一、建立家庭阅读推广的长效工作机制

（一）推进图书馆阅读推广的制度化建设

近几年，湖北、江苏、辽宁、深圳、四川等省市已经相继出台促进全民阅读

---

① 多识字，多去图书馆有助于培养孩子的阅读能力［DB/OL］.［2016-07-13］.http://www.chinalibs.net/haiyao.aspx?id=396094

的决定、办法或条例，国家新闻出版广电总局也起草了《全民阅读促进条例（征求意见稿）》，并已经于2016年年初向社会公开征求意见[①]。除此之外，多个省市都在主动学习全民阅读地方立法成功经验，推动本地的全民阅读立法工作。比如，山东省新闻出版广电局在2016年世界读书日期间表示，山东省将出台全民阅读促进办法[②]。通过推动全民阅读推广工作制度化、法制化，把市民阅读权利上升到制度和法律层面，明确了政府在全民阅读活动中的行为，可以更好地保障市民的阅读权利。这不但增强了全民阅读推广工作决策的科学性和统筹性，也体现了针对全民阅读活动的组织性和指导性；不仅反映出推进制度化建设对于全民阅读推广具有重要意义，也显示出各级政府对阅读推广的制度化建设的高度重视。

图书馆界同样注重推进阅读推广的制度化建设。1979年7月，中国图书馆学会成立大会暨第一次会员代表大会在山西太原召开。会议期间，经第一次会员代表大会讨论，通过了首个《中国图书馆学会章程》，包括总则、会员、组织、经费、附则等，共5章12条。这表明，中国图书馆学会作为党和政府联系图书馆工作者的桥梁和发展我国图书馆事业的重要社会力量，在成立伊始就非常重视制度化建设。2015年4月，最新一版《中国图书馆学会章程》经第九次全国会员代表大会讨论修改并表决通过，首次含及全民阅读。比如，总则中即提出"促进全民阅读，推动图书馆事业发展和社会进步"。第二章更明确要求"推动全民阅读，促进知识的创新与传播，为提高国民科学文化素质，建设学习型社会发挥作用"。这在制度层面明确了图书馆在阅读推广中的角色和定位，为图书馆阅读推广工作指明了方向。

如今，越来越多的图书馆认识到推进阅读推广制度化建设的重要性，将阅读推广列入了图书馆规章制度，甚至细化到工作规范当中，根据当地全民阅读发展的实际情况和自身资源状况，要实事求是地制定了图书馆的阅读推广发展规划，保证阅读推广活动的顺利进行。可以说，阅读推广的制度化建设对于图书馆持续开展阅读推广活动，既是基础，也是保障。例如，深圳图书馆早在2013年就发

---

① 全民阅读促进条例公开征求意见［EB/OL］.［2016-07-25］.http：//news.xinhuanet.com/book/2016-02/18/c_128730419.htm

② 山东省将立法促进全民阅读活动［EB/OL］.［2016-07-25］.http：//news.xinhuanet.com/politics/ 2016-04/ 21/c_128917256.htm

布了《深圳图书馆规章制度与业务规范汇编》，制定了专门的阅读推广活动管理办法，明确强调要促进阅读推广活动有序开展，树立读者活动的整体品牌形象，要按年度计划执行等。同时，还要求阅读推广部会同活动相关部门对重点活动进行总结与评估。这不仅标志着阅读推广业务已经成为深圳图书馆全馆性的主要业务，而且通过这种制度性的保障，使得全年的阅读推广活动包括各项家庭阅读推广活动得以持续开展。

（二）重视图书馆阅读推广机构建设

为推动全民阅读活动的开展，中国图书馆学会从2003年开始着手筹备成立相应的阅读推广工作委员会。2006年，在第十一个世界读书日期间，中国图书馆学会第一届科普与阅读指导委员会在东莞图书馆正式成立。委员会每年研究确定图书馆全民阅读活动的主题，制订年度工作计划，通过学会组织体系向全国图书馆界发出通知，推动并指导各地区、各级各类图书馆开展多种形式的阅读活动。这对中国图书馆学会乃至整个中国图书馆界来说，都是历史性的一天，标志着中国图书馆界从此有了专门的全民阅读推广机构，为有目标、有计划、有步骤、有组织、可持续地在全国图书馆界推动全民阅读活动的开展提供了组织保障和指导原则。在2009年7月召开的中国图书馆学会第八次代表大会上，科普与阅读指导委员会更名为阅读推广委员会，所辖专业委员会由上届的6个发展为15个。在2016年4月举办的中国图书馆学会阅读推广委员会换届成立大会上，所辖专业委员会再次扩容至21个。

阅读推广委员会从成立伊始，就对全国图书馆界广泛开展全民阅读产生了积极而深远的影响。发展至今，组织机构更加健全、规章制度更加完善、推广工作更加有力，所辖专业委员会涉及社会不同领域、各阶层人群，兼顾城乡差别和地区差异，关系到全民阅读推广工作和图书馆学的学科建设与学术研究，在推动全民阅读、建设书香社会的过程中发挥着重要作用，做出了新的贡献。

在此大环境下，各级各类图书馆一直在行动，通过响应政策和号召、统一思想、转变工作思路，积极开展全民阅读推广工作。特别是近几年，各种大型阅读推广活动、贯穿全年的读书活动精彩纷呈，许多图书馆已经成为一个城市里、一个区域内、一个系统中组织开展全民阅读活动的主导力量和核心机构，得到了各级党政部门的重视和支持。已正式颁布施行的全民阅读促进决定、办法或条例，无一例外都明确了图书馆在全民阅读推广中的职责。比如，《四川省人民代表大会常务委员会关于促进全民阅读的决定》明确要求推进以公共图书馆为核心的各类阅读服务场所建设，有效整合各类阅读资源，完善公共阅读服务体系，建设好全民阅读重要阵地。①《深圳经济特区全民阅读促进条例》第十一条明文规定，公共图书馆应当组织开展全民阅读相关促进活动。②

在推进全民阅读的过程中，图书馆要进一步加强自身的阅读推广机构建设。其一，要明确将阅读推广作为全馆的主要业务、核心业务。定位越清晰，工作目标就越明朗，越有利于更进一步转变工作思路，持续开展阅读推广工作。其二，要成立常设的阅读推广部门，以此作为全馆阅读推广活动的管理责任部门，负责全面推进和管理阅读推广活动的相关工作，充分发挥阅读推广服务、组织、指导和协调作用，保障各项家庭阅读推广活动高效、顺利开展。除非在重要时间节点或面对紧急情况时，通常情况下，不需再向其他部门临时抽调人员，常态化开展阅读推广活动。其三，在条件允许时，阅读推广部门要牵头开展全民阅读、家庭阅读相关分析和研究工作。通过阶段性地对全馆阅读推广活动，尤其是重点活动进行认真总结与分析评估，指导后期阅读推广工作的开展；通过加强图书馆学专业理论、阅读文化理论和阅读推广理论的学习和研究，保证未来图书馆全民阅读推广工作的前瞻性和先进性。

（三）建立图书馆"阅读推广人"制度

第十七届深圳读书月组委会副秘书长谯进华博士将"阅读推广人"定义为：个人或组织阅读机构通过多种渠道、形式和载体向公众传播阅读理念、开展阅读指导、提升市民阅读兴趣和阅读能力的专业和业余人士③。顾名思义，"阅读推广人"的职责就是推广阅读，传递阅读价值观念，帮助他人尤其是青少年培养必需的阅读兴趣与纯正的阅读品位，使其获得阅读能力。此外，"阅读推广人"还关

---

① 四川省人民代表大会常务委员会关于促进全民阅读的决定[EB/OL].[2016-07-25].http：//epaper.scdaily.cn/shtml/scrb/20160406/128088.shtml

② 深圳经济特区全民阅读促进条例[EB/OL].[2016-07-25].http://sztqb.sznews.com/html/2016-01/03/content_3430927.htm

③ 谯进华.深圳阅读推广人的实践及发展[J].特区实践与理论，2013（2）：64—66

注阅读推广均等性，为推动弱势群体阅读创造条件，并通过在基层的阅读组织及各类阅读推广活动，一定程度上弥补基层图书馆阅读推广的不足，推动全民阅读走向基层、走进民间。

近几年，越来越多政府机构和公共图书馆认识到"阅读推广人"在全民阅读中具有的不可或缺的地位和作用，同时也意识到"阅读推广人"建设任重而道远，不能一蹴而就。深圳少年儿童图书馆馆长宋卫认为，目前阅读推广人的总体水平尚待提高，知识结构和业务技能亟待向专业化、系统化方向转变，已经成为制约阅读推广的最大因素。因此，各级各类图书馆尤其是公共图书馆，要积极推动建立和完善阅读推广人制度，加快"阅读推广人"团队建设，提升"阅读推广人"的综合素质和业务水平。

在国内，深圳是首个由政府机构牵头组织阅读推广专业化培训的地方，实践时间相对较长，政策较为完善。2012年，由深圳读书月组委会、深圳市文体旅游局、深圳市教育局联合主办，深圳市阅读联合会、深圳少年儿童图书馆具体承办的"阅读推广人"培训班开班，为期5个月，培养出首批"阅读推广人"34名。[①] 据主办方介绍，"阅读推广人"培训班旨在通过开设与阅读推广相关的专业课程和推广实践，培养一批具有一定理论基础和实践能力的"阅读推广人"，通过他们的阅读推广行为，宣传阅读价值，培养市民尤其是儿童青少年阅读兴趣和阅读水平，提升阅读推广的专业化水平。至2016年，已连续开班5期，规模不断壮大，培训内容日渐丰富和深入。比如，2016年第五期培训班较之往届新增了光明新区分会场，总报名人数近600名，创下新高，亦大幅超越前四届。

在图书馆界，2014年12月，由中国图书馆学会阅读推广委员会等主办的"阅读推广人"培育行动正式启动，标志着图书馆界全国性"阅读推广人"制度和架构已经建立。此后，各层级各类型的"阅读推广人"培育行动逐渐走向规范化和专业化，并取得阶段性成果，获得业界认可。其中值得一提的是，2015年11月，作为全国图书馆未成年人服务提升计划的重要组成部分，与"阅读推广人"培育行动一并作为中国图书馆学会继续教育体系的重要内容之一的"少儿阅读推广人"

---

① 深圳首期阅读推广人培训班顺利结业［EB/OL］.［2016-02-18］.http：//www.sz.gov.cn/whj/qt/gzdt/201210/t20121016_2051256.htm

培育行动（基础级）第一期培训，在黑龙江省图书馆成功举办（图4-4），此次培训由国家图书馆、中国图书馆学会等主办，表明了全国图书馆界对"少儿阅读推广人"的重视和期许。此次培训突出专业性和实践性，旨在让学员通过逐级培训，逐步从基础实践向理论研究晋升，从而把所学的图书馆学理论知识应用到实际工作中。

图4-4　2015年全国图书馆未成年人服务提升计划——黑龙江站暨"少儿阅读推广人"培育行动
（黑龙江省图书馆供图）

各图书馆不仅要积极参与各个层面发起的"阅读推广人"培育行动，而且应当充分利用自身的资源优势，并注重引入优秀的社会"阅读推广人"资源，大力推动本馆"阅读推广人"建设。通过定期有针对性的业务培训，开拓馆员视野，提高阅读推广能力，逐步培养出一支规模适当、队伍稳定、实践与理论兼具的"阅读推广人"队伍。

例如，2015年1月，温州市图书馆向社会招募亲子阅读推广志愿者，成立温州亲子阅读推广人资源库，实行分类规范化管理（专家团队、组织互动团队、故事妈妈讲读团队），连续两年对亲子阅读推广人和各县、市区馆馆员开展公益培训，采取一系列措施提高推广人讲读素养和组织能力。亲子阅读推广人利用节假日，在图书馆、书房开展内容丰富、形式多样的亲子阅读推广活动，并自发地在阅览室开展阅读活动；或组织就近家庭到"城市书房"进行家庭阅读活动，一年多来组织活动累计百余场次，受益群众达8000余人。

又如，宿迁市图书馆基于"小手牵大手"亲子阅读活动，设立"小手牵大手——绘本阅读与家长'阅读推广人'培训"项目。其中，"小手牵大手"亲子阅读活动从2009年开始推出，每周开展相关阅读活动和培训，并评选出家庭阅读新星给予积分奖励。"小手牵大手——绘本阅读与家长'阅读推广人'培训"项目则是以家长为主要对象开展"阅读推广人"培育，截至2016年，已经培育二三百人。除此之外，宿迁市图书馆于2016年在宿迁市全民阅读活动领导小组的统一部署下，与宿迁市新型主流媒体——"速新闻"联合承办了宿迁市全民"阅读推广人"培训活动。此次活动面向全市公开招募222名全民阅读推广人，其中122名从事家庭阅读推广和培训，既有在校大学生、退休人员，也有家庭主妇、人民教师和新闻媒体从业人员等，并于7月举办了全民"阅读推广人"培训班。开展"阅读推广人"培训活动，不仅增强了"阅读推广人"的责任感和使命感，也提升了宿迁市图书馆家庭阅读推广的专业化水平。

（四）加强家庭阅读推广的品牌建设

品牌是有号召力的代名词。一定程度上，品牌被看作一种识别标志、一种精神象征、一种价值理念，是品质优异的核心体现。通俗地讲，品牌就是人们创办的具有一定知名度的"产品"。家庭阅读推广，无论在开展之初，抑或推进到了一定阶段，都需要创设品牌、树立形象，在品牌的引领下实现可持续发展。在商业中，品牌是高品质的代名词。对家庭阅读推广而言，品牌同样代表高品质，具有较强的号召力和引导力。图书馆借助品牌，可以有效吸引家庭读者，有力引导家庭阅读，开展高品质的家庭阅读活动。

就国内而言，图书馆家庭阅读推广仍然不够普及，"最后一公里"的问题没有得到有效解决，家庭阅读推广的品牌建设显得更加重要和紧迫。目前，家庭阅读推广活动众多，但能作为品牌的不多，大的有知名度的品牌更少见。同时，我们注意到，家庭阅读推广品牌建设正得到图书馆界的重视，尤其在经济较为发达的地区，图书馆事业相对发达，各图书馆多建立了自己的全民阅读活动品牌，而且渐成体系，由单个品牌形成平台品牌，再延伸出众多子品牌。总体来说，图书馆需要增加品牌意识，以品牌为导向，充分发挥品牌的引领力，推进全民阅读走向深入，推动图书馆家庭阅读走向繁荣。

例如，为鼓励更多家庭开展亲子阅读，培养儿童早期的阅读兴趣和能力，苏州图书馆于2011年启动"悦读宝贝计划"，经过5年的发展壮大，在图书馆界已经声名远播。该计划专为0~3岁婴幼儿提供阅读指导服务，通过鼓励家长与孩子共同阅读、分享故事和儿歌的方式，培养孩子对阅读的终身爱好，让每一个儿童都能够在早期阅读中受益，并享受阅读的乐趣，从而达到提高儿童素质、促进全面发展的目的。自启动以来，苏州图书馆已连续5年向0~3岁婴幼儿发放了"阅读大礼包"。除此之外，该计划还根据不同年龄阶段的婴幼儿特点，有针对性地开展多项读书活动，如定期开展"悦悦姐姐教我念儿歌""听故事姐姐讲故事""悦读妈妈进社区"活动，举办"家长沙龙""我给孩子讲故事比赛""苏州市幼儿童话剧表演比赛"和"苏州市小学生课本剧表演比赛"等。2013年，"悦读宝贝计划"被"阅读起跑线"（Bookstart）英国总部承认，成为中国大陆首家"阅读起跑线"成员馆。

又如，为从多种角度寻找最具趣味和最能深入理解绘本的方式，厦门图书馆不断进行新的尝试，创立"快乐绘本秀"家庭阅读推广活动品牌，并于2014年六一儿童节举办首届"快乐绘本秀"活动，将少儿耳熟能详的绘本故事如《木偶奇遇记》《鳄鱼怕怕，牙医怕怕》《三只小猪》等搬上舞台。这些绘本故事经过老师、家长和图书馆工作人员的精心设计、巧妙编排，借助音乐、道具、服装等，通过孩子们绘声绘色的表演，被完整地诠释出来。截至2016年年底，"快乐绘本秀"已经连续3年成为厦门地区六一儿童节阅读活动的主角，其活动形式新颖、活泼有趣，逐渐成为读者心目中的活动品牌。

二、创新家庭阅读推广的社会合作模式

图书馆社会合作是一个比较宽泛的概念。我们通常所指的是狭义上的图书馆社会合作，即图书馆与自身法人实体之外的社会其他机构和个人之间开展的各种形式的合作和共建活动。[1]在国外，一直以来，在推进全民阅读的过程中，从阅读推广活动的资金来源，到项目策划、宣传，图书馆都十分注重与社会各界开展

---

[1] 李宏荣，练六英.利益相关者理论视角下的图书馆社会合作研究[J].图书馆论坛，2010（6）：91—95

广泛合作。例如，美国国会图书馆阅读中心只有10位专职工作人员[1]，但每年却能够举办全国性质的阅读活动，主要就是依靠图书馆其他部门与社会相关组织的协办和参与，阅读中心则主要负责活动策划与组织，这些活动的经费来源几乎完全依靠企业及其他社会组织的赞助和捐款。在国内，图书馆界亦越来越重视引入社会合作，凝聚社会共识与优质资源，以家庭阅读为抓手，共同推进全民阅读。

（一）"图书馆 + 机构"

对于家庭阅读推广而言，这里的机构主要指与政府、企业相区别，具有非营利性、非政府性、公益性等基本特征的社会组织。按照清华大学公共管理学院非政府管理（NGO）研究所所长王名教授的定义，社会组织是一个特定的概念，特指在政府与企业之外，向社会某个领域提供社会服务，并具有非营利性、非政府性、志愿公益性或互益性特点的组织机构。[2]在我国，社会组织不仅包括狭义的社会组织，即社会团体、基金会和民办非企业单位等，还包括各级各类人民团体、群团组织，如共青团、妇联、工会、科协、残联等。首先，图书馆与上述机构有着共通的价值追求。公共图书馆是一个"文以载道"的公共文化机构，坚持"开放、平等、免费"的服务理念，其实质是公共图书馆精神的回归和本质体现，这种精神之核心就是人文关怀和人本主义的精神，这与社会组织所倡导的公共精神如博爱、互助、参与、宽容、奉献等有共通之处。其次，社会组织通过资源支持、项目合作等形式参与图书馆公共服务，不仅有助于弥补政府公共文化供给不足，而且有助于提升图书馆公共服务质量、创新图书馆阅读推广的工作机制。例如，据杭州图书馆统计，截至2016年年底，杭州图书馆与政府机构、社会团体、媒体、企业、培训机构等合作开展各种长期和短期的文化活动项目，包括家庭阅读推广活动项目，占到了活动项目总数的90%以上。其中，"小故事·大舞台"红领巾绘本表演大赛，由共青团杭州市委、杭州市文明办、杭州图书馆等多家机构合作举办，活动内容涉及知识普及、才艺展示、健康教育等多个方面。又如，深圳"阅芽计划"于2016年4月正式启动，由深圳市妇女联合会、深圳市读书月组委会办公室、深圳市卫生和计划生育委员会、深圳市教育科学研究院、深圳

---

[1] Center for the Book Staff.［EB/OL］.［2016-07-20］.http：//www.read.gov/cfb/staff.html
[2] 王名.社会组织概论［M］.北京：中国社会出版社，2010：6—7

市阅读联合会、深圳图书情报学会、深圳市爱阅公益基金会联合发起,为全国首个政府与民间联合会联袂推动的专为0~6岁儿童定制的儿童早期阅读项目。深圳图书馆和深圳少儿图书馆参加了2016年首批"阅芽包"的预约发放宣传工作。

(二)"图书馆+家庭"

顾名思义,"图书馆+家庭"是以图书馆和家庭为活动主体,家庭既是服务的对象,也是服务的参与方。通常情况下,图书馆通过完善的前期调查研究,制定完整的家庭阅读大纲以指导家庭阅读,不仅涉及孩子,也包括对家长的培训。近年来,随着家庭阅读推广活动的深入和延伸,"图书馆+家庭"模式进行了新的探索,比如开设家庭图书馆。简单理解,意即在经过申请、筛选等程序后,公共图书馆在读者家里开办微型图书馆,定期更新图书,同时要求家庭图书馆也面向社区居民提供一定的借阅服务。例如,上海市青浦区图书馆于2012年9月首推面向少儿的"家庭图书馆种子计划",也就是后来家庭图书馆的雏形。第一期家庭图书馆共招募了9个家庭。2014年,该项目入选"服务创新,转型发展——上海地区图书馆服务创新成果展"十佳项目。[①]又如,温岭市图书馆于2016年4月通过微信公众平台发布温岭图书馆"家庭图书分馆"计划,正式开始阅读推广新尝试——创建家庭图书分馆,原定的首批30个名额很快就被一抢而空,在招募活动截止前,温岭市图书馆共收到来自近40个家庭的报名申请。同时,还计划在温岭各乡镇都开设家庭图书分馆,预计5年内达500家,并与乡镇图书分馆形成联动。

目前,家庭图书馆阅读推广已经吸引了越来越多图书馆和相关专家学者的关注和研究。一方面,开设家庭图书馆不仅能在一定程度上满足家人的阅读需求,也有助于增进邻里间的联系往来,以点带面,有效推动家庭阅读和全民阅读。另一方面,图书馆在开设家庭图书馆时,亦要坚持有效性和可持续发展的原则。一是要设置科学的准入条件,对申报家庭严格筛选;二是要在推广与实施家庭图书馆计划的过程中,注重突出家庭特色;三是要建立良性运行和评估机制,以利于家庭图书馆的长期运营和家庭图书馆计划的可持续性实施;四是要体现公共图书馆的开放性、公益

---

① 顾丹华.公共图书馆如何推广家庭阅读——以上海市青浦区图书馆为例[J].河南图书馆学刊,2015(08):27—28

性、平等性，扩大辐射范围，对公共图书馆服务切实起到补充作用。

（三）"图书馆+学校"

据2016年2月19日《上海科技报》报道，民进上海市委妇女儿童委员会不久前曾组建课题组，通过对全市8所小学一至五年级的1039名学生调查发现，尽管小学生普遍对课外阅读有浓厚兴趣，但由于学业负担、缺乏指导、家庭阅读氛围不理想等原因，阅读时间和阅读水平都有待进一步提高。阅读时间有限是首要问题，其次，阅读面比较窄。[①]的确，在应试教育大行其道的今天，我国儿童从小学甚至幼儿园开始，就以学习成绩为第一目标。这虽然是家长迫不得已的选择，但由此产生的后果是，阅读常常被不自觉地与教育和考试关联起来，幼儿阅读、儿童阅读、青少年阅读变得越来越不由衷，更多是在家长、学校的干预下，为了获取知识而被迫阅读，带有强烈的功利色彩，课外阅读时间就只能一让再让。特别是面临升学压力的时候，自主性课外阅读时间被挤占更多。这样的做法既违背了少年儿童的天性，也是对阅读理念的误读。此外，从不同渠道的调查结果可以看出，父母阅读越多，儿童课外阅读越多；家庭藏书量越大，儿童课外阅读也越多；家庭对公共图书馆的利用率越高，儿童的课外阅读越多。可见，家庭阅读至关重要，家庭、图书馆、学校均对儿童阅读起着重要作用且影响深远。因此，公共图书馆应该与学校携起手来，向家长、儿童着重强调阅读的重要性，借助公共图书馆的丰富资源，引导家长和儿童对阅读产生兴趣；或与学校建立文献资源互相流通制度，联合开展家庭阅读指导。

例如，深圳市盐田区沙头角图书馆2007年率先在全市实施"小桔灯"阅读推广计划。该计划围绕"开心阅读、成长阅读、分享阅读、经典阅读和网络阅读"，拓展形成近20个不同类别的活动项目，积极发动学校和家庭共同参与，有计划、分步骤地引导未成年人形成良好的阅读习惯。该计划实施近10年来，积极引导少年儿童走进图书馆和利用图书馆；注重与街道辖区学校合作，大力推动建设阅读示范学校图书馆，并结合不同年级学生的阅读特点与要求，进行分级阅读辅导，借此全面提高少年儿童的阅读能力。该计划特别加强了对阅读

---

① 姜晓凌.儿童阅读=公共图书馆+学校+家庭阅读［N/OL］.上海科技报，2016-02-19（3）［2016-07-25］.http://www.duob.cn/pdfview/default.aspx?nDate=160219&nPage=3

能力较差的少年儿童进行阅读辅导，通过多样的阅读方式，希望为少年儿童创造健康的成长环境，让"小桔灯"温暖每一个孩子的童年，成为孩子成长路上的一盏明灯。目前，"小桔灯"阅读推广计划业已成为在深圳具有一定影响力的全民阅读品牌。

（四）"图书馆+社区"

作为居民身边的图书馆，社区图书馆离家较近，看书、借书方便，服务灵活，本应该受到居民热捧，然而一直以来，全国各地众多社区图书馆大都存在建设和管理薄弱、阅读环境不佳、利用率偏低的窘境。据相关媒体报道，有的社区图书馆一整天不会迎来一个读者。与大中型图书馆相比，形成强烈反差。这种不正常现象，越来越多地引起社会关注。可见，仅靠社区或图书馆一方的努力是远远不够的。为了改变这一境况，市区级公共图书馆应该加强与社区合作，在人力、财力、资源和服务等方面给予社区图书馆更多支持和指导，帮助社区图书馆走出困境，涅槃重生。

例如，深圳罗湖区图书馆实施"悠·图书馆"（U-Library）计划，于2012年12月在居民小区内开设罗湖区首家"悠·图书馆"。[1]（图4-5）不同于传统的社区图书馆，"悠·图书馆"大胆引进国外最新图书馆经营理念，打破传统管理模式，全新打造社区图书馆服务品牌。面积约100平方米，一眼望去没有"长桌长椅一字排开"的刻板冷清的印象，取而代之的是柔软舒适的沙发、富有创意的书架和桌椅、温馨柔和的灯光、生机盎然的绿色盆栽，服务台上的小盒子里还有为老人准备的老花镜。这样的社区图书馆不仅仅是一个阅读和借还书的场所，它在内部空间设计上同时考虑了社区开展聚会、活动、沙龙的功能需求。"悠·图书馆"通过每月定期举办"悠阅生活""尚修学苑""真人图书馆""读书沙龙""故事列车""悠乐飞扬""百味书生"等活动，逐渐成为聚拢人气的社区文化中心和全民阅读主阵地。2016年10月，"悠·图书馆"在由文化部指导、中国图书馆学会主办的"2016年最美基层图书馆和中国图书馆榜样人物风采展示"评选活动中，荣获"2016年最美基层图书馆"称号。

---

[1] 引进国外理念首创"悠·图书馆"［EB/OL］.［2016-07-20］.http://epaper.ccdy.cn/html/2013-01/01/content_87669.htm

图4-5 深圳市罗湖区图书馆开设于文华社区的"悠·图书馆"（罗湖区图书馆供图）

（五）"图书馆＋志愿者"

图书馆志愿者（也称义工），在国外被称为"Library Volunteer"或"Volunteer Library Worker"。西方国家的图书馆志愿者服务历史悠久，从社区图书馆、学校图书馆到大中型公共图书馆，几乎每一项阅读推广活动中，都能看到志愿者的身影。在国内，一般认为，公共图书馆招募志愿者的行动始于1996年，由福建省图书馆开创。此后，许多公共图书馆都引入了志愿者服务，如上海图书馆、深圳图书馆、佛山图书馆等。[①]北京大学信息管理系教授王子舟认为，目前国内志愿者援助图书馆的形式主要有两种，一是图书馆自己主动募集志愿者为图书馆服务，二是社会个体或民间组织自发成为志愿者为图书馆服务。[②]也有学者将图书馆志愿者细分为更多的类型，但大体上也都属于以上两种范畴。

目前，更多图书馆认识到，志愿者作为图书馆的重要资源，是图书馆事业发展的重要支撑。例如，新加坡国家图书馆管理局把志愿者定位为战略圈伙伴，扮演着改善公共图书馆服务的角色。从图书馆的角度来说，志愿者能够给予图书馆额外的资源，为改善公共图书馆的服务提供创新动力。就家庭阅读推广而言，志

---

① 洪文梅.公共图书馆志愿者服务管理的探讨［J］.图书馆论坛，2010（1）：164—166
② 王子舟.民间力量建设图书馆的政策与模式［M］.北京：国家图书馆出版社，2011：129

愿者服务更加"专业",要求志愿者既要了解图书馆及其资源与服务,又要懂得家庭阅读推广,他可能是一位家长、一位学生,也可能是某一领域的专家或爱好者。因此,图书馆应该注重家庭阅读推广志愿者队伍建设,使其能够循序渐进和专业化发展。例如,苏州市吴江图书馆为了更高质量地开展少儿活动,成立专门的未成年人阅读推广志愿者团队——"彩虹使者";又如,合肥市少年儿童图书馆通过组建小志愿者服务队,组织亲子采购团采购图书等方式,摸索读者参与管理的途径和方法,更好地发挥了"小身材"的"大作用";再如,在深圳市文化志愿服务总队的支持下,深圳图书馆文化志愿服务队不断发展壮大,截至 2016 年,文化志愿服务队个人志愿者和团队志愿者达 1500 余人,提供七大服务类别共计 16 个服务项目,同时注重引入社会力量参与文化志愿服务,比如合作的志愿者服务团队有深圳市义工联合会、深圳市律师协会、深圳市残疾人联合会、深圳市关爱行动组委会办公室等多家单位,2016 年共计服务总时长 1.2 万余小时,参与服务总人次达 4300 余人,受益总人次达 4.2 万余人,服务内容不断丰富和创新,组织管理更加精准精细。

(六)"图书馆 + 书店"

在"图书馆 +"思维的影响下,传统意义上的图书馆正在发生变化,向多个领域跨越和融合,"图书馆 + 书店"就是一个典型。例如,内蒙古图书馆在 2014 年世界读书日期间,与内蒙古新华书店合作,共同推出"你选书,我买单"活动,这即是内蒙古图书馆现时所推出的"彩云服务"的雏形,亦被认为是国内图书馆和书店的首次结缘。[①] 自此之后,"图书馆 + 书店"如同一粒种子,在全国各地生根发芽。比如,山西、山东、广东、江苏等地先后参照该模式,推出各具特色的"你选书,我买单"活动。又如,2015 年 10 月,"书香南京"首届金陵图书馆读者节正式开幕,金陵图书馆为读者端出公益大餐,策划了"你选书,我买单"活动,拥有金陵图书馆借阅证的读者,不分老幼,均可以到指定的新华书店选择自己喜欢的图书,办理借阅手续后,直接把书从书店带回家。

总体上,这样的活动为广大"啃书族"提供了便利,既维护了读者的阅读自

---

① 杜洁芳."图书馆 +"使阅读无处不在[N/OL].中国文化报,2016-03-23(7)[2016-07-25].http://news.idoican.com.cn/zgwenhuab/html/2016-03/23/content_5605159.htm?div=-1

由，也降低了读者的阅读成本，让读者直接参与其中，提高了读者的阅读体验和参与感。图书馆还可以邀请家庭代表以"亲子阅读"形式参与，通过挑选他们喜欢的书籍，激发家庭成员的阅读热情。

三、推进区域图书馆联动

区域图书馆联动，是指区域内不同类别、不同级别图书馆之间，建立联动机制，创新联动项目，共同致力于全民阅读推广事业。这体现的正是"图书馆+"思维模式。

例如，深圳图书馆2014年年初牵头召开全市公共图书馆馆长联席会，会议提出了进一步加强市区图书馆阅读推广联动的工作方案，出台了区域联动的具体措施。主要包括：其一，要建立联络机制；其二，要建立深圳市"图书馆之城"阅读推广联合服务平台，包括门户网站、移动APP及相应的微信、微博等；其三，要建立深圳市公共图书馆讲座专家信息库和展览资源库，充分实现资源的共知共享；其四，要探索建立数字资源采购统一议价机制等。2015年，为落实馆长联席会议有关决议，深圳图书馆又牵头在"图书馆服务宣传周"推出了新型文化服务项目——"少儿智慧银行"，该项目定位为深圳市"图书馆之城"统一服务框架下的联动计划。这样以区域联动的形式推进"少儿智慧银行"项目，不仅推动了深圳市、区公共图书馆的少儿服务创新，同时也以少儿阅读作为切入点，带动家庭阅读，促进全民阅读。2016年世界读书日，是第一个"深圳未成年人读书日"，全市公共图书馆共举办300余场读者活动，其中针对未成年人的活动比重达一半以上。比如，由深圳市文体旅游局主办、深圳图书情报学会策划的"共读半小时""我在图书馆……"有奖征集以及"伴读"少儿阅读活动，均为由各级各类图书馆首次联手实施的全市联动阅读活动。随后，在全国第二十八个图书馆服务宣传周期间，深圳图书馆再次牵头，联合市、区公共图书馆进行整体策划，推出"全城联动，让书回家"、少儿智慧银行全市"智慧星"阅读活动和深圳市"图书馆之城"支付宝城市服务项目等。

又如，浙江省各级公共图书馆于2016年世界读书日当天晚上联合开启"图书馆之夜"活动（图4-6）。本次"图书馆之夜"活动由浙江省文化厅主办，浙江图书馆参与承办，参与面非常广泛，活动内容非常丰富，除省、市、县级 95 个公共图书馆外，不少乡镇分馆、主题分馆和 24 小时图书馆也参与进来，总共开展了 1000 多场活动。如浙江图书馆开展了"共吟汤公曲、重温莎翁剧——'天堂'之对话"活动；杭州市图书馆联合六大主题分馆，让读者通过参与、体验、互动等方式，全方位展示阅读的乐趣；宁波市图书馆开展了"甬图寻宝"等活动，让每一个年龄段的读者都能参与其中；温州市图书馆联合三家"城市书房"开展"经典诗文快闪朗诵"活动；嘉兴市图书馆开展了"永恒的莎士比亚——莎翁剧作赏析暨表演吟诵"活动；海宁市图书馆和所有乡镇分馆联合开展"阅读，让城市更美好——图书馆之夜"活动。此外，"图书馆之夜"活动仅是 2016 年浙江全省公共图书馆全民阅读节系列活动中的一项内容。截至 5 月下旬，全省各级公共图书馆还陆续联合开展了以"图书馆就在我身边"为主题的十大系列阅读推广活动，具体包括：第十二届浙江省未成年人读书节、"全家共读一本书"阅读推广、公布"阅读之星"、评选"读者最喜爱的乡镇（街道）图书分馆"、评选"优秀阅读推广人"、发布《浙江省公共图书馆 2015 年度阅读报告》、开展"图书馆就在我身边"征文、举办"数字阅读大闯关""图书馆随手拍"等活动。

图 4-6 浙江图书馆"图书馆之夜"活动（浙江图书馆供图）

通过推进区域图书馆之间的合作与联动，不仅进一步提升了图书馆阅读推广的品牌知名度和文化影响力，也彰显了各级公共图书馆在推进全民阅读中的主阵地作用。

四、运用新技术，打造新媒体服务

《新媒体概论》一书将新媒体描述为：在数字技术和网络技术的基础之上延伸出来的各种媒体形式。[①]据统计，截至2014年4月5日，全国45家（笔者注：实为46家）省级、副省级公共图书馆中，有28家（62.22%）开通了移动图书馆，35家（77.78%）开通了微博账号，11家（24.44%）开通了微信账号。[②]因此，有研究者称，移动图书馆（WAP网站与客户端APP）、微博和微信已成为图书馆新媒体服务的"三驾马车"。这种描述虽然不尽准确，但至少表明新媒体技术已经逐渐成为图书馆开展服务和阅读推广工作的重要工具，为图书馆带来了崭新契机。

随着"互联网+"的崛起，特别是2015年7月发布的《国务院关于积极推进"互联网+"行动的指导意见》表明，"互联网+"行动已经发展到了新的阶段和更高的水平。"互联网+"本质内涵是互联网思维，表现为以互联网为标志的信息通信技术可以无处不在。"互联网+新媒体"为图书馆开展阅读推广工作提供了更为广阔的思路和更为多元的模式。

就实际情况而言，绝大多数图书馆已经比较注重引入各种信息技术做加法。比如，在传统既有图书馆业务的基础上，利用互联网技术，建设门户网站、WAP网站，开发微博、微信等，用以介绍资源与服务、发布活动公告、报名讲座等，但基本上只能算作是处于"+互联网"阶段，因为这种做法没有体现出真正的互联网思维，在资源、服务和管理等层面并未利用互联网技术实现整体创新或转型。要想实现从"+互联网"到"互联网+"的彻底转变，尚有一段路程要走。同

---

① 刘行芳．新媒体概论［M］．北京：中国传媒大学出版社，2015：11
② 黄国凡，肖铮．图书馆新媒体服务的实践与思考——以厦门大学图书馆为例［J］．情报资料工作，2014（6）：85—88

时,越来越多的图书馆已经投入到"互联网+"行动中,显现出实实在在的进步和希望。

例如,浙江图书馆于2015年联合全省公共图书馆公布了《开放融合,连接一切——浙江省公共图书馆"互联网+"行动计划》,要求全省12个公共图书馆在工作思路上确立协同一致原则,树立互联网思维,用"互联网+"提升图书馆服务;并通过流程重组、服务上线、跨界融合、数据共享、开拓创新五个措施开展"互联网+图书馆"行动。①

又如,国家图书馆于2015年正式推出国图公开课。据国家图书馆馆长韩永进介绍,国图公开课借鉴MOOC(慕课)大规模、开放、在线的理念,将依托于互联网、移动通信网、广播电视网等多种媒体,将服务扩展至平板电脑、手机、数字电视、电子触摸屏等多种服务终端,采取线上线下相结合的互动模式,开展图书馆社会教育新服务。国图公开课开通有"读书推荐"频道,采取网站+视频、线上线下互动的模式,向读者推介儿童读物,如《写给儿童的中国历史》《爱哭鬼小隼》等。②

再如,东莞图书馆近年来紧跟潮流,积极利用新媒体开展阅读推广,创新阅读活动载体,打造新亮点。比如,在2016年世界读书日期间,东莞图书馆推出了"扫码看书,百城共读"活动。活动首先精选了一批获得茅盾文学奖、文津图书奖以及国内各大书目推荐榜单等比较经典、热门的图书,内容涵盖亲子教育、少儿读物、文学艺术、小说传记等,然后将这些图书制成二维码,通过制作书墙、海报、宣传单张等方式,放置于人口比较密集的场所,读者只要利用手机或平板电脑等"扫一扫",即可免费获得全文,或通过东莞图书馆APP下载全文,方便快捷。"扫码看书,百城共读"最大的价值在于,通过线上与线下的融合,最大可能地降低了阅读门槛,让家庭和个人能很容易地获得阅读资源,达到多层次、全方位、多领域开展阅读推广的目的。鉴于活动的特

---

① 浙江全省公共图书馆开启"互联网+"新模式[EB/OL].[2016-07-20].http://www.ce.cn/culture/gd/201507/28/t20150728_6058084.shtml
② 国图公开课[EB/OL].[2016-07-20].http://open.nlc.cn

色和有效性，中国图书馆学会阅读推广委员会自2016年10月起在全国组织开展了"扫码看书，百城共读"活动（图4-7）。

图4-7 "扫码看书，百城共读"活动海报

第五讲

图书馆家庭阅读书目

　　家庭阅读是全民阅读的重要内容，在社会普遍关注全民阅读的当下，家庭阅读的重要性愈发凸显。如今，我国每年有几十万种中文图书出版。面对琳琅满目的各类书籍，不会选、不会读已成为一般家庭父母自己阅读和指导孩子阅读的一大障碍。因此，对家庭阅读，需要有所指导。而推荐书目作为阅读选择过程中的重要辅助工具，正应发挥其作用。

　　近年来，社会各界已越来越意识到家庭阅读的重要性，也试图为一般中国家庭编制一些推荐书目。图书馆作为开展全民阅读的重要场所，为读者提供推荐书目一直是其职责所在。同时，图书馆拥有丰富的馆藏资源，能够把握读者的信息需求、阅读重点等，在编制推荐书目上具有其他个人和机构所没有的优势。长久以来，图书馆界在书目研制上取得了一定成果，但在家庭阅读书目的编制与推荐上，图书馆可以做的、应该做的还有很多。图书馆应通过编制推广优秀的、能切实指导家庭阅读的书目，引导、带动个人读者及家庭来阅读图书。

第一节　家庭阅读书目的类型

一、综合型家庭阅读书目

　　综合型家庭阅读书目定位于一般家庭共需的领域，所选图书种类较为丰富，

图5-1 《读书人家》

图5-2 《理想藏书》

包含人文、科学、日用常识等图书，可为一般家庭所广泛接受。最为典型的是《读书人家》（图5-1，吴永贵、徐丽芳编著，武汉大学出版社2007年版），它的基本编撰目标是"为普通家庭提供一种专业之外的藏书指南"，整体较为全面且实用。该书遵循综合性、全面性、可读性原则，古今中外，兼收并蓄，选取了近800种书，重点关注"经典"与"女性"，并择优推荐家庭文化生活、实用生活类图书和工具书。而法国著名书目《理想藏书》（图5-2，[法]皮埃尔·蓬塞纳主编，贝尔纳·皮沃介绍，余中先、余宁译，上海人民出版社2011年8月版）则能帮助个人及家庭选择值得各人阅读的书，并建立起自己的藏书架。该书目拟定了49个专题，归为"全世界的文学""从小说到连环画""历史与知识"三大类。它比较侧重文学类图书，推荐了各个国家、各种题材的文学作品，但亦不乏文化类图书，如关于音乐、艺术史、战争、哲学、政治、风俗、美学、科学等的图书；每一专题推出49种图书，全书共推荐了2401本书，个人及家庭可以根据各自的阅读能力和购买能力决定各自的阅读量和藏书量。编者称，在49个专题之外，读者还可以参与进来，按各自的专业或爱好设计每个专题下的第50种图书，以及第50个专题，这样读者自己可以将其扩充为2500种书的小小图书馆。

二、经典型家庭阅读书目

北京大学钱理群教授说："要读名作（经典），就是因为每一个民族、每一个时代的精神的精华都凝聚于其中，人类最美好的创造都汇集于其中。人类精神文明的成果，就是通过各类学科（不只是文学，还有社会科学、自然科学）

的名作（经典）的阅读，而代代相传的。"①一般而言，家庭阅读应从经典开始，推荐书目也当从推荐经典开始。目前可见的家庭阅读书目，基本都包含有经典图书，甚至于大部分家庭阅读书目都是以经典图书为主的。

经典型家庭阅读书目较多，较具代表性的有《中国家庭理想藏书》（图 5-3，文建明、刘忠义主编，生活·读书·新知三联书店 2013 年 8 月版）、《南书房家庭经典阅读书目》（深圳图书馆、中国图书馆学会阅读推广委员会编制）、《中国读者理想藏书》（王余光主编，光明日报出版社 1999 年 1 月版）和《一生的读书计划》（[美]克里夫顿·费迪曼、约翰·S.梅杰著，马骏娥译，译林出版社 2013 年 5 月版）等。其中，《中国家庭理想藏书》收录"中国家庭理想藏书推荐书目 100 种（附提要）""中国家庭理想藏书推荐中国当代文学书目 20 种（附提要）"及"中国家庭理想藏书延伸阅读书目 500 种"，其内容和范围凸显经典，旨在"向中国家庭推出一批经得住时间考验、堪称经典并具备收藏价值的图书书目"，内容涵盖文学、人文社会科学、科学和家庭生活诸方面。《南书房家庭经典阅读书目》（图 5-4）是深圳图书馆于 2014 年年初起，联合中国图书馆学会阅读推广委员会，集结业内专家编撰推荐的，以文、史、哲经典图书为主，兼顾社会科学、科学普及读物。该书目计划用 10 年时间，每年推荐 30 种经典图书，从而形成一般家庭经典书架的基本容量，打造家庭阅读"够得着的经典"。《中国读者理想藏书》对 80 种中外书目推荐的 2503 本书进行统计，按各书被推荐次数列出中外名著排行榜，并将这些书分为 36 类，每类再列出分排行榜。而能登上排行榜的图书都是历经时间检验、为中外所认可的经典。《一生的读书计划》是美国最受尊敬的作家和编辑之一克里夫顿·费迪曼（Clifton Fadiman）为 18~80 岁的读书人精选的一部关于世界名著的书目，共推介了 133 位作者及其一本或若干代表作。作者采取与读者对话的简单形式，生

图 5-3 《中国家庭理想藏书》

---

① 钱理群.序［M］//钱理群,刘洪涛,卢敏.20 世纪中国文学名作中学生导读本.南宁：广西教育出版社，1998：2

动活泼地介绍每一本书，并用作家之间交叉引证的方式进行评论。

图5-4　南书房家庭经典阅读书目（2016）海报

三、亲子型家庭阅读书目

对于拥有孩子，尤其是0~12岁孩子的家庭来说，亲子阅读是家庭阅读的重中之重。亲子阅读不仅强调阅读，也注重建立融洽的亲子关系，亲子阅读的过程是孩子感受父母之爱的一种方式。现在，越来越多父母认识到了亲子阅读的重要性，但如何挑选图书成为一大难题。根据优秀的推荐书目来选择好书，无疑是最简便有效的方法。图书馆、教育机构、专家学者、亲子阅读网站等，都为亲子阅读开列了各种推荐书目，这些都可以称之为亲子型家庭阅读书目。

图书馆界编写有不少亲子阅读书目。如2010年中国图书馆学会阅读推广委员会推荐书目专业委员会编制了《亲子阅读推荐书目》，包含100种亲子读物；其目的在于为父母（尤其是"准父母"）提供一份切实可行的小书单。2014年国家图书馆编制了《绘本100》书目，遴选、收录2004—2013年在中国大陆地区出版的 100 种国内外经典优秀绘本，涵盖认知、亲情、友情、环境、人生、自然、文化、民间故事等多个主题，适宜各年龄段少儿及其家长阅读和使用。2009 年起，中国图书馆学会阅读推广委员会组织编写了"阅读推广丛书"，其中的《亲子阅读》（邱冠华主编，国家图书馆出版社 2010 年 4 月版）、《悦读宝贝》（金德政主编，国家图书馆出版社 2014 年 4 月版）、《绘本阅读》（王慧君主编，国家图书馆出版社 2011 年 3 月版）、《共享阅读》（吕梅主编，国家图书馆出版社 2011 年 3 月版）、《不能错过的亲子阅读：0~4 岁》（胡春波、邓咏秋、陆幸幸主编，国家图书馆出版社 2016 年 9 月版）中，都有适合家庭亲子阅读的书目。

四、根据不同家庭成员进行分类推荐的书目

一般家庭会有两代至三代家庭成员，不同年龄、职业的家庭成员有不同的阅读需求，由此出现了针对不同家庭成员进行分类推荐的书目。这类书目对象明确、分类明晰，较为典型的是朱永新教授创办的民间公益机构——新阅读研究所研制的"中国人阅读书目"系列（图 5-5）。该系列书目致力提高全民阅读水平，针对学前和小学阶段的儿童、各年龄段的中学生、大学生以及教师、企业家、公务员等各领域、不同群体，研制不同的基础书目和推荐书目。[1] 目前已出版《中国幼儿基础阅读书目·导赏手册》《中国小学生基础阅读书目·导赏手册》《中国初中生基础阅读书目·导赏手册》《中国高中生基础阅读书目·导赏手册》《中国父母基础阅读书目·导赏手册》《中国中小学教师基础阅读书目·导赏手册》《他们都在看——中国企业家基础阅读书目·导赏手册》《品味书香——中国女性基础阅读书目·导赏手册》等，计划出版《中国大学生基础阅读书目·导赏手册》《中国公务员基础阅读书目·导赏手册》等，每个书目包含 100 种书。该系列书目重视家庭教育的作用，力求帮助年轻的父母通过阅读成为合格乃至优秀的父母，并为家庭中各年龄段的孩子挑选优秀的图书；它还让不同职业角色和性别角色的家庭成员都能找到适合自己阅读的图书。

---

[1] 朱永新.序：把最美好的东西献给最美丽的童年[M]//朱永新,王林.中国小学生基础阅读书目·导赏手册.北京：中国人民大学出版社，2014：2—3

图 5-5 "中国人阅读书目"系列丛书中的部分图书

第二节 图书馆家庭阅读书目的编制

一、书目图书的选择

文献选择是决定书目编撰质量和社会效用的关键之一。家庭阅读书目的主要推荐对象是家庭成员,因其对象的特殊性,在文献选择上也有新的要求。家庭阅读书目的遴选应在广泛收集文献的基础上依据一定的原则进行精选。

(一)广泛收集文献

文献选择的第一阶段是博收,即正确地确定文献源的范围,根据一般家庭的需求尽可能全地搜集、占有文献。这里说的文献包括原始文献、二次文献(相关书目等)和其他信息渠道。

1. 已有的家庭阅读书目

(1)图书馆界推荐的家庭阅读书目

图书馆界一直在推出面向不同人群、不同专业的推荐书目。专门针对家庭阅读、家庭藏书的书目虽不普遍，但也已逐渐引起业界重视。如前文所述中国图书馆学会阅读推广委员会编制的《亲子阅读推荐书目》、深圳图书馆联合中国图书馆学会阅读推广委员会编制的《南书房家庭经典阅读书目》等。

图书馆界也在与出版界等合作推出好书书目，其中的图书也适合一般家庭根据自身阅读特点和需求进行选读。如由全民阅读活动组织协调办公室指导，中国图书馆学会、韬奋基金会、中国出版集团公司、中国书刊发行业协会、中国新华书店协会主办的"出版界、图书馆界全民阅读年会（2016）"，在会前邀请全国出版机构推荐2015年8月至2016年8月出版的好书。经初步遴选以及馆长、馆员代表的初评，形成《全民阅读好书推荐书目（2015—2016年）》（200种），在年会上最终评选出《全民阅读好书榜（2015—2016）》（50种）。这200种和50种书目，都是面向社会公开发布的。

（2）其他机构推荐的家庭阅读书目

相关政府部门也推出了一些适合家庭阅读的书目。如国家新闻出版广电总局从2004年开始，每年向社会公布100种适合青少年阅读的优秀图书，以倡导青少年多读书、读好书。2016年7月发布的"2016年向全国青少年推荐百种优秀出版物"，分为思想励志、人文历史类（20种），科学科普、百科知识类（18种），启蒙益智、图画绘本类（11种），儿童文学、青春文学类（29种）四大类别，另有22种音像电子出版物。此外，随着全民阅读活动的广泛开展，全国各地举办了各具特色的读书月、读书节等活动，并随之出现了全民阅读活动推荐书目。这些书目大多是由各地全民阅读活动的组织推广者（如专家委员会、省市宣传部门等）组织专家学者调研评选的，具有一定的指导意义。[①] 如由深圳市委市政府于2000年创立并举办的"深圳读书月"，从首届开始便持续开展书目推荐活动，并从2007年开始评选"年度十大好书"，从2014年开始评选"年度十大童书"，从建立基础书目开始，到100进50、30进10等各评选阶段，都有相应书目公布，对家庭阅读有一定参考价值。

民间的阅读推荐力量也逐渐壮大，各类媒体、"阅读推广人"、组织机构、民

---

① 王茉瑶，徐建华，卢正明. 全民阅读活动推荐书目研究 [J]. 图书馆工作与研究，2012（12）：106—110

间读书会等各种主体和渠道也都在推出书目。如2007年,《中华读书报》曾推出《中国家庭基本藏书推荐书目》,分为名家选集卷、诸子百家卷、戏曲小说卷、综合选集卷、史著选集卷、笔记杂著卷,共54种图书。2012年,由中国红十字基金会和谐家庭公益基金与家庭期刊集团主办、《中华读书报》等媒体协办的"百种中国家庭藏书书目公益推荐活动"启动,其目标人群为"具备一定购买能力和阅读习惯的普通白领家庭"[①],最终成果为2013年出版的《中国家庭理想藏书》。还有民间公益机构——新阅读研究所研制的"中国人阅读书目"系列等。

（3）新媒体推荐书目

随着网络的迅猛发展,推荐书目的推荐方式和媒介由传统的纸质发展为纸质、电子版并存,文本与现代网络相结合,出现了"新媒体推荐书目"的概念。其形式包括电视、电台的读书节目,网络媒体、门户网站设立的读书频道和书目体系,读书网站或者网上书店的类目体系,豆瓣等读书社区形成的推荐书目,以及个人在微信、微博、博客等发布的推荐书目等。[②]与传统推荐书目相比,它们在易用性、时效性、新颖性、内容丰富程度等方面,都具有得天独厚的优势,但水平参差不齐,随意性较大。因此,要从中挑选适合家庭阅读之书,需对这些书目进行筛选、整合,而不能简单地直接取用。

2. 出版社策划的家庭藏书丛书

出版界也策划出版了不少以家庭阅读或家庭藏书为主题的丛书,其中不乏精心策划、编排之作。此类丛书较热衷于经典图书的推荐,尤其侧重中国传统经典,可作为编写经典型家庭阅读书目的参考。

例如,1929—1937年,商务印书馆排印、影印"万有文库"共1721种4000册,囊括古今中外各门学科,堪称20世纪上半叶最有影响的大型现代丛书。其策划者、现代出版家王云五出版这套文库的目的是使任何一个个人或者家庭乃至新建的图书馆,都可以通过最经济、最系统的方式,方便地建立其基本收藏。2006年起,中华书局分批推出"中华经典藏书"丛书,遴选经、史、子、集中的经典书目,以权威版本为核校底本,约请业内专家进行注释和翻译。还有三晋

---

① 百种中国家庭藏书书目公益推荐活动［EB/OL］.中华读书报,2012-04-25（03）［2016-07-12］.http://epaper.gmw.cn/zhdsb/html/2012-04/25/nw.D110000zhdsb_20120425_1-03.htm
② 洪淑琼.信息时代高校图书馆的书目推荐工作［J］.农业图书情报学刊,2006（4）:53—56

出版社于 2008 年年底重新修订出版的"中国家庭基本藏书"丛书，共 108 册，分为诸子百家卷、名家选集卷、史著选集卷、综合选集卷、笔记杂著卷、戏曲小说卷，基本涵盖了中国传统文化的精髓。在收录原文的基础上，同样也邀请专业人士对作品进行解读和品评。

3. 重要图书奖项遴选出的优秀图书

国内外重要图书奖项遴选出的优秀图书，是很有价值的书目候选库。如家庭阅读的重要一环——童书，国际上就有久负盛名的安徒生奖、纽伯瑞奖、凯迪克奖、凯特·格林纳威奖等，国内也有全国优秀儿童文学奖、宋庆龄儿童文学奖、冰心儿童文学奖等。

全国性的重要图书奖项有中国出版政府奖、中华优秀出版物奖、"五个一工程"奖等，其评选出的图书是中国大陆出版的众多新书的优秀代表。此外，由国家图书馆发起、全国图书馆界共同参与的图书馆界最大的公益性图书评奖——文津图书奖，设立于 2004 年，其定位是评选普及类图书，评选范围包括人文社会科学和自然社会科学类的大众读物，每年会评选出 10 种文津图书奖图书（第一届为 9 种）及 30~60 种文津推荐图书（可空缺）。[1] 文学类奖项则以茅盾文学奖、鲁迅文学奖等影响力最大。此外还有一些非官方、非学术性的评价体系选出的图书，也值得关注。

4. 图书借阅排行榜及销售排行榜

还可关注图书馆的借阅排行榜，结合大型实体书店、网络书店的图书销售排行，剔除那些泡沫化的快餐文化读物，筛选出适合家庭阅读的图书。这些书包含当下的热点和流行文化，也不乏历久弥新的经典之作。如中国图书馆学会《亲子阅读推荐书目》，最初就是由首都图书馆少儿综合借阅中心结合读者借阅情况与童书初步资讯拟定的书目初稿。

5. 工具书

20 世纪 90 年代初问世的《中国读书大辞典》（王余光、徐雁主编），是我国第一部以指导阅读为要义的辞典式百科型工具书，该书资料丰富，其中的 3700 余条词目，均与阅读、书籍有关。其中，《中国古典名著导读》《中国近现代名

---

[1] 文津图书奖往届获奖及推荐图书 [EB/OL].［2016-07-12］.http://wenjin.nlc.cn/2016bk/zhanshi.jsp

著导读》《汉译世界名著导读》三个导读篇章推荐导读了古今中外近600种名著；《读书门径录》中则有"推荐书目举要"94条和"导读著作解题"91条，列举或介绍了许多专业的、大众的书目。该书后来进行了大幅修订，于2016年由南京大学出版社出版了新版，更名为《中国阅读大辞典》。该书主体内容分为七篇，其中，《儿童阅读与书香家庭》收录了儿童阅读、亲子阅读的重要书目和中外重要少儿读物奖项，《文献知识与读书珍闻》收录了中外重要出版物、文学奖项，《读书门径与读物推广资源》收录了大量书中之书的书目，介绍了部分古今中外经典文学作品及据其改编的影视剧等，其内容更新颖、更贴近时代发展，值得参考。

值得注意的是，不同来源的优秀图书和书目的侧重点是不同的。各类图书奖项的评选范围一般都是前一年或前两三年出版的新书，图书借阅排行榜、销售排行榜及新媒体书目亦紧跟时代潮流，而图书馆、出版机构、专家学者等推出的书目更侧重经典类图书。因此，家庭阅读书目的编制者需从以上多个渠道获取好书信息，方能编制出满足家庭成员多种阅读需求的优秀书目。

（二）依据原则精选文献

文献选择的第二阶段是筛选，即在博采的基础上，对所收图书认真比较、鉴别，根据一定的原则和标准对备选图书进行分析和筛选。家庭阅读书目有着不同于其他书目的特点，其选择应遵循以下原则：

1. 平衡家庭阅读的个性与共需

读书是十分个人化的行为，家庭成员的职业、年龄、兴趣、受教育程度等方面的差异，必然会间接地反映到一个家庭所读、所藏之书的品种与结构上。既然不同家庭、不同家庭成员的需求具有多样性，而每一专业学科又都有大量好书，可以想见，要编写一份全面反映各种专业背景的家庭阅读书目是难以实现且徒劳无功的。因此，不如将书目定位于一般家庭共需的领域，如选择关于人文素养、科学素养、日用常识等的图书，这样不仅更为切实可行，且能跨越专业的界限，为一般家庭所广泛接受。[①]

除了要平衡不同家庭在阅读上的个性和共需，也要注意平衡一个家庭中不同家庭成员在阅读上的个性与共需。在尊重家庭成员自由自主选择的基础上，可适

---

① 吴永贵.共享书香人家——为家庭藏书编制推荐书目的思考[J].出版广角，2007（5）：41—43

当选择一些能让两代人甚至三代人共读的图书，让大家在阅读中形成共同的阅读语言，在思想、心理上有更紧密、更深层的交流，从而使家庭更加和谐、温暖。尤其是有 0~12 岁孩子的家庭，向其提供一些能亲子共读的图书，让父母孩子共读、共写、共同生活，能帮助家长走进孩子的心灵，与孩子产生共鸣。同时，能让孩子在共同阅读的基础上，形成自己独特的阅读兴趣和阅读领域。[①]

2. 平衡图书的经典性与通俗性

家庭阅读书目应引导一般家庭读好书、读经典，同时也要适当尊重市场的选择，了解、尊重家庭成员的阅读兴趣，不完全排斥市场认可的一些特别畅销的图书，让书目能被一般家庭所接受，进而去阅读所推荐的图书。在选书时，首先要强调图书的经典性，适当兼顾通俗性、畅销性，在考察图书内容的基础上，审慎地加以选择，让不同层次、不同水平的家庭都能找到适合自己的图书。

3. **典型性与丰富性**

一份家庭阅读书目所包含的图书数量是有限的，要把握书目图书的合适数量。书目收录图书过多，不仅会使一般家庭难以选择，同时亦会加剧其阅读焦虑。因此，应在对大量作者及其作品进行比较、权衡的基础上，确保典型图书入选，而不是笼统地把某一类型或某一作者的作品都囊括进来。如新阅读研究所编制的"中国人阅读书目"系列，就明确表明"同一作者只推荐一本代表作品"。而法国的《理想藏书》一书，虽然不是同一作者只推荐一本代表作，但在全书的 49 个专题中，每一专题同一作者的作品只能出现一次。

在注意典型性的同时，也不能忽略为家庭各成员推荐图书所应具备的丰富性。这两者看似矛盾，其实是可以协调兼具的。如在详细介绍某一本书或某一主题的代表图书后，用"延伸阅读""阅读链接"等形式简单列出其他相关图书，但不再进行详细介绍；或者在重点书目或基础书目之外附加延伸书目等。由此，一方面可保证书目的精要，另一方面也拓展了书目的丰富性。

4. **客观性、公正性**

在筛选图书时，要有科学严谨的态度和方法，坚持客观公正的原则，消除

---

① 朱永新. 序：把最美好的东西献给最美丽的童年[M]//朱永新，王林. 中国小学生基础阅读书目·导赏手册. 北京：中国人民大学出版社，2014：11—12

商业化的影响和个人主观性倾向。但编制推荐书目本身，很大程度上是一种主观行为，为了提高其客观性、公正性和权威性，有必要引入科学的编制方法或软件工具。在我国书目编制领域，早已有运用科学方法进行书籍挑选的书目，最具代表性的是王余光主编的《中国读者理想藏书》。该书收集了80种中外推荐书目和影响书目，运用计量方法对这些书目推荐的2503种图书按被推荐次数进行统计排序，并为排名靠前的800余本书撰写提要。它在一定程度上克服了个人选书可能存在的主观性、随意性和偶然性因素，因而更加公允、准确与客观。①

5. 可操作性

编制家庭阅读书目是希望读者阅读所推荐的图书，因此这份书目应具备可操作性，所选择的图书应是易于获取的。尤其经典图书大都出版时间较长，部分品种出版社不一定有库存，在编制书目时应请信誉较好的馆配商与出版社沟通，确认图书是否"可供"，再根据反馈情况予以修正完善。②如《中国女性基础阅读书目·导赏手册》的编制原则中就写明"不推荐绝版书"。

6. 动态开放性

限于种种因素，一份书目难以做到完美。出版界每年都有大量新书、好书涌现，各个家庭的阅读需求也并非一成不变，因此家庭阅读推荐书目不应是封闭的，而应该是动态的、开放的，可以根据现实情况和读者需求进行更新、修正。如新阅读研究所研制的《中国小学生基础阅读书目》，有专职人员长期跟踪，"如果发现更好作品，或者更好的版本，及时更换"③。这种做法，确保了推荐图书可读性强、印制质量高，保证了书目的先进性。《南书房家庭经典阅读书目》也是另一种意义上的开放性书目。该书目计划连续10年每年发布30种，这种年度性的持续发布，使得编制者可听取读者和各界人士对书目的建议，对之后的书目进行完善；而已发布书目中没有的好书，也有继续推荐的空间和可能性。

---

① 王余光.推荐书目与传统经典的命运[N].中华读书报，2008-04-23
② 王余光.图书馆阅读推广研究[M].北京：朝华出版社，2015：370
③ 朱永新.序：把最美好的东西献给最美丽的童年[M]//朱永新，王林.中国小学生基础阅读书目·导赏手册.北京：中国人民大学出版社，2014：13

为确保家庭阅读书目的开放性，还应有听取读者意见、与读者进行互动的渠道或平台。如图书馆可在主页或微信公众号、微博上设置互动平台，及时更新、完善书目。

（三）图书版本的选择

图书选择的另一个重点，是对图书版本的选择。前文讲到，遴选图书应注意可操作性，不推荐绝版书。此处侧重分析在同一本书具备多个版本时如何选择。一般应着重注意以下几点：

1. 选择通行易得的版本

家庭阅读书目推荐的图书版本，应是便于读者购买或借阅的版本。有些书有多个版本，其中某些版本随着时间流逝，已逐渐不在市场流通，图书馆也已剔旧处理。此时就要考察市面上的各在售版本及其销售情况，尽量选择较通行、易获取的版本。

2. 选择质量高、较权威的版本

不少图书版本众多，甚至不乏滥竽充数的版本。尤其是中外古典名著，由于已经超过版权保护期（各国版权保护期限有所不同，我国《著作权法》规定著作的发表权、转让权等财产性权利的保护期限为作者去世后50年），各个出版社都可出版。书目编制者需了解哪些出版社的书籍质量较高，关注图书评奖中的优秀版本，以及书评媒体、网络读书社区、网上书城的相关推荐、评价，并通过实际翻阅各个版本及向相关领域专家学者请教，挑选出适合向普通家庭推荐的好版本。

其中，尤其要注意中国古籍的版本选择。对于一般家庭来说，直接阅读原文难度较大，可从推荐点校整理本、注译本开始，且应选择业界权威专家点校或注译的、编辑印刷质量较高的版本。如《2015南书房家庭经典阅读书目》针对《孟子》《世说新语》《传习录》三种古籍推荐了以下版本：

《孟子译注》，杨伯峻译注，中华书局2012年5月版。

《世说新语笺疏》，[南朝·宋]刘义庆著、[南朝·梁]刘孝标注、余嘉锡笺疏，中华书局2011年3月版。

《〈传习录〉注疏》，[明]王阳明撰、邓艾民注，上海古籍出版社2012年12

月版。

而对于引进版图书，译文的质量直接影响读者对正文的理解。若存在多个译本，应比较其优劣，推荐质量高的译本。如莎士比亚著作，朱生豪译本较早且风格卓具特色；《安徒生童话》，叶君健译本被评为当今最好的中译本之一；《一千零一夜》则以纳训直接译自阿拉伯原文的译本最为有名，等等。

3. 选择性价比高的版本

一本书可能有平装本、精装本，有的甚至还有所谓"豪华典藏版"。而为家庭推荐图书的目的，是希望读者真正去阅读，而非买回来放在书架上装点门面。因此，应从质量、价格等方面综合考虑，选择性价比较高的版本，避免推荐华而不实的版本。新阅读研究所的"中国人阅读书目"系列就考虑了图书的价格因素，"对于同一个作品的不同版本，综合考虑图书价格、装帧质量、插图水平等因素，选择性价比最合理的图书。"①

二、书目的编排与组织

由于家庭阅读书目目标对象是家庭，要尽量兼顾不同家庭成员的阅读需求，满足一般家庭图书收藏所需，所以包含图书的数量一般不会少于50本，多的甚至有上千本。因此，在精心选择图书后，还需进行编排与组织，使之有序，形成逻辑严整的体系，确定书目所收图书之间的联系，以便读者能迅速、准确地获取所需的信息。②科学合理地编排图书，还能进一步揭示图书内容，充分发挥书目的教育作用。③

（一）书目图书的分类

对收录图书进行分类，便于读者查找同类书籍，相互比对，系统阅读。但家庭阅读书目不适合直接套用中国图书馆分类法，而应根据书目实际情况，按图书的内容、体裁、国别/语言、读者对象等进行分类编排。如中国图书馆学会《亲

---

① 朱永新.序：把最美好的东西献给最美丽的童年[M]//朱永新,王林.中国小学生基础阅读书目·导赏手册.北京：中国人民大学出版社,2014：13
② 彭斐章,乔好勤,陈传夫.目录学[M].武汉：武汉大学出版社,2003：206—207
③ 王余光.关于推荐书目（代序）[M]//邓咏秋,李天英.中外推荐书目一百种.西安：陕西师范大学出版社,2001：9—12

子阅读推荐书目》，主要按体裁将 100 种亲子读物划分为图画书、故事书、桥梁书、小说、科普读物、综合读物（相当于"其他"类）等六类。

对于收录图书较多的书目，可于大类之下再分小类，使其类目清晰。如《读书人家》将选取的近 800 本书分成"经典书架""女性书系""文化生活书系""实用生活书系""工具书架"五大类，大类之下再分为数量不等的小类，共 21 小类，详见表 5-1。这些类别主要根据图书的内容、体裁、国别进行区分，并考虑了读者对象，如针对家庭中的女性成员，列有"女性书系"。

表 5-1 《读书人家》书目的分类

经典书架	女性书系	文化生活书系	实用生活书系	工具书架
传统儒家经典	女性文学	婚姻家庭	卫生保健	语言文字类
中国史部要籍	女子传记	家训家书	家政理财	其他类
诸子百家集成	服饰美容	子女教育	体育旅游	
中国文学名著		文化娱乐		
汉译学术名著		闲情读物		
中国世纪读本				
世界文豪书系				
中外宗教典籍				

家庭阅读书目还有一个不同于其他书目的重要特点，即各家庭成员有不同的阅读需求和阅读特征，于是还可针对不同的家庭成员对图书进行分类编排。如新阅读研究所研制的"中国人阅读书目"系列就针对不同的读者对象，包括幼儿、小学生、初中生、高中生、父母、女性等，分别编制了书目。这些既可看作各个独立的书目，又可看作一个整体的书目，适合普通中国家庭根据不同家庭成员的阅读需求来选择图书。

值得注意的是，不是所有家庭阅读书目都要先进行分类，有时可根据需要按一定的逻辑顺序直接编排。

（二）书目图书的排序

对图书进行分类后，还需对各类别下的图书进行排序，以便读者迅速把握书目结构，获取图书信息。较适用于家庭阅读书目的排序方式有以下几种：

1. 按时间顺序编排

从古至今，不同历史时期的作品不可避免地带有时代的烙印，显现出不同的时代风格。按时间顺序编排，既简单又有其天然的优势，便于读者对同时代作品进行解读。这其中又有成书时间、作者出生日期等标准。

较为典型的有胡适的《一个最低限度的国学书目》。该书目分为工具之部、思想史之部、文学史之部三部分，历史是贯穿其中的一个线索。胡适在前言中特别点明了按此顺序编排图书的目的和作用："这虽是一个书目，却也是一个法门。这个法门可以叫作'历史的国学研究法'……在这个没有门径的时候，我曾想出一个下手方法来，就是用历史的线索，做我们天然的系统，用这个天然继续演进的顺序，做我们治国学的历程，这个书目便是依着这个观念做的。这个书目的顺序是下手的法门。"

适用于家庭经典阅读的《一生的读书计划》没有分类，其1997年版共介绍和解读了133位作家的代表作，"不管种类和原作语言，所有作品统统都按照作者出生日期的前后顺序排列"[①]。作者认为，这种方式"可能有助于读者在作品中寻找异同，这些作品来自许多不同的地区，但大致在同一时间产生"[②]。

2. 按图书的重要性或推荐度编排

家庭阅读书目亦可按图书的重要性或者推荐度来编排，使读者明确知道阅读与学习的轻重缓急。如王余光主编的《中国读者理想藏书》将所收图书分为36类，每类中的图书依据其在80个书目中的被推荐次数列出排行榜（只列推荐2次以上的），分首批推荐、二次推荐、三次推荐三个等级向读者推荐。如第一类"中国小说（上篇）"开篇列出了"中国小说（上篇）排行榜"，前9本为首批推荐，后20本为二次推荐，还有23本三次推荐（未列入排行榜），详见表5-2。

表5-2 "中国小说（上篇）"排行榜

《红楼梦》(21次)	《二刻拍案惊奇》(3次)
《水浒传》(18次)	《搜神记》(3次)

---

① [美]克里夫顿·费迪曼，[美]约翰·S.梅杰.一生的读书计划[M].马骏娥，译.南京：译林出版社，2013

② [美]约翰·S.梅杰.前言[M]//[美]克里夫顿·费迪曼，[美]约翰·S.梅杰.一生的读书计划.马骏娥，译.南京：译林出版社，2013：3

续表

《儒林外史》(15次)	《博物志》(3次)
《三国演义》(15次)	《东周列国志》(2次)
《世说新语》(14次)	《敦煌变文》(2次)
《西游记》(13次)	《二十年目睹之怪现状》(2次)
《聊斋志异》(10次)	《封神演义》(2次)
《金瓶梅》(5次)	《官场现形记》(2次)
《镜花缘》(5次)	《孽海花》(2次)
《喻世明言》(4次)	《水浒后传》(2次)
《警世通言》(4次)	《说岳全传》(2次)
《醒世恒言》(4次)	《隋唐演义》(2次)
《老残游记》(4次)	《新序》(2次)
《说苑》(4次)	《阅微草堂笔记》(2次)
《初刻拍案惊奇》(3次)	

(选自《中国读者理想藏书》)

3. 其他编排法

家庭阅读书目还可按文献内容的难易程度由浅入深地编排，有助于读者循序渐进地进行阅读乃至研究，较大程度发挥书目的教育职能[1]；亦有按作者姓氏、作品名的字母或笔画排列的，便于读者检索查询；还有按图书内容的系统性、关联性排列的，等等。

有些家庭阅读书目不止采用一种顺序或逻辑关系进行编排，而为复合式结构。如法国著名的藏书书目《理想藏书》"将最不同的标准混杂在一起，施行一种整合，从各种文学种类到各种知识形式，中间还包括地理或是历史"[2]。全书拟定了49个专题，归为"全世界的文学""从小说到连环画""历史与知识"三大类，每一类中各专题的划分标准又有所区别："全世界的文学"基本按文学作品

---

[1] 彭斐章，乔好勤，陈传夫. 目录学[M]. 武汉：武汉大学出版社，2003：206—207
[2] [法]皮埃尔·蓬塞纳. 前言：为什么要有一种理想藏书[M]// 皮埃尔·蓬塞纳,贝尔纳·皮沃. 理想藏书. 余中先，余宁，译. 上海：上海人民出版社，2011：19

的国别、语种划分,"从小说到连环画"主要按作品体裁划分,"历史与知识"基本按作品内容划分。每一专题中的49本书则分为三个等级,最基本也最有代表意义的列入前10种,次要的列入前25种(含前10种),其余列入前49种(含前25种)。每个等级中作品的排列则不分优劣,仅以作者姓氏字母为序,详见表5-3。

表5-3 《理想藏书》书目的分类

Ⅰ 全世界的文学	Ⅱ 从小说到连环画	Ⅲ 历史与知识
德语文学	历险小说	历史
美国小说	历史小说	历史名人
美洲西班牙语文学	游记与探险记	古代与我们
英国(语)文学	神鬼魔怪作品	战争
亚洲文学	侦探小说	造反、革命和反革命
东地中海及马格里布文学	科学幻想小说	历史谜案与重大事件
西班牙文学	短篇小说	政治
中欧文学	杂文小品	哲学
法国小说	畸型作品	宗教
法国爱情小说	回忆录与自传	人文科学
法国诗歌	日记与笔记	礼仪、风俗和传说
意大利文学	书信	科学
卢西塔尼亚语(葡萄牙、巴西)文学	戏剧	美食
北欧文学	作家及作品	笑的作品
俄罗斯小说	如镜之书(文学批评)	
	各时代的艺术	
	音乐	
	摄影与电影	
	少儿读物	
	连环画	

(三)编制辅助索引

根据包含图书的数量和编排方式的特点,家庭阅读书目有时还需编制辅助索引。它是书目正文编排组织方式在逻辑上的继续,一方面是为了给读者提供多种检索途径,帮助读者迅速、准确地找到所需要的文献;二是书目正文无论采用任何一种编排组织方式都有其局限性，且读者检索文献的习惯和掌握文献的程度不一，只有靠编制辅助索引来弥补缺陷。[1]

辅助索引的种类多样，一部家庭阅读书目需要编制什么样的辅助索引，大多取决于书目正文编排组织方式和书目的专门用途。如法国《理想藏书》，由于收录书籍众多（共2401种）且编排的逻辑顺序略为复杂，编制者在书后附有双重索引——作品条目索引和作家姓名索引，有助于读者"在所有情况下，每次都能找到作家和作品被归到哪些相应的栏目中，它们在某处的缺席通常可以由它们在别处的在场得到解释"[2]。

三、书目信息的撰写

（一）序言和凡例

家庭阅读书目在开头会有一段文字或一篇文章，既有称之序言、前言、引言、推荐说明的，亦有谓之凡例、编例的，还有同时有序言与凡例的。但不论其篇幅长短，也不论使用哪个具体名称，主要作用都是帮助读者了解和利用书目。家庭阅读书目的序言或凡例，应以简明扼要的文字，提纲挈领地阐明书目编制的目的和意义、推荐的主体或发布者、读者对象及用途、书目收录文献的依据和范围、文献的编排组织方式及其他有必要交代的内容等。[3] 如深圳图书馆和中国图书馆学会阅读推广委员会联合推出的《南书房家庭经典阅读书目》，刊发于每年度《行走南书房》刊物第一期上（图5-6），列有推荐说明，基本

图5-6 《行走南书房》
（2016年第一期）

说清了书目选题的背景、书目的性质、推荐的主体、读者对象、选书原则等，适

---

[1] 彭斐章，乔好勤，陈传夫.目录学［M］.武汉：武汉大学出版社，2003：208—209
[2] ［法］皮埃尔·蓬塞纳.前言：为什么要有一种理想藏书［M］//皮埃尔·蓬塞纳，贝尔纳·皮沃.理想藏书.余中先，余宁，译.上海：上海人民出版社，2011：19
[3] 邱冠华，金德政.图书馆阅读推广基础工作［M］.北京：朝华出版社，2015：60

合编排方式较为简单的家庭阅读书目。

2016南书房家庭经典阅读书目推荐说明（节选）

深圳是一座书香弥漫的城市，阅读逐渐成为深圳人的一种生活方式。深圳图书馆是城市全民阅读的重要承载，2015年举办各类读者活动1326场，参与读者203.2万人次，同比分别增长38.3%、30.01%。在此之中，尤其关注经典阅读、家庭阅读。2014年初，深圳图书馆联合中国图书馆学会阅读推广委员会策划启动了"南书房家庭经典阅读书目"项目，旨在向广大读者推荐适合当今中国家庭阅读与收藏的经典著作。该书目定于每年世界读书日发布30种，预计10年可达到一般家庭经典书架的基本容量。在2014年、2015年的世界读书日，"2014南书房家庭经典阅读书目（30种）"和"2015南书房家庭经典阅读书目（30种）"已如期发布，在指导家庭经典阅读、培育城市人文素养、引领深圳乃至全国的阅读风气等方面产生了良好效果。

2016年书目推荐评选活动自2016年2月启动，由长期致力于文献学、阅读文化研究的教育部高等学校图书馆学专业教学指导委员会主任、北京大学信息管理系博士生导师王余光教授主持编制，并经专家评审会审议确定。参加评审的专家有：中国阅读学研究会会长、南京大学信息管理学院教授徐雁，中国图书馆学会阅读推广委员会原主任吴晞，广东图书馆学会理事长、广东省立中山图书馆馆长刘洪辉，深圳阅读联合会会长、深圳读书月组委会办公室主任尹昌龙，香港凤凰卫视时事评论员、中共深圳市委党校原副校长刘申宁，深圳影视家协会副会长、深圳国民纪录影视公司董事长邓康延，深圳文化学者胡野秋，深圳资深媒体人王绍培，中国图书馆学会阅读推广委员会副主任、深圳图书馆馆长张岩等。

古今经典图书灿若繁星，一份年度30种的书目自难穷尽。本书目依照推荐宗旨，所持选书原则如下：

一、推荐图书是中国大陆公开出版发行的正式出版物。

二、立足"家庭"亲子阅读需求，关注读物的可读性，部分入选典籍为选本或译注本。

三、经典图书需要时间淘洗和沉淀，入选图书侧重于历久弥新之作。

四、以文、史、哲经典图书为主，兼顾社会科学、科学普及读物。

五、为便阅读，推荐书目多为通行版本。

"耕读传家久，诗书继世长。"不管人类生产、生活方式如何变化，中国家庭藏书、读书的传统还应持续下去。愿这份书目能为家庭经典阅读提供参考。①

对于收录图书数量较多、编排较为复杂的家庭阅读书目而言，有时还需撰写凡例，对选目的依据、图书类目的划分、编排体例等进行说明。如《中国家庭理想藏书》和《读书人家》，都在序言后另列有凡例。

《读书人家》凡例

类目设置。本书的基本编撰目标是为普通家庭提供一种专业之外的藏书指南，全书共选取近800种书，分"经典书架""女性书系""文化生活书系""实用生活书系""工具书架"等五大类，大类之下再细分小类。在类目设置上，我们重点做了两方面的考虑，第一关注女性，第二弘扬经典，因此女性读物和经典著作在书目中所占比重较大。另外，一些家庭实用生活类书籍我们也少量地择优推荐。工具书一向被人称为案头顾问，是人们读书治学、工作生活的利器，我们专设了一类予以介绍。

选目依据。在选定书目时，我们遵循了综合性、全面性、可读性的原则，古今中外，兼收并蓄。对于经典部分，我们主要参照了《中国读者理想藏书》的《中外名著排行榜》，该排行榜对80种中外推荐书目进行计量统计得出的结果，值得信赖。只不过我们推荐的书更侧重于对大型丛书、名家全集的介绍。经典外的部分，我们从历年的中国图书奖、"五个一工程"等奖获奖图书中多有挑选，同时还撷取了近年来书评传媒上齐声叫好的部分图书，另有部分图书是编者走访多家书店、图书馆，并查阅大量出版业内报刊，在掌握出版实际行情的基础上进行比较后选出的。编者非饱学之士，敢下笔推荐，实乃有上述资料做坚强后盾。

编排体例。我们从这近800本书中精选出各类"推荐书目"5~15种不等，共172本，做推荐提要；剩下的600多本作为"浏览书目"放在各类提要之后，仅列出书名、责任者，供读者选择。各类书目的排列根据各自的具体特点酌情处

---

① 深圳图书馆.2016南书房家庭经典阅读书目（30种）[J].行走南书房，2016（1）：1—2

理,尽量使它们体现出知识内容上的系统性、关联性。

(二)版本信息

版本信息的著录是揭示文献外形特征不可缺少的手段,应做到著录项目完备、著录格式统一。[①]一般来说,除了书名这个主要标目,著作者(包括作者、译者、注者、编者、绘者等)和出版社是一份家庭阅读书目不可或缺的,出版日期、图书封面、著作者朝代/国别、ISBN编号、丛书项、定价等为可选项。版本信息揭示得越充分,越可以帮助读者精确地鉴别与检索图书,找到真正需要的文献。

·《儒林外史》

[清]吴敬梓(1701—1754)

推荐版本:人民文学出版社1958年11月版,张慧剑(1906—1970)校注,程十髪(1921—2007)插图[②]

·《傲慢与偏见》

[英]简·奥斯汀(1775—1817)著,王科一(1925—1968)译

上海译文出版社1980年版[③]

·《鸭子骑车记》("爱心树绘本"系列)

[美]大卫·夏农/图·文,彭懿/译,南海出版公司,3~6岁,29.80元

·《庆子绘本》(全4册,包括《秋秋找妈妈》《最强大的勇士》《猪先生去野餐》《狼大叔的红焖鸡》)

[美]凯萨兹/著,范晓星/译,贵州人民出版社,4~7岁,48.00元[④]

以上四条书目的版本信息中都有书名、著作者、出版社这三个必要项及著作者朝代/国别、出版时间等可选项,后两条书目还著录有丛书项,读者能通过这些信息准确找到推荐的图书。此外,实际发布的书目中还有图书的封面,能让读者对推荐版本有直观、感性的认识;前两条还有著作者生卒年,能让读者了解作者及作品所属时代;后两条更列有图书定价,让读者能根据自己的财力进行购买。

---

① 彭斐章,乔好勤,陈传夫.目录学[M].武汉:武汉大学出版社,2003:203—204
② 深圳图书馆.2016南书房家庭经典阅读书目(30种)[J].行走南书房,2016(1)
③ 吴永贵,徐丽芳.读书人家[M].武汉:武汉大学出版社,2007:117
④ 中国图书馆学会阅读推广委员会推荐书目专业委员会.亲子阅读推荐书目[G].2010

(三) 提要

家庭阅读书目要充分发挥其教育作用，有效指导阅读，除却对图书的精心挑选和科学编排，以及用基本著录的方式反映文献的外形特征外，还有待以提要形式进一步描述每一具体的书。提要的有无和提要质量的好坏，是衡量一部书目编撰水平的重要标志。提要内容一般包括作者情况、文献内容及文献评价诸方面。[①]

家庭阅读书目的提要，应力求客观准确，兼具主观解读，通过具有较强可读性的文字，展现图书要旨及主要亮点。当然，写提要也不能千篇一律，应根据不同的图书类别和内容，努力揭示其特色。提要的篇幅并不固定，详者犹如一篇短文甚至长文，略者犹如简明注释。以下例举几种不同类型的提要：

1. 简明扼要的叙述性提要

《齐民要术》，北魏贾思勰著。约5世纪的作品。中国现存第一部具体讲农业技术的书。

《营造法式》，宋李诫著。约11世纪的作品。中国现存第一部讲建筑学的书，书中对木工、石作以及彩绘各制，均有详细记录，并附有图解，颜色、尺寸均极明晰。[②]

这两则提要首先点明作者及其年代，而后指出被介绍的著作讲什么内容。其优点是简短易读且具备基本要点，缺点是略显枯燥，不够吸引人。

2. 介绍和评论相结合的提要

《资治通鉴》

[宋] 司马光（1019—1086）

推荐版本：中华书局2007年1月版

司马光，字君实，号迂夫，北宋政治家、文学家、史学家，世称涑水先生。《资治通鉴》是司马光耗费19年时间主持编写的中国第一部编年体通史，协修者有刘攽、刘恕、范祖禹等。全书共294卷，300多万字，记载了上自周威烈王二十三年（前403）、下迄后周显德六年（959），16朝1362年的历史。此书结构宏伟、文字晓畅，内容以政治、军事和民族关系为主，兼及社会、经济、文化、

---

① 王锦贵. 推荐书目的特点与编制 [J]. 山东图书馆季刊, 1989 (2): 31—34
② 北京图书馆. 中国古代重要著作选目 [G]. 1953

制度等。史学上,此书有《考异》《目录》各30卷,体例完善,是编年体史家之典范;政治上,此书有着从历史中为君主治国安邦提供经验之目的,是谓"鉴前世之兴衰,考当今之得失"。因而自成书以来一直为历代帝王将相所看重,是史书成为政治家的参考书的最突出代表。①

这则提要介绍了作者情况、图书主要内容及结构特点等,还从史学和政治两方面评析了该书的主要特点和历史贡献。这种"作者介绍—图书内容介绍—图书评析"的写法也是一般提要写作中较为常见的,好处也很明显——能使读者建立起对图书的总体印象和基本认知,同时更好地理解图书。有的书目还将提要分解成作者简介、作品概述、鉴赏导读等模块,更是让人一目了然。

3. 强调评述精彩之处或仅揭示图书部分内容的提要

《简·爱》

[英]夏洛蒂·勃朗特(1816—1855)

推荐版本:人民文学出版社2012年5月版,吴钧燮译

《简·爱》是英国女作家夏洛蒂·勃朗特"诗意的生平"的写照。小说文字优美,情节波澜起伏。弱小平凡的简·爱表现出的坚韧、向上的世界观和对平等爱情的追求是其一百多年来魅力不减的原因。让我们来重温她的那段告白:"你以为,就因为我贫穷、低微、不美、矮小,我就既没有灵魂也没有心吗?你想错了!我跟你一样有灵魂,也完全一样有一颗心!要是上帝曾赋予我一点美貌、大量财富的话,我也会让你难以离开我,就像我现在难以离开你一样。我现在不是凭习俗、常规,甚至也不是凭着血肉之躯跟你讲话,这是我的心灵在跟你的心灵说话,就仿佛我们都已经离开了人世,两人一同站在上帝的跟前,彼此平等——就像我们本来就是的那样!"②

这篇提要的重点在于点出《简·爱》这本小说最吸引人、最值得读的点,并引用书中的相关经典段落激发读者阅读的欲望。这也体现了推荐书目的首要目的——吸引读者去读。

一份家庭阅读书目的提要,不一定要将不同题材与内容性质的作品都套用一

---

① 深圳图书馆.2015南书房家庭经典阅读书目(30种)[J].行走南书房,2015(1)
② 深圳图书馆.2014南书房家庭经典阅读书目(30种)[J].行走南书房,2014(1)

个模板，这样不仅读者会觉得枯燥乏味，而且也难以突出不同图书的特色。法国《理想藏书》共收录49类书籍，各类书的提要写法不尽相同，尤为特别的是第九类"法国小说"，它首先介绍小说的主要内容及特色，而后引用小说的第一句话来吸引读者去读第二句话、第三句话，甚至纵览全书。如阿尔贝·加缪的《局外人》一书：

你进入到某个阿尔及利亚白人的头脑里。你杀了一个阿拉伯人。你被捕进了监狱。你被判了死刑。小说情节简单得如一帧工业绘图。人物以第一人称叙述，但直到最后，他的面目仍模糊不清。可说是第一部也是唯一一部存在主义小说。第一句："今年，妈妈死了。"[1]

而第十一类"法国诗歌"则直接引用诗歌中的精彩片段，不再做其他任何介绍或描述。这种写法能让读者更直观地感受到诗歌之美。如夏尔·波德莱尔（Charles Baudelaire）的《恶之花》一书：

"乖乖你要听话，噢，我的痛苦……你看那死去的一年年倚俯，／在天的阳台上，身着经年的袍服；／悔恨从水底下探出头微微含笑；／临终的太阳在穹拱下酣睡不醒，／如同拖在东方的裹尸的长布条，／听啊，我心爱的，渐深的柔夜多安宁。"[2]

针对不同家庭成员推荐图书，提要的写法亦可有所变化。尤其是向儿童读者及其家长推荐图书，可采取更活泼的写法。如《悦读宝贝》中有"0~3岁亲子阅读推荐书目"，其提要颇具童趣：

《踢踏，踢踏，小螃蟹搬新家》

［英］蒂姆·霍普古德／作，陈科慧／译，二十一世纪出版社

厌烦了小岩石池的小螃蟹要搬到海洋里去住，一路上，她踢踢踏踏爬呀爬，遇到各种各样的海洋动物，可是，很快她发现自己还是喜欢原来的家。只是这次她身后跟着10只小小螃蟹，跟他们的妈妈一样，踢踏，踢踏，踢踢踏！[3]

---

[1] ［法］皮埃尔·蓬塞纳,贝尔纳·皮沃.理想藏书［M］.余中先,余宁.译.上海：上海人民出版社，2011：120
[2] ［法］皮埃尔·蓬塞纳,贝尔纳·皮沃.理想藏书［M］.余中先,余宁.译.上海：上海人民出版社，2011：144
[3] 金德政.悦读宝贝［M］.北京：国家图书馆出版社，2014：203

（四）其他信息

在家庭阅读书目的编写过程中，为了增加书目的信息容量，充分发挥书目的导读功能，还可适当增加一些其他内容：图书馆编制的书目可标注每本书的馆藏位置、索书号，以便于读者查找、借阅；可根据所推荐的图书和不同家庭成员的需求，提出一些关于阅读方式与方法的建议；[①]可编选名家关于此书的评论，一方面这些评论往往十分精彩、一语中的，另一方面这种"名人效应"亦能吸引读者阅读；还可收录作者关于此书的自我评价，让读者更全面深入地理解图书；可摘选书中精彩片段，使读者对原书有最直接的认识；可添加相关链接，以便有阅读需求的读者查找相关图书，等等。而亲子型家庭阅读书目，还会有不同于一般书目的信息。如标出适读年龄，以进行分级阅读指导；有的还会给出家庭的共读建议，以达到最佳的阅读效果。

---

① 王余光.关于推荐书目（代序）[M]//邓咏秋，李天英.中外推荐书目一百种.西安：陕西师范大学出版社，2001：11—12

第六讲

图书馆家庭阅读推广活动

20世纪70年代末，市场营销理论被引入图书馆领域。1977年，加拿大皇后大学企业管理学系教授卡尔·劳伦斯（Carl Lawrence）曾发表文章 *Libraries: A Marketable Resource*，较早提出图书馆也是一个可营销的资源。他强调图书馆的管理应以读者为中心，图书馆馆员应使用营销的技巧。[1] 随后，市场营销理论逐渐被图书馆界所接受，越来越多地运用于图书馆及其信息服务中。图书馆家庭阅读推广活动，同样需要引入市场营销思维。一是要做好家庭阅读推广活动的策划和组织实施工作。家庭阅读推广活动是图书馆家庭阅读推广工作的主要内容和形式，图书馆要注重活动的质量和效果，其核心就是做好活动的策划和组织实施。策划是起点和基础，组织实施是关键步骤。二是要以项目管理的方法来规范图书馆家庭阅读推广活动的运作与管理，推动品牌建设。图书馆家庭阅读推广活动内容上多种多样，规模上有大有小，形式上应推陈出新，每次活动都应有明确的主题和目标，可以作为一个一个的"项目"，便于运用项目管理的科学方法，提升活动效果，树立活动品牌。[2]

第一节 图书馆家庭阅读推广活动的策划

由章金萍、方志坚主编的《营销策划》一书将策划定义为：人们为了达到

---

[1] Lawrence, Carl. Libraries: A Marketable Resource [J]. Canadian Libarary Journal, 1977 (5): 409—411
[2] 张明霞, 龚剑. 国内外图书馆营销研究述评 [J]. 图书馆学研究, 2010 (6): 7—10

某种预期的目标，应用科学思维方法和系统分析方法，对策划对象的环境因素进行分析，对资源进行重新组合和优化配置以及围绕这些活动所进行的调查、分析、创意设计并制订行动方案的行为。[①]事实上，用于活动的策划源于商业行业。从营销学的角度来讲，活动策划是提高市场占有率的有效行为。一份创意突出且具有良好可执行性和可操作性的活动策划案，无论对于企业的知名度，还是对于品牌的美誉度，都将起到积极的作用。对于图书馆来说，家庭阅读推广活动的策划是指策划人员在组织开展某项阅读推广活动之初，创意活动主题、设定活动目标和制订活动方案的过程。这是开展家庭阅读推广活动必不可少的起点和基础，同时，对整个推广活动以及其中的每个环节都具有指导作用。"凡事预则立，不预则废"，策划的成败很大程度上影响和决定着图书馆家庭阅读推广活动的成败。

一、组织策划团队

有研究者认为，策划是集创造性和科学性于一体的艺术。作为现代策划，需要的是多个学科的综合知识和团体的智慧，需要个人特别是团队的创意。[②]图书馆阅读推广发展至今，活动内容日趋丰富多元，形式更加复杂多样，图书馆必须要组织搭建一个可靠的、执行力强的策划团队，才能从整体上确保一项家庭阅读推广活动的策划与组织实施均能高效、有序完成，且能够达到预定目标。因此，组织策划团队已经成为开展家庭阅读推广活动必不可少的环节之一。

在实际工作中，图书馆家庭阅读推广策划团队通常具备以下职责：其一，负责整个家庭阅读推广活动项目的统筹和管理，包括组织调研、分析读者需求，以及组织、完成整体策划创意等。其二，组织、指导、完成所有视觉识别系统的策划设计。其三，组织、制订、完善各个家庭阅读推广活动的具体实施方案。其四，负责品牌的塑造和推广，制定、实施品牌战略。其五，设计、审定媒体宣传方案，组织、策划媒体活动，做好活动宣传和品牌宣传。其六，做好业务分工，落实主体责任，包括联络、协调、监督、安全及其他日常工作。

---

① 章金萍，方志坚.营销策划［M］.北京：高等教育出版社，2016：4
② 蔡晓川.图书馆读者活动的策划——以南京图书馆为例［J］.公共图书馆，2007（4）：45—47

随着图书馆阅读推广活动的规模化、经常化、多样化、品牌化，对活动的开展有了更高更新的要求。近几年，各类各级图书馆，尤其是城市公共图书馆特别重视全民阅读推广，及时转变思维，紧跟时代潮流，设置了阅读推广部门，比如读者活动部、业务辅导部、社会工作部等。但鉴于环境和资源等硬性条件的限制，全民阅读推广工作，包括家庭阅读推广工作仍然有提升的余地，比如阅读推广制度不够健全、阅读推广机构有待加强、"阅读推广人"培训没有发挥作用、阅读推广品牌意识薄弱，以及对家庭阅读推广关注不够等，导致临时拼凑活动策划团队的现象仍然存在。图书馆应该重视这一情形，充分利用自己的资源和服务优势，注重引入社会力量，在成立常设阅读推广部门的基础上，加强家庭阅读推广活动的策划团队建设。如果说一个常设的阅读推广部门可以为全馆阅读推广活动的高效、顺利开展提供组织保障，那么，一个可靠的家庭阅读推广活动策划团队，则可以为家庭阅读推广活动的策划、组织实施等各个流程提供系统保障。

对于公共图书馆来说，通常情况下，家庭阅读推广活动作为全馆阅读推广活动的一部分，由本馆阅读推广部门负责组织搭建策划团队。但对于除少年儿童图书馆之外的大众图书馆来说，少儿阅读活动的策划团队往往由少儿服务团队负责组织搭建。当然，对一些牵涉面较广、影响力较大的家庭阅读活动，因其策划、运作要求较高，可以与多个其他部门开展合作与寻求支持，也可以通过开展社会合作，引入社会力量。例如，南京图书馆在新馆开放时正式成立社会工作部，专门组织开展讲座、展览等读者活动，在2016年暑期大型系列活动策划与开展过程中，家庭阅读推广活动部分通常由社会工作部、少儿馆各自组织策划团队，独立策划，比如"书香童年"俱乐部四大系列活动。当然，根据实际需要，一部分活动在组织策划团队时适当引入了其他部门人员，甚至开展了社会合作，借以提高活动的层级和影响。比如"南京市少先队队长畅游南京图书馆"专场活动，由馆团委、团市委、市少工委联合策划，当然策划团体的主体人员仍然来自图书馆。同时，由馆领导出面从办公室、读者服务部、历史文献部、信息部、物管部、后勤部等多个部门抽调精干力量，共同组织策划团队，明确分工，为活动的顺利实施奠定了良好的组织基础。

二、调研读者需求

调研读者需求指围绕家庭阅读对家庭读者的阅读需求进行调查和研究。调研不仅是一种工作方法，而且是关系图书馆家庭阅读推广工作得失成败的关键步骤。我们知道，家庭阅读至少应该包括父母自己阅读、亲子共读、孩子自己读书三个方面，每个方面都涉及不同的子领域，这都可以成为图书馆调研家庭阅读读者需求的课题。通常情况下，调研可以是广开言路、开门纳谏型，也可以专门针对某一个项目而展开；可以前往其他有经验的图书馆实地调研，相互学习交流，也可以面向读者调研，比如举行相关主题读者座谈会、开展调查问卷等，但必须围绕家庭阅读而展开。同时，调查和研究之间既有明显区别，又有紧密联系，调查是研究的前提和基础，研究是调查的发展和深化。图书馆通过开展前期调研，可以获取有关阅读推广活动、家庭阅读推广活动的读者意见和相关数据，及时进行汇总、分析与研究，形成调研报告，为创新家庭阅读推广活动的主题提供参考，为制定最佳的家庭阅读推广活动策划与实施方案打下基础。

例如，2015年5月，深圳图书馆举办"阅读推广洽谈日"活动（图6-1）。活动得到了市民读者的积极响应，从上午10点至下午4点，到场洽谈、交流的读者络绎不绝。现场就本馆阅读推广活动开展情况进行了问卷调查，调查内容涵盖年龄、学历、活动频次、活动品牌类别、倾向主题类型、活动满意度等方面。比如，在获取读者活动信息的方式上，约70%的被调查者表示通过图书馆网站、微信、微博等数字化渠道获取活动信息，约30%的读者表示通过海报、册页等实体宣传品获取活动信息。调查显示，读书沙龙、"阅读·深圳"经典诗文朗诵会、周末实验音乐会、经典诵读、律师咨询、"南书房"夜话等最受读者喜爱，参与度最高。在读者参与活动倾向性调查中，经典阅读类主题活动最受读者喜爱，一半读者表示喜欢参与或想参与，远高于其他主题类别；户外运动、金融理财、传统文化类也深受读者喜爱，三成以上读者表示愿意参与。在阅读空间建设方面，"南书房"阅览服务区最受读者青睐，其次是讲读厅和报告厅，捐赠换书中心也是读者喜欢的馆舍场所。此外，读者还提出了许多有价值的意见和建议，比如，加大活动微信推送力度、增加传统文化活动、打造精品活动等。

图 6-1 深圳图书馆首届"阅读推广洽谈日"活动现场

又如,2013 年 10 月,重庆市渝北区图书馆在渝北区建成首批 20 家家庭图书馆。[①] 而在此之前,渝北区图书馆对持有该馆读者证的 200 个家庭进行了详尽的前期摸底调研,从而获得了第一手可靠资料信息。调查发现,85% 的家庭有独立的书房,63% 的家庭收藏了不少于 200 册的图书、文献资料和书刊,76% 的家庭有意愿与图书馆合作,90% 的家庭愿意参加图书交流活动,46% 的家庭愿意开放自家书橱,参与图书资源的共享,愿意为共建和谐社会做贡献。在对以上调查结果进行综合分析的基础上,结合各个家庭的实际情况,渝北区图书馆从中挑选了 20 个家庭,在全区范围内筹备组建了首批 20 个家庭图书馆,并开馆试运行。

再如,2016 年 4 月,哈尔滨市图书馆以"点燃灵魂工具,提高民族精神,促进全民阅读,书香溢满冰城"为活动宗旨,在哈尔滨市 49 家社区分馆及 4 家中心图书分馆开展了以"书香冰城·亲子阅读——'孩子与父母共读一本书'"为主题的亲子阅读活动。整个活动持续 1 个月,各阶段工作均顺利完成,并借助活动面向市区小学生开展家庭亲子阅读调研。其间共发放"家庭亲子阅读调查问卷"6000 份,回收有效问卷 5023 份,回收率 83.7%。通过分析发现,具有阅读习惯的家庭为 85.6%;每周能够陪同孩子一起阅读 7 小时以上的家庭为 66.3%;

[①] 陈群.家庭图书馆发展初探——以重庆市渝北区家庭图书馆建设为例[C]//全国中小型公共图书馆联合会 2014 年研讨会论文集

大多数儿童图书主要由父母挑选或学校推荐购买；70%以上孩子没有到过图书馆，只是到过书店；孩子的阅读兴趣主要集中在儿童文学类和少儿科普类。

此外，在2016年10月召开的中国图书馆学会图书馆与家庭阅读专业委员会第一次工作会议暨图书馆家庭阅读推广研讨会上（图6-2），为了解社会公众对家庭阅读的需求，开放论坛的嘉宾，除了专家学者、图书馆馆长与阅读推广部门负责人之外，还专门邀请了三位社会人士：一位书香家庭代表，一位阅读推广志愿者，还有一位儿童文学博士。这种以图书馆与家庭阅读专业委员会为平台开展跨界对话与专业研讨的方式，在一定程度上可以帮助图书馆更加深入了解社会需求，更有针对性地指导家庭阅读实践，促进家庭阅读、全民阅读。

图6-2　中国图书馆学会图书馆与家庭阅读专业委员会第一次工作会议暨图书馆家庭阅读推广研讨会合影

三、创意活动主题

一个成功的活动项目策划，应该具备的要素主要包括：项目主题与名称、经费、目标人群定位、项目人员任务分配（场地、协调、宣传等各方面）、预计耗时、前期宣传、所需图书馆资源、所需设备、预期参加人数及场地安排等，这些要素组成了图书馆项目策划相对稳定的模式。[1]可见，项目主题作为要素之一，对于

---

[1] 冯佳.美国公共图书馆活动项目案例分析［J］.国家图书馆学刊，2011（1）：69—71

整个活动的重要性不言而喻，就像"文眼"之于一篇文章，最能显示出作者的写作意图，是窥视文章主题思想的窗口。

对于图书馆主办开展的家庭阅读推广活动来说，通常由阅读推广部门或少儿服务部门牵头，成立策划团队来确定活动的主题创意。家庭阅读推广活动可以单独设置一个主题，也可以作为全馆阅读推广活动年度或阶段性主题的子主题。

例如，宁波市图书馆自 2016 年 6 月开始在"天一约读"系列阅读活动中，特意为家庭和少儿推出"大山雀自然学堂"主题沙龙。"大山雀"既是主讲嘉宾张海华（时任宁波都市报系文体新闻部主任、宁波市野生动物保护协会副会长）的网名，也是宁波地区常见的鸟类名称。这一名称角度独特，立意新颖，既能让市民产生亲切感，又能抓住小朋友好奇的心理。活动每月开展一期，每期主题都富有一定的创意性。比如第四期主题为"鸟类世界的爱恨情仇"，将鸟拟人化，把"鸟类世界"的互帮互助、相亲相爱、追逐厮打、残酷杀戮等场景，淋漓尽致地展现给读者。

又如，西安图书馆成立小荷读书会，专门面向 0~12 岁少儿和 12~18 岁青少年定期举办各种阅读推广活动。读书会名称来自宋朝诗人杨万里的七言绝句——"小荷才露尖尖角，早有蜻蜓立上头"。小荷即含苞待放的荷花，用以形容少儿和青少年读者再合适不过。读书会各个阅读推广活动的主题同样新颖别致，富于内涵，比如，"萌眼观影"活动、"小手搭世界——智慧积木拼拼拼"智慧积木拼搭活动等。

对于区域性、级别较高的大型或超大型阅读推广活动来说，图书馆通常作为承办单位，需要根据活动的总主题来指导本馆阅读推广活动的开展，以及确定本馆阅读推广活动的分主题。

例如，2009 年 4 月，中共中央宣传部、国家新闻出版总署联合发文宣布，由中国图书馆学会联合国家图书馆，以及全国各地公共图书馆、少年儿童图书馆和中小学图书馆，共同组织开展的"全国少年儿童阅读年"系列活动，在天津市少年儿童图书馆正式启动，活动以"让我们在阅读中一起成长"为总主题。2016 年 4 月，"全国少年儿童阅读年"系列活动启动仪式同样选在天津市少年儿童图书馆举行，至此，儿童阅读年系列活动已经连续举办 8 年。此次阅读年活动以"红色记忆——优良传统代代相传"为总主题,以连环画为载体,通过诵读、书法、绘画、讲故事等多种形式,隆重纪念中国共产党建党95周年和红军长征胜利80周年。全国各地公共图书馆、少年儿童图书馆和中小学图书馆按照统一部署,以总分结合、馆际互动的原则开展分主题活动。比如,4—8月,河南省少年儿童图书馆与长春市少年儿童图书馆联合举办"爱国情、中国梦"全国少年儿童诵读大赛。4—9月,福建省少年儿童图书馆开展"我是你的眼"——全国少年儿童图书馆、公共图书馆为特殊儿童阅读服务行动。4—10月,合肥市少年儿童图书馆举办全国少年儿童红色记忆主题摄影大赛;杭州少年儿童图书馆举办"童声里的红色记忆"全国少年儿童故事大赛声音档案专场活动;沈阳市少年儿童图书馆举办"讲述红色故事、演绎红色经典"全国少年儿童党史连环画故事大赛。5—10月,温州市少年儿童图书馆举办"我爱我家,红色传承"全国微视频大赛专场活动。6—10月,首都图书馆举办全国少年儿童藏书票设计大赛。

又如,2016年4月,浙江省95家各级公共图书馆联合开启的"图书馆之夜"活动,以"图书馆就在我身边"为总主题。作为响应,温州少年儿童图书馆开展了"大圣归来"分主题活动,让孩子在趣味中发现阅读的快乐。温州市瓯海区图书馆打造了"星光大道"和"书虫舞会",各种书中人物走上舞台表演亮相,到馆读者与书中"名人"互动,欢乐共舞。杭州图书馆则把帐篷设在图书馆,让小书虫们和家长一起在书香中度过了难忘而温馨的一晚。

四、制订活动方案

有了好的活动主题创意之后,接下来就要着手制订活动方案。活动方案指围绕活动主题为某一项家庭阅读推广活动所制订的书面计划,涵盖活动开展过程中的所有要素和节点,包括活动标题、活动时间、活动目标、参加与组织人员、活动内容,以及具体的活动实施步骤等。一份详尽的活动方案是家庭阅读推广活动顺利开展的基本保证。为此,需要对活动方案中每个关键步骤进行详细分析和研究,反复打磨,甚至需要对某些关键环节进行预演,才能形成最佳的活动方案,保障活动顺利开展。

首先,活动标题要体现活动主题,用词确切,表意清楚,能抓住读者的眼球,走入读者的心里，引起读者共鸣，吸引读者参与到活动中来。因此，活动标题应该切合实际要求，既要考虑大众需求，又要注重分众需求。

其次，活动时间要有针对性。家庭阅读推广活动主要面向少年儿童或父母开展，最好选在周末或晚上进行，以保证家庭读者有时间参与。要通过多种渠道提前公布活动时间，且不要轻易变更活动信息。

再次，开展家庭阅读推广活动，需要事先设立一个明确的活动目标。活动目标可以为活动的开展提供方向，为活动的完成设置预期，有助于在活动结束以后开展总结与效果评估工作。相对于活动主题而言，活动目标更加具体，更加接地气，便于读者理解和接受。比如，2016年暑期，唐山市丰南图书馆面向青少年学生推出了"丰图读书会"和"丰图少儿读书会"活动，同时邀请当地名师向家长宣讲阅读方法和家教理念；活动目的是通过分享和交流阅读经验，指导家长进行亲子阅读与家庭教育。又如，2016年5月，柳州市图书馆参与承办了由柳州市妇联主办的2016年寻找广西柳州市"最美家庭"暨"书香家庭、阅读悦美"首场读书分享活动；活动目的是发出阅读倡议，让阅读走入每个家庭，通过阅读传承民族文化，弘扬柳州精神，传播家庭美德。再如，2016年5月，无锡市图书馆推出了"书香古韵——雕版印刷现场体验"活动，华东师范大学图书馆古籍部的韩进老师演示了古籍传统雕版印刷技术，并耐心地指导市民实践操作，活动目的是让广大市民对古代印刷术有直观的了解，感受千年雕版印刷工艺的文化魅力。

此外，要不断优化活动实施方案。图书馆在制订出一份初步的活动方案后，务必充分吸收主办方、合作方的意见和建议，逐步完善，确保各环节、步骤顺畅，可操作性强，必要时需要进行推演，以验证活动方案的可行性和可靠性。

第二节　图书馆家庭阅读推广活动的组织实施

家庭阅读推广活动的组织实施至关重要。对于一项阅读推广活动，特别是大型活动，活动的发起、组织与实施，通常涉及众多单位，如主办单位、承办单位、联办单位、协办单位等。其中，主办单位一般是地方宣传、文化、教育等政府机构，以及工会、共青团委、妇联等群众性团体组织；联办单位、协办单位多是其他图书馆、学校、社区、媒体和赞助商等；图书馆则一般作为主要的承办单位，承担着活动的策划、组织实施以及和其他组织者之间的协调联系等，这些工作具体而细致。在这个过程中，可能需要整合图书馆各部门的力量和资源，也可以引入社会力量，以解决在开展阅读推广活动时所遇到的问题，并获得需要的人力、物力、财力、智力的支持。在活动完成后，还要会同活动的相关部门或单位，及时对活动进行总结与评估。

此外，开展家庭阅读推广活动，对于图书馆是一项长期业务，需要有一套常规的运作和管理机制。这是推进图书馆阅读推广制度化建设的重要一环。还应从馆领导的层面重视阅读推广工作，例如设置以馆长为组长的领导小组，以阅读推广常设部门为具体实施小组，科学安排，细化分工，责任到人。这是一个家庭阅读推广活动项目能否取得成功的重要因素。

一、活动宣传

在完成家庭阅读推广活动策划的前提下，在活动组织实施之前，就需要启动活动宣传。有效的活动宣传可以给读者留下美好的"第一感"。从心理学的角度看，"第一感"是由第一印象（也称首因效应，或先入为主效应）所引起的一种心理倾向，作用最强，持续的时间也长，比以后得到的信息对于事物整个印象产生的作用更强。所谓"酒香也怕巷子深"，图书馆应该进一步走出去，主动联络媒体，集思广益，借助多种宣传渠道，只有这样才能做好宣传工作。因此，有效的活动宣传对于阅读推广活动来说非常重要，不可或缺，它不但有助于提高活动的知名度和影响力，还有助于读者详细了解阅读推广活动信息，带动更多家庭和读者参与到阅读推广活动中来。

图书馆家庭阅读推广活动宣传，一般分为两个阶段：前期宣传和后期宣传。无论处于哪一个阶段，宣传都应该围绕家庭阅读推广活动的主题展开，充分利用活动的亮点吸引媒体和读者的眼球，以提升宣传的效果，达到宣传的目的。其一，前期宣传是指将活动的相关信息，包括主题创意、活动方案等，迅速、精准、广泛地传递给读者。对于家庭阅读推广活动来说，活动目标群体明确，但通常任何一个活动都不可能满足所有家庭的个性化需求,因此,图书馆必须细分读者群体,比如确定好是面向孩子,还是面向家长等,进而拟订宣传计划,制订相应的宣传方案,有针对性地开展宣传工作。其二,活动现场的结束并不等于宣传工作的结束,图书馆应与读者建立起密切的联系,让读者对活动产生期待,培养读者对活动的忠诚度,形成该品牌的目标市场。同时,发布活动总结或调研报告,这不仅体现了对读者的重视,也有助于下一期活动的提升和优化,实质上延长了活动的生命周期。

每个阶段所采取的宣传方式不尽相同,但并无太大区别。就前期宣传而言,不仅要采取传统的宣传方式,比如宣传海报、横幅、宣传册、展板、宣传栏等,还要充分利用报纸、电视台、广播电台等媒体。例如,首届西南地区四城市"风·雅·颂——国学经典诵读"邀请赛,由文化部全国公共文化发展中心和中央人民广播电台《中国之声》共同主办,由成都市文化局发起,并联合昆明、贵阳、重庆三城市共同举办,整个赛事得到了中央人民广播电台、人民日报、光明日报以及当地报社、电视台、广播电台的报道,宣传效果很好,活动影响很大。

对于一般的阅读推广活动而言,宣传海报等传统的阵地宣传方式经济实惠,操作简单,但较为被动;电视台虽受众广泛,宣传效果好,宣传力度大,但宣传费用又太昂贵;相对来说,"互联网+新媒体"就更加适应时代要求,既取之长,又避其短。因此,在"互联网+"时代,图书馆更要引入互联网思维,注重借助互联网平台和技术开展"互联网+新媒体"宣传。例如,"南国书香节"以青少年为重点,以培养阅读风尚、营造书香氛围为主线,由广东省委宣传部、广东省新闻出版广电局牵头主办,全省图书馆广泛参与。书香节组委会充分利用"互联网+新媒体"发动宣传攻势,如在南方网、大洋网、网易、腾讯网、新浪网、广东文化网开设了全方位、多角度报道书香节盛况的专题,推出网络视频,还在腾讯网、新浪网开通微博与读者互动等。

就后期宣传而言,通常侧重主动性的宣传媒体,比如通过媒体、互联网发布活动圆满结束的新闻稿。还可以借助"互联网+新媒体"与读者开展后续互动,或发布调查问卷的研究报告。这既是对活动的总结,也是对活动的进一步宣传。除此之外,在"互联网+"时代,尽管大众对文化活动的舆论关注度比对公共事务的关注度要小，但突发负面报道一旦经过互联网媒体转发后，就可能在极短时间内迅速发酵，引发全社会关注，甚至传遍全球。为此，图书馆要树立基于互联网思维的危机处理意识，制订应急预案，以便妥善处理阅读推广活动宣传工作中的危机事件。

二、现场组织与实施

在经济学中，资源配置是指根据社会需求，组织物资资料、设备、资本、劳动力等生产要素，对相对稀缺的资源在各种不同用途上加以比较做出的选择，以对有限的、相对稀缺的资源进行合理配置，用最少的资源消耗，生产出最适用的商品，获得最佳效益。同理，在活动的现场组织实施过程中，必须做好资源配置工作，就是围绕某一个家庭阅读推广活动项目，对有限的人力、物力等，基于不同的岗位和用途进行合理分配和分工。

在活动实施之前，人员安排、场地布置、设备调试、文字材料准备、综合事务及其他会务服务必须全部到位。具体为：其一，工作人员要着装整洁、待人有礼。基于安全考虑，所有工作人员都要熟悉场地的消防安全通道。其二，场地布置总体上要温馨舒适，给读者一种宾至如归的感觉，同时要营造活动的氛围，突出活动的主题。细节上，每一个环节都不允许有遗漏，比如会场大厅导示牌、会场座位排序、桌椅摆放、条幅悬挂、舞台、讲台、花盆布置等。其三，设备调试要万无一失，比如电脑及投影仪、话筒、音响设备、摄影摄像设备、灯光、空调等。其四，文字材料要齐全，比如活动方案及议程、嘉宾发言稿、电子版演示文稿、活动宣传资料、资料袋以及纸笔等。其五，综合事务安排要细心周到，比如与会领导房间安排、接待参观用车准备、用餐安排、报到接待及签到、进退场引导、现场摄影摄像，以及放置面巾纸、饮用水、传递话筒等其他会务服务。此外，要做好活动预备方案，即对潜在的或可能发生的突发状况，事先制订应急处理预案。

按计划准时开展活动，并确保活动有序进行。在活动现场实施过程中，工作人员仍有大量细致的工作要做，应按活动方案中拟定的任务分工继续完成。活动总负责人应全程实时跟进活动进度，并常规性地将活动现场的情况与前期策划时的活动方案进行对比，如果发现偏离主线，进度过快或过慢，要及时进行调整；

对于活动现场出现的突发状况，要统筹协调、快速处理，如果活动仍要进行，就要努力使活动的后续过程尽量回归原定方案，保障活动高质量完成。

活动现场应有专人负责收集读者的反馈信息，主要包括互动环节读者提出的问题和建议。活动结束后，可以主动索要读者联系方式，以便联络和继续沟通。同时，可以在活动场地配备意见簿等，用于收集读者对活动的意见或建议。

三、活动总结与效果评估

从策划学的角度看，可将活动的总结评估定义为：在一定原则的指导下，运用科学的方式方法，对策划实施内容、运作程序、操作手段、功能结构及其最终效果等做出公正的判断和结论。[1]对于图书馆家庭阅读推广活动来说，总结与评估是整个活动最后一个环节，全面细致地做好这一环节的工作，也是对整个活动的总结与评估，可以使活动有一个良好而又完整的收尾。

首先，在阅读推广活动结束后，活动总负责人应牵头对整个活动开展全方位、多角度的分析总结。这是对阅读推广活动效果的有效检验，可以为后续活动的开展提供重要的、可靠的参考意见，有利于在后续活动策划、组织实施过程中改进水平，提升技巧，避免图书馆在家庭阅读推广活动中自说自话、闭门造车，同时也是对阅读推广活动过程中经验教训的总结。图书馆应主动搜集关于活动的效果、读者满意度等方面的意见，深入总结，找到症结，及时提出改进措施和解决方案，哪怕只是"微改进"，也可能带动活动质量的提升；同时，对于活动过程中的成功经验，要继续发扬，从而使活动团队越来越富有经验和技巧，把家庭阅读推广活动开展得越来越丰富多彩，进入一种良性循环状态。[2]

其次，图书馆应该尽快建立和完善阅读推广活动评价机制。早在21世纪初，就已经有一部分高校图书馆开始引入相关评估标准对本馆读者服务质量进行评估，比如海南大学图书馆于2005年7月将ISO9000质量管理体系引入图书馆质量管理评估，作为一个独立单位，获得了ISO9000质量管理和质量标准认证，并于一年后，通过了认证机构的年度审核。2008年，武汉大学图书馆将

---

[1] 杨小平.策划的总结评估[J].牡丹江教育学院学报，2016（6）：111—112
[2] 李春，詹长智，安邦建.ISO 9000质量管理体系在海南大学图书馆有效运行[J].大学图书馆学报，2007（1）：15—18

"LibQUAL+"评估体系引入日常读者服务管理中,以便了解读者的满意度和满足率。[①]从全国公共图书馆系统来看,也应出台相关规章制度,明确要求阅读推广相关部门在活动结束后牵头对全馆重点活动进行认真总结与评估。但无论是在制度层面,还是在现行的质量认证管理体系中,都还未形成专业的、系统的、面向广大读者的阅读推广活动评价机制。

鉴于这种实际情况,图书馆至少应先从以下两个方面着手开展效果评估工作:一是定性评估,即搜集活动策划团队的自我感受与评价、读者对活动各环节的反馈意见,以及媒体报道与社会影响等,据此做出定性评价。二是定量评估,即首先设计一套较为客观的、科学的阅读推广活动评价指标体系,评价指标至少要达到两级。以二级评价指标体系为例,具体包括:一级评价指标的内容及权重,二级评价指标的内容、权重、量化分值以及评价标准要点描述等。例如,一级评价指标可以包括活动过程、活动结果、设施设备等,其中活动过程对应的二级评价指标可以包括规范性、沟通性、及时性等;活动结果对应的二级评价指标可以包括创意性、经济性、满意度等;设施设备对应的二级评价指标可以包括实用性、案例性、舒适性等。然后,基于这个评价指标体系设计调查问题,开展问卷调查,综合分析读者所打出的评价分值,即一定程度上实现对某一项阅读推广活动的定量评估。整体来看,两种评估方式互有优劣,比如定量评价侧重于对某一项活动本身的各个环节和要素进行评估,但并不能反映该项活动的社会价值和社会效益。因此,在对阅读推广活动进行效果评估时,应该注重定性评估与定量评估搭配使用,相互补充。

第三节 图书馆家庭阅读推广活动的品牌塑造

有观点认为,"品牌"一词最早来源于古挪威文字 brandr,意为"烙印"。在当时,西方游牧部落会在马背上打上不同的烙印,用以区分自己的财产。这是原始

[①] 谢春枝.LibQUAL+图书馆服务质量调查的实证分析——以武汉大学图书馆为例[J].大学图书馆学报,2009(5):24—28

的商品命名方式，也是现代品牌概念的来源，它非常形象地道出了品牌的真谛，即如何在受众心中留下烙印。"现代营销学之父"菲利普·柯特勒（Philip Kotler）认为，品牌就是一个名字、名词、符号或设计，或是上述的总和，用以识别某个销售者的产品或服务，并使之与竞争对手的产品和服务相区别。同理，可以这样认为，图书馆家庭阅读推广活动品牌就是图书馆通过开展特色化、个性化的家庭阅读推广活动，在图书馆业界和全民阅读领域形成一种独特性，打造一个全新的图书馆家庭阅读推广形象，彰显自己的特点，构筑未来的竞争优势，最终提升为图书馆的核心竞争力。通常情况下，家庭阅读推广活动品牌属于阅读推广活动品牌体系中的子品牌，后者又属于图书馆服务品牌体系中的子品牌。

对于图书馆家庭阅读推广活动而言，其品牌塑造同样需要经过品牌定位、品牌设计、品牌营销以及品牌延伸等若干环节。

一、品牌定位

被誉为"定位之父"的两位全球顶尖营销战略家艾·里斯（Al Ries）和杰克·特劳特（Jack Trout）这样给"定位"下定义："定位始于产品。然而，产品本身并不是定位的对象，潜在顾客的心智才是定位的对象。也就是说，定位就是确立产品在潜在顾客心智中的位置。"[①] 图书馆家庭阅读推广活动品牌定位就是在读者的头脑中为某一活动品牌寻找一个独特的位置，也是给自己的品牌确立一定的行业地位。它是一个互动过程，既是品牌信息传播的过程，也是读者对品牌认知的过程。一是要获得在图书馆业界内的竞争优势，即在读者心目中造成难以忘怀的、不易混淆的优势效果。二是要与其他品牌建立品牌区隔，突出差异性和特色。而这种在品牌定位过程中体现出来的品牌特色和差异化优势，正是品牌的核心价值所在。如此一来，读者在产生了相关需求时，就可能会自然而然地首先想到这家图书馆、这个活动（品牌），达到先入为主的效果。

例如，苏州工业园区独墅湖图书馆整合区域教育资源，集结社会公益组织及业界专家力量，结合图书馆服务资源优势，策划了2016年苏州工业园区"绘本

[①] ［美］艾·里斯，［美］杰克·特劳特. 定位：争夺用户心智的战争［M］. 顾均辉，译. 北京：机械工业出版社，2015

阅读年"大型阅读推广项目,首创"绘本阅读年"品牌。品牌定位精准,践行"分众阅读"服务模式。该品牌项目以"选·读·演·画"为主线,通过开展"选绘本""双语绘本阅读活动""儿童绘本剧大赛""儿童绘本创作大赛"等一系列活动,展现绘本的内容,分享绘本阅读的乐趣,让孩子亲近阅读、爱上阅读,有效提高少年儿童的阅读能力,让绘本阅读成为家庭阅读及书香校园的纽带。

又如,厦门图书馆在开展系列绘本阅读主题活动时,注重对活动品牌进行分类和定位。比如,面向3~6岁儿童创立"何娟姐姐故事角""绘本玩意堂"活动品牌,面向6岁以上儿童创立"快乐绘本秀"活动品牌。其中,"何娟姐姐故事角"每个周末的固定时间在少儿阅览区分享一个小故事,每期半小时,为低幼儿童及其家长营造互动式的亲子阅读时光。"绘本玩意堂"则主要针对儿童善于发现和尝试新鲜事物的活泼天性,推广"玩中学"式绘本阅读,在阅读活动中让孩子做手工、观察、倾听、思考、表演等。2015年8月,"绘本玩意堂"还首次推出了户外体验式绘本阅读活动(图6-3)。"快乐绘本秀"则是为了从多种角度寻找最具趣味和最能深入理解绘本的方式,引导孩子通过倾听和体验来表达自己对绘本故事的理解,给孩子搭建一个绘本表演的舞台。孩子"秀"的不仅仅是绘本知识,更是快乐——阅读的快乐、合作的快乐、亲子的快乐以及表演的快乐,孩子在展现自我的同时爱上了绘本、爱上了阅读。

图6-3 厦门图书馆"绘本玩意堂"户外体验式阅读活动(厦门图书馆供图)

再如，金陵图书馆特意为 6~12 岁儿童设立"趣味亲子财商公益沙龙"活动品牌，该项目由金陵图书馆、国际狮子会中狮联江苏紫金队、南京报业传媒集团龙虎网亲子频道联合主办。此年龄段是儿童理财教育的关键期，在这个阶段，孩子的金钱价值观和经济思维尚未定型，通过开展财商教育，旨在让孩子对金钱有初步的正确了解，向孩子传授一些个人现金管理的技巧，培养自律意识；激发孩子对财商问题进一步探索的兴趣，让孩子在学习理财知识时感到趣味盎然；同时，通过财商游戏增加孩子的财商知识，增进父母和孩子的感情。

二、品牌设计

品牌设计（Brand Designing）就是对品牌形象的设计。与一般意义上的品牌相似，图书馆家庭阅读推广活动的品牌，其构成要素也包括品牌名称、标识与图标、标记、标志字、标志色等，其中品牌名称是核心要素。例如，"南书房"原本是清康熙帝读书处，历史悠久，颇具盛名。图书馆作为市民终身学习的理想场所，称得上是市民免费使用的大书房。深圳图书馆坐落在莲花山南畔，"南"可以理解为莲花山以南的南，南方以南的南，南方讲话的南，北雁南归的南，意味着阳光、温暖、开放、希望，希望读者能在这里悠游历史长河，横跨东西文明，享受"深阅读"带来的非凡收获，故定名为"深圳图书馆南书房"。又如，宁波市图书馆塑造了"天一约读""天一展览""天一音乐""天一讲堂"等系列阅读推广活动品牌，其中"天一"取自"天一阁"。"天一阁"位于浙江宁波，堪称中国现存最早的私家藏书楼，也是亚洲现存最古老的图书馆和世界最早的三大家族图书馆之一。天一阁建于明朝中期，由当时退隐的兵部右侍郎范钦主持建造。范钦先生根据郑玄所著《〈周易〉注》中的"天一生水……地六承之"之语，将藏书楼命名为"天一阁"。宁波市图书馆以"天一"作为系列活动品牌的名称，既体现了对中国历史文化的传承与发展，也反映出宁波人引以为豪的城市文化招牌——藏书文化。

相应地，图书馆家庭阅读推广活动的品牌形象就是指存在于读者心理的关于品牌的各要素的图像及概念的集合体。针对品牌形象的设计，主要体现为品牌的视觉系统设计，即 VI 设计。例如，深圳图书馆"南书房"VI 设计。深圳图书馆是国内第一家完整导入 VI 的大型公共图书馆，其 LOGO 灵感来源于馆舍建筑整面的曲面韵律玻璃幕墙。"南书房"作为深圳图书馆的二级子品牌，在服务宣传和阅读推广活动中坚持统一应用 VI。其一，整体上，简洁明了，又美观大方，与深圳图书馆 LOGO 并置时，主次分明，又融为一体。其二，与其他二级子品牌相比，既协调一致，又区隔明显。又如，首届西南地区四城市"风·雅·颂——国学经典诵读"邀请赛 VI 设计（图 6-4）。为了快速建立品牌知名度、塑造品牌形象，由项目四城市执委会办公室联合牵头对整个项目 VI 进行设计，主要包括：确定了项目名称、大赛宗旨，设计了独立的、别具特色的品牌 LOGO，设定了宣传网站、宣传海报的整体 VI 风格。项目名称与大赛宗旨相互呼应，存在于品牌 LOGO 之中，而项目名称和品牌 LOGO 又融入宣传网站和宣传海报中，体现了品牌设计的统一性。同时，作为 VI 的基础部分，品牌 LOGO 的设计色彩、图案、字体，以及宣传网站和宣传海报的主题风格、背景图案，均与国学经典主题相称，相对于其他活动品牌设计来说，具有明显的差异性。

图 6-4　首届西南地区四城市"风·雅·颂——国学经典诵读"邀请赛 VI 设计

此外，从广义上讲，品牌形象不仅指有形的内容（也就是外在品牌形象），比如品牌 VI 设计，还包括无形的内容（也就是内在品牌形象）。有学者提出，"品牌形象是在竞争中的一种产品或服务差异化的含义的联想的集合"。从市场营销学的角度看，品牌形象的无形内容是由内而外展现出的独特魅力，能被消费者感知和接受的个性特征。随着社会的发展，人们对商品的要求不仅包括商品本身的功能等有形内容，也包括内在的、无形的内容，反映了人们的情感和精神追求。同样道理，图书馆家庭阅读推广活动品牌不仅包括外在品牌形象，也包括内在品牌形象。例如，深圳图书馆南书房通过环境形象、员工形象、服务内容构建的一个完整的阅读推广和服务品牌形象，不仅在于它在空间设计上所散发出的古典严肃美和清新时尚感，而且还在于它所营造出的灵动飘逸、宁静温馨的阅读氛围，成为读者的"第三空间"，为读者提供了一个可沉下心、慢阅读、慢生活的公共书房，让读者可以舒适、自在地享受阅读的宁静与快乐，也可以参加沙龙、朗诵会、读剧、征文、书目展、图书版本展等系列活动，感受经典阅读的魅力。

三、品牌营销

品牌营销（Brand Marketing）是指通过市场营销使客户形成对企业品牌和产品的认知过程，就是要利用品牌符号，把无形的营销网络铺到社会公众心里，把产品输送到消费者心里，使消费者认可产品和服务。这是企业不断获得和保持竞争优势必须构建的营销理念。在市场营销理论被引入到图书馆领域 30 年以后，2001 年，国际图书馆协会联合会（IFLA）管理营销专业委员会（Management and Marketing Section）就设立了国际图联国际营销奖（The IFLA International Marketing Award），以表彰世界上最优秀的图书馆营销活动，提高图书馆专业人员的认识，促进图书馆营销活动的开展，让图书馆有机会分享图书馆营销的经验。该组织于 2002 年颁发了第一届国际营销奖。[1] 2012 年，清华大学图书馆的"爱上图书馆视频及排架游戏"获第十届 IFLA 国际营销奖第一名，这也是该奖项设

---

[1] 吴立奇，王巧玲. 国际图联营销奖及其对我国图书馆营销的启示［J］. 新世纪图书馆，2011（8）：60—62

立10年来国内图书馆首次获此殊荣。[①]这充分体现了国内图书馆对于阅读推广品牌营销的重视程度。

图书馆在进行家庭阅读推广活动品牌营销的过程中,要灵活运用企业品牌营销的理论,不可生搬硬套,因为二者之间存在着本质的差异性。一是公共图书馆服务属于公共文化服务范畴,公益性是其基本价值属性。因此,图书馆品牌营销始终要以公益性为依归,旨在给读者提供更好更优质的公共文化服务;而企业品牌营销的最终目的则是实现企业利益最大化。二是公共图书馆所具有的公共文化属性,要求在对图书馆的品牌营销进行效果评估时把社会效益放在首位,实现社会效益和经济效益的统一;而企业品牌营销则主要看重经济效益,体现的是企业的生产总值同生产成本之间的比例关系,比如可以通过量化指标,准确得出销售额和利润,直观反映出品牌营销的效果。鉴于这种特殊性,图书馆在开展阅读推广活动品牌营销的过程中,应该着重从品牌意识、品牌质量、品牌传播等方面下功夫。

第一,要树立品牌意识。对于品牌营销的认识,图书馆界仍然存在一些观念上的误解,比如没有意识到品牌的重要性,以为只要把活动做好就可以了,说到底是缺乏品牌意识。品牌营销的前提和基础就是要创立品牌,阅读推广活动就好比一个企业的某种产品和产品系列,而产品不等于品牌。这要求图书馆在进行阅读推广活动的统筹和策划之前,就要站在全馆的高度来规划阅读推广活动的品牌定位、品牌设计、品牌营销与品牌管理等,以打造全馆统一的、协调的品牌体系。

第二,要控制品牌质量。对于企业来说,品牌质量是指使用品牌的产品质量,主要反映该品牌产品的耐久性、可靠性、精确度、易于操作和便于修理等有价值的属性。对于图书馆来说,品牌质量则是指品牌体系中的某一次活动的质量,主要通过活动的前期策划、中期组织实施以及后期总结评估来反映,其中每一个环节都是决定该活动质量水平的重要因素。比如,策划团队的水平、主题的创意性、活动方案的可操作性、现场的舒适性、双方的沟通性、读者的满意度,以及活动

[①] 蔡婷婷.国际图联营销奖案例研究——以新加坡国家图书馆 S.U.R.E. 项目为例[J].知识管理论坛,2014(5):7—12

所产生的社会效益及影响等。品牌质量体现的是品牌的生命力，品牌之所以成为品牌，是因为它所代表的是每次阅读推广活动的高质量，也因此能在读者中广为传播、备受赞誉。

第三，要巧用品牌传播。对于企业来说，品牌传播（Brand Communication）就是企业以品牌的核心价值为原则，在品牌识别的整体框架下选择广告、公关、销售、人际等传播方式，将特定品牌推广出去，以建立品牌形象，促进市场销售。对于图书馆来说，品牌传播主要是指以提供更优质的公共文化服务和推进全民阅读为原则，基于本馆阅读推广活动的品牌体系开展宣传和公关，将活动品牌推广到社会各个层面，比如社区、学校、家庭、工厂以及公共文化服务较为缺失的地方，免费开展阅读推广活动，体现图书馆服务的基本性、均等性、公益性和便利性。

首先，图书馆要主动宣传推广。国内图书馆在采用横幅、海报、宣传册等进行宣传推广时，应加强对活动品牌形象的利用，比如设计品牌标志，提高辨识度，增加宣传效果。随着互联网的发展，宣传推广时应注重线上线下结合的方式，充分利用互联网技术，让品牌的传播效果最大化。比如，东莞图书馆将精选出来的图书制成二维码，张贴于公园、广场、候机楼、旅游景点、商场等人口密集场所，市民只需用手机扫一扫就能下载阅读。当然，在预算允许的情况下，可以通过电视台、广播、公交车站广告栏等投放宣传片和广告。比如，首届西南地区四城市"风·雅·颂——国学经典诵读"邀请赛不但设计了宣传海报，也制作了恢宏大气、富于风雅的主题宣传片，投放于电视台和互联网。

其次，图书馆要巧用公共关系。公共关系是一种专门用来塑造组织形象、协调关系、塑造公众形象的传播手段和管理艺术，在美国被视为"能够决定图书馆命运"[①]的法宝。在策划阅读推广活动时，公共关系就是其中不可或缺的一部分。比如，2014年11月，在深圳图书馆"深圳学人·南书房夜话"启动仪式上，中共深圳市委常委、宣传部部长王京生莅临活动并讲话。此活动邀请《深圳商报·文化广场》作为媒体支持，同时还邀请到中国人民大学哲学博士、香港中文大学访问学者韩望喜，北京航空航天大学人文与社会科学高等研究院教授姚中秋，深圳

---

① 李玉梅.图书馆建设的公关策略［J］.戏剧文学，2004（2）：103

市社会科学院文化研究所副所长魏甫华，后院读书会创始人、文化学者王绍培等作为嘉宾出席，使得此项学术沙龙活动的影响力得到较大提升，被誉为与"深圳市民文化大讲堂""深圳晚八点"并驾齐驱的深圳三大公益文化服务品牌。

四、品牌延伸

现代营销理论认为，品牌延伸（Brand Extension）是指在已有相当知名度与市场影响力的品牌的基础上，将原品牌运用到新产品或服务上，以期减少新产品进入市场风险的一种营销策略。品牌延伸具有能增加新产品的可接受性、降低消费行为的风险、提高促销性开支使用效率、满足消费者多样性需要等多项功能。某种程度上，品牌延伸与品牌定位是品牌发展战略中的一对矛盾统一体，因为品牌延伸的继续深入，反过来可能会导致品牌定位的模糊与混乱。合理的品牌延伸有利于品牌的健康成长，相反，如果品牌延伸处理不得当，那品牌也会有覆灭的危险。因此，在处理家庭阅读推广活动品牌延伸时，图书馆应处理好与品牌定位的关系，通过合理的品牌延伸，塑造、产生新的品牌和项目，逐步形成家庭阅读推广活动品牌平台和品牌体系。

例如，深圳图书馆首先于2013年整合、提升了活动品牌，将"鹏城故事汇""市民学堂"等并入"深图讲座"，将"阅读·深圳——语言艺术鉴赏"并入"深图艺苑"，将"读者教室"活动纳入"讲读厅"活动等，形成深图讲座、深图艺苑、深图活动、深图展览四大类别，传统文化、学术文化、经典阅读、艺术阅读、数字阅读、未成年人阅读、银发阅读、公益法律、公益培训、阅读关爱、创意思维、现代生活12个读者系列活动，打造了近30个阅读活动品牌。其次，借助"南书房"的二级子品牌形象，开展多种经典阅读推广活动，延伸出一系列子项目，形式多样，内容丰富，包括"南书房家庭经典阅读书目""深圳学人·南书房夜话""经典诵读——品读诗经""阅读·深圳"经典诗文朗诵会、"行走南书房"公益项目、"深圳记忆"讲座等。其中，有些已经成为知名阅读活动品牌，在深圳地区和图书馆界产生了较大影响。

又如，苏州工业园区独墅湖图书馆已经连续多年策划并开展各类双语儿童绘本系列品牌活动，如"无国界外语小课堂""科学爸爸""儿童绘本剧大赛"等，其中，儿童绘本剧大赛已经连续举办两届。2016年，独墅湖图书馆创设儿童绘本创作大赛项目，并在此基础上经过组合升级，延伸出全新的"绘本阅读年"品牌。随后，作为对活动品牌的支撑，还将筹建苏州工业园区儿童原创绘本馆。

可以看出，图书馆家庭阅读推广活动的品牌延伸，可以是通过本级品牌向下延伸产生新的子品牌，也可能是通过已有的一系列相关性很强的本级品牌向上延伸产生新的上一级品牌。当然，品牌延伸的结果不一定就会立即形成新的品牌，也可以只是一个新的项目或一项新的活动。此时，图书馆应该注重对这些新延伸产生的项目或活动进行悉心培育，找准定位，使其逐渐成为潜在的、未来的家庭阅读推广活动品牌。

第七讲

国内图书馆家庭阅读推广案例

家庭阅读推广是图书馆阅读推广工作的重要内容。近年来，各地图书馆针对家庭阅读推广做了很多工作，取得不少成果，得到来自读者、社会和业内的肯定。目前，图书馆家庭阅读推广主要集中在亲子阅读、家庭阅读书目推荐、阅读方法指导、体验式家庭阅读等方面。本讲精选了部分家庭阅读推广优秀案例，期望这些案例能给从事家庭阅读推广工作的人员提供借鉴。

第一节 国内图书馆家庭阅读推广实践概览

一、亲子共读

亲子共读是图书馆家庭阅读推广的重要内容。形式多样、丰富多彩的亲子共读资源、活动和空间，为家长和孩子营造了良好的家庭阅读氛围，对于培养家庭阅读意识、提升家庭阅读能力与质量均起到了重要作用。

（一）玩具图书馆

玩具图书馆诞生于20世纪30年代。目前出现的玩具图书馆共有两种形式：一是专门针对有特殊需求的儿童和家庭的玩具图书馆，即"瑞典模式"；二是开展各种玩具活动，为低龄儿童提供服务的玩具图书馆，即"英国模式"。[①] 公共

[①] 黄曼丽.香港中央图书馆玩具图书馆运行机制及启示研究［J］.四川图书馆学报，2016（5）：20—23

图书馆开放的一般是为低龄儿童提供玩具活动和服务的玩具图书馆。我国第一个玩具图书馆——"绿娃"玩具图书馆于2003年在北京市少儿图书馆开馆。此后,各地玩具图书馆的建设逐渐发展起来,如2009年东莞图书馆开设玩具图书馆,2014年广州图书馆开设玩具馆等。

玩具图书馆的资源类型主要为创意游戏、拼图游戏、建筑游戏、扮演游戏、电脑型游戏、技巧游戏、卡牌游戏、棋版游戏、体能游戏和音乐游戏等。[1] 在为幼儿读者提供优质免费玩具、举办玩具交换/义卖、亲子游戏、创意比赛等活动之外,玩具图书馆还为亲子家庭提供了互动交流的平台,提供各类立体书、玩具书、异型书进行家庭阅读。而香港中央图书馆玩具图书馆还会举办儿童发展研讨会,帮助家长更加全面地了解儿童各个年龄阶段的发展特点和心理诉求,提高家长的教养技能。[2]

(二)亲子故事会

讲故事活动及其衍生活动,是最常见的图书馆家庭阅读推广活动之一,也是最经典的服务方式。图书馆馆员、故事义工、故事爸爸/妈妈等主讲人,利用音乐、视频、图片等元素,为儿童和家长带来精彩视觉和听觉享受的同时,潜移默化地影响着儿童和家庭的阅读观和阅读兴趣。

除了单纯讲故事之外,亲子故事会通常还会配合本场故事会主题搭配亲子活动,如书目推荐、亲子手工制作、亲子表演等。国内图书馆在亲子故事会实践方面形成了较多品牌活动,如首都图书馆的"红红姐姐讲故事"、深圳少儿图书馆的"红姐姐讲故事"、温州市少儿图书馆的"毛毛虫上书房"、杭州少儿图书馆的"小可妈妈伴小时"等。

(三)亲子读书会

亲子读书会通常由小读者和其家长共同组成,分小组开展活动。活动多以定期聚会等轻松的形式进行,读书会组织者开列书单,组织讨论,有时还会穿插讲故事、手工、影片欣赏等。亲子读书会的主题十分丰富,涉及绘本、漫画、国学、

---

[1] 黎芳芳.浅谈如何为儿童读者建设玩具图书馆——以东莞图书馆为例[J].科技情报开发与经济,2010;(13):75—76

[2] 黄曼丽.香港中央图书馆玩具图书馆运行机制及启示研究[J].四川图书馆学报,2016(5):20—23

天文和外语等，可以为不同家庭提供阅读的选择。广州图书馆"爱绘本，爱阅读亲子读书会"、广州从化图书馆"绘本智慧乐园亲子读书会"、高雄市立图书馆盐埕分馆"东东漫画技法亲子读书会"和高雄市立图书馆楠仔坑分馆"亲子阅读英语绘本读书会"等，都是较有影响的亲子读书会。[1]

（四）手工绘本制作

手工绘本制作，是近年来图书馆开展亲子共读活动的重要形式。小读者作为绘本的主创者，需要自己来构思情节、寻找材料，通过纸张、文字或画面等形式展现出来；而家长则共同参与，给予帮助和指导。手工绘本制作"变静为动"，让大小读者都"乐在其中"[2]，能很好地激发读者的阅读兴趣，帮助孩子养成良好的阅读习惯。

目前，国内开展手工绘本制作活动或比赛的图书馆较多，其中尤以广州图书馆最为著名，它组织的广州市"青少年绘本制作大赛"与"广东省幸福成长图书绘本制作大赛"等活动，曾掀起全国图书馆手工绘本制作的浪潮。

（五）真人图书亲子共读

"真人图书馆"（Human Library）又称"活体图书馆"，是以"人"为阅读对象，通过"借阅活人"来达到答疑解惑、增长知识、促进人与人之间相互理解和交流的一种全新阅读模式。[3] 真人图书馆目前在我国高校图书馆中运用较多，公共图书馆一般仅供成人读者借阅。

广州少儿图书馆从2012年10月起即在馆内推出面向儿童及其家长的真人图书馆服务，其阅读模式以真人图书主动传授和读者提问相结合。真人图书资源分布在教育类、语言类、艺术类和科技类。教育类真人图书主要以中小学一线教育工作者为主；艺术类真人图书主要以语言艺术、古筝、声乐、微电影为主；科技类图书比较稀缺，主要从孩子的兴趣出发，计划推出"人与动物"系列、"人与植物"系列等科普类真人读物。真人图书馆每月推出一个主题，每个主题一场或两场活

---

[1] 曹桂平. 我国公共图书馆"亲子阅读"实证分析与研究[J]. 图书馆工作与研究，2014（1）：90—94
[2] 程焕文."变静为动，乐在其中——《让阅读动起来——手工绘本制作宝典》序言"[J]. 图书馆论坛，2015（2）：120
[3] 张真一. 真人图书馆在我国的发展瓶颈与对策[J]. 图书与情报，2014（4）：132—135

动,以亲子阅读感兴趣的话题和人物为依托,注重培养未成年人的阅读兴趣,也为家长指导孩子阅读提供指引。①

(六)"图书馆之夜"活动

近年来,"图书馆之夜"这种新颖的阅读推广方式在国内也开展起来。浙江、广东、辽宁等地纷纷开展了适应本地区读者的"图书馆之夜"活动,让读者通过参与、体验、互动的方式了解图书馆,强化阅读意识。

为引导深圳少年儿童到图书馆多读书、读好书,深圳少年儿童图书馆自2013年起,在每年世界读书日期间举办"图书馆奇妙夜"活动。活动以其首创的"帐篷露营"形式、一次邀请上百个家庭的宏大规模,获得读者和业内的一致好评。辽宁省图书馆于2013年9月推出"图书馆之夜"大型互动活动,并在随后几年继续推进该活动。活动将少儿国学经典诵读表演、全民朗诵等节目搬上图书馆舞台;组织读者欣赏儿童剧和儿童影片;开展亲子共读,激发读者阅读兴趣。中国科学技术大学图书馆于2014年12月举办"图书馆奇妙夜——密室逃脱"活动,让读者对图书馆的排架号、索书号等有了更进一步的了解,大大增强了读者对图书馆的熟悉程度。2016年4月23日,浙江省各级公共图书馆联合开启"图书馆之夜"活动,活动参与面广泛,除95个公共图书馆外,不少乡镇分馆、主题分馆和24小时图书馆也参与进来;除传统的阅读活动外,还将音乐、"非遗"、戏曲等元素与阅读结合起来,拓展了阅读的范围和形式。

二、家庭阅读书目推荐

推荐书目历来是图书馆开展导读工作的重要方法。几乎每个图书馆都开展了推荐书目服务,如编制专题目录,将馆藏优秀文学、生活、经典文献、地方文献等书刊集中揭示;利用网络和移动技术,在网站、微信、微博等平台有计划地推送某一主题的图书;制作书刊借阅排行榜,推荐热门图书;设置推荐书目专架,如新书专架、家庭阅读书目专架等。

近年来,图书馆界充分意识到书目推荐这种传统的阅读推广方式的重要意

---

① 杨彦嫦.真人图书亲子共读在少儿图书馆的实践与探索——以广州少儿图书馆为例[J].四川图书馆学报,2015(1):34—37

义，在开展以上书目推荐的基础上，逐渐注重书目推荐的权威性和长效性，并辅以征文、讲座、沙龙、诵读、心得交流等阅读推广活动，配合媒体等多种途径进行宣传引导，起到了很好的效果。如国家图书馆少年儿童馆推出的"图画童年幸福时光"图画书阅读推广季活动，通过"华文原创图画书得奖作品展""丰子恺经典作品展""优秀图画书故事会"等形式，向少年儿童集中推荐优秀华文图画书作品，使他们充分享受阅读的快乐；[1]深圳少儿图书馆联合全国十省市图书馆每年评选的"我最喜爱的童书"活动，以评促阅，用评选来推动少年儿童多读书、读好书，鼓励少儿和家庭共同参与，为孩子、家长和学校在选择童书时提供有权威性和公信力的书单；北京市延庆县图书馆设置推荐书目专架、宣传单、宣传栏，开展读者互荐活动，让读者互相推荐自己喜欢的图书，等等。

三、家庭阅读指导

家庭阅读指导是指图书馆以家庭为服务对象，以亲子阅读作为纽带，根据家庭成员的心理成长需要，按照不同的年龄段，为家庭提供图书馆服务，把图书馆服务延伸到家庭。[2]

开展家庭阅读指导的主要内容有：编写家庭阅读大纲，设计图书馆活动项目，为家庭提供阅读信息，指导家庭阅读等。[3]目前常见的家庭阅读指导实践通常为：对家长开展家庭阅读指导培训，如邀请家庭教育方面的专家，针对家长开展亲子阅读指导，并结合实例和家长互动；对家长进行家庭阅读专题辅导，如家庭阅读环境布置、阅读时间安排、阅读方法指导、阅读书目选择等；提供家庭阅读交流平台，定期举行家长或家庭间的交流和座谈；定时定期开展阅读成果展示等。[4]

（一）"书香家庭"评选

"书香家庭"评选是图书馆将家庭阅读指导固化展示的重要方式。这些评选

---

[1] 万仁莉. 基于少儿阅读推荐书目的图书馆阅读推广研究［J］. 图书馆工作与研究，2015（2）：102—105

[2] 戚敏仪. 公共图书馆家庭阅读工作研究［M］//播撒阅读种子，守望少儿幸福——青少年阅读推广理论与实践. 北京：国家图书馆出版社，2012：43—47

[3] 杨婵. 对图书馆家庭阅读指导有关问题的思考［J］. 情报探索，2007（10）：33—34

[4] 周海英. 论图书馆在家庭阅读指导中的实践与探索［J］. 图书馆学研究，2008（8）：90—92

出来的"书香家庭",为所有家庭提供了真实、鲜活、可仿效的榜样,不仅能促进书香家庭中每一位家庭成员的阅读,也能由这一个个家庭带动、影响和辐射更多的家庭。

近年来,各地图书馆联合当地其他主管、主办和协办单位,评选了具有本地区代表意义的"书香家庭"。如每年"南国书香节"评选的"十大优秀书香之家";内蒙古图书馆举办的"书香家庭"评选活动;山东省图书馆学会、山东省图书馆联合举办的全省"十大书香家庭"评选活动;大连市少年儿童图书馆承办的"分享阅读·共创明天"读书系列活动推举的"十佳书香家庭"等,对激发读者爱书、读书、用书、藏书的热情,营造全社会家庭阅读的良好氛围,起到了极大的促进作用。

(二)家庭阅读培训

家庭阅读中,家长和孩子的互动至关重要。在良好的家庭阅读氛围中,孩子带动家长阅读,家长也为孩子阅读提供指导。家长和孩子都需要家庭阅读意识和方法等方面的指导,也需要图书馆提供的家庭阅读书目或大纲。

大多图书馆已意识到对家长进行阅读培训的重要性,在举办相关读书活动时,会有意识地邀请儿童教育和心理、阅读等方面的专家来进行家庭阅读培训,让家长认同正确的阅读理论和阅读指导方法。如温州少年儿童图书馆举办的"毛毛虫上书房"之"蝴蝶爸妈"公益阅读志愿者培训、深圳少儿图书馆的"故事妈妈培训"课程、广东省立中山市图书馆的"图书馆家庭阅读指导工作坊"、深圳图书馆的"巫婆读书会"和"父母讲堂"、上海杨浦区图书馆开展的"故事妈妈培训"等。这些阅读培训提供了专家、家长、孩子与图书馆之间相互交流的平台,也提升了家长和孩子的阅读激情和能力。

(三)发放"阅读书包"

图书馆联合相关机构发放"阅读书包",为学龄前儿童提供专业的阅读指导服务。这些"阅读书包"通常内含多本儿童图画书、推荐书目及导读、早期阅读指导手册等;同时,为配合"阅读书包"的发放,各地图书馆还会配以相应的亲子阅读活动和家庭阅读指导活动,帮助家长掌握培养孩子良好阅读习惯的方法和技巧,鼓励家长与孩子一起分享图书、故事和儿歌,鼓励家长和孩子使用图书馆资源。

英国的"阅读起跑线"（Bookstart）计划是世界上第一个发放"阅读包"的全球性计划，我国部分城市也加入或开展了类似的活动。如我国台湾地区是较早加入该计划的地区之一；苏州图书馆2011年启动的"悦读宝贝"计划，除了赠送阅读大礼包之外，还开展相应的阅读推广活动；2016年4月23日启动的深圳地区"阅芽计划"，发放"阅芽包"，并通过"爱阅公益"微信公众号和APP推送早期阅读推荐书目及在线听读、推送图书馆服务信息等；2016年11月，甘肃省"书香·童年"学龄前儿童基础阅读工程试点"儿童书包"，在省内多个市县集中发放。

四、体验式家庭阅读

体验式阅读通过丰富多彩的实践活动，让读者主动参与，亲历探索，从而获得新知识。在体验的过程中，阅读与体验相互作用、相得益彰。而家庭阅读天生具有体验式阅读的条件和动力。图书馆鼓励、引导读者开展体验式家庭阅读，是促进家庭阅读的有效方式。

（一）生活保健体验

生活保健类体验与读者的生活息息相关。图书馆开展此类活动，往往能得到读者的认同和欢迎。生活保健类体验式阅读，如手工制作等类活动在各地图书馆均有开展，其中杭州图书馆做得尤为出色。杭州图书馆生活主题分馆推出各种不同的生活体验，开展插花、布艺胸花制作、陶艺DIY、红绳编织等与生活息息相关的活动；运动分馆以"体验感受、交流互动、知识传播"为服务手段，将传统文献服务融入阅读推广、专题讲座、项目体验、交流互动等服务内容中，引入包括射箭、高尔夫等多项运动的体验活动等。

（二）文化体验

文化体验类家庭阅读内容丰富、形式多样，能极大提升读者的阅读兴趣，增强文化的辐射力和感染力。图书馆开展文化体验活动，除了常见的播放影视作品、讲座沙龙、举办诵读活动之外，近年来又涌现出几种新的形式。这些活动都鼓励家庭参与，共同体验，因此能很好地提升读者家庭阅读的感受。

艺术培训。艺术培训是读者喜闻乐见的文化体验式阅读。各地图书馆尤其少儿图书馆均会开展相关的艺术培训活动。有别于社会性培训机构，图书馆开展的艺术培训均为公益性，内容通常以提升读者的人文素养、涵养精神内涵、激发阅读兴趣为目的，涵盖乐器、国画、摄影、魔方等多种类目。

艺术空间。杭州图书馆音乐分馆是我国第一家以音乐为主题的图书馆，除了提供音乐原碟、乐器体验、音响设备之外（图7-1），还为读者提供公益性质的赏析、沙龙、讲座、音乐会；深圳图书馆开展的"深图艺苑"活动，以一场场精彩的音乐剧、音乐会、朗诵会、读剧等阅读推广活动，将图书馆打造成为一个艺术空间。

图 7-1　杭州图书馆音乐分馆（杭州图书馆供图）

"城市记忆"活动。图书馆开展文化行走活动，可加深读者对当地风土人情的了解，提升读者文化素养。如湖南省图书馆自2008年始，开展"寻找城市记忆"活动，设定一个寻找历史、触摸城市文脉的环境，通过活动唤起读者对城市的热爱，并定期进行交流；西安图书馆举办的"寻找城市记忆"老照片征集活动，让读者在历史和回忆中了解过去、展望未来；深圳图书馆举办的"深圳记忆之旅"，让读者在图书馆馆员的陪同下，走进深圳的古村落，体会深圳的风土人情。

古籍体验。古籍是图书馆重要的文献资源。近几年，各省市图书馆纷纷开展古籍修复室开放日和古籍保护体验日活动，吸引读者现场观看工作人员古籍修复、石碑传拓的基本步骤，并在工作人员协助下学习折页、剪边等技巧，现场动手完成古籍线装书制作，同时还可现场完成碑拓作品（图7-2）。

图7-2 深圳图书馆古籍保护体验日活动——古籍装订与雕版印刷

（三）科普体验

现代科普在传播与组织方式上，已经由科学知识单向传播，转变为公众和科学家等多主体平等、双向互动过程和更注重以学习者为中心的科学教育。[①]因此，公共图书馆在进行科普的过程中，除了传统的讲座、展览、发放宣传资料、科教电影展播、知识竞赛、动手实验等方式之外，也呈现出更多的互动体验元素。

科普空间。图书馆设置专门的科普互动体验区，收集相关科普文献和资料，利用小型游戏设备，让读者亲身体验科技原理。如沧州市图书馆2014年成立的科普互动体验区，重庆师范大学图书馆科普基地融合博物馆、生物标本馆、地质馆、实验室等教学科研场地。

---

① 刘伟华.公共图书馆现代科普的职责与使命［J］.国家图书馆学刊，2013（5）：9—14

创客空间。创客是近年来社会上流行的新名词、新人群。创客空间通常是"一个真实存在的物理场所，一个具有加工车间、工作室功能的开放交流的实验室、工作室、机械加工室"[1]。基于国外第三空间和国内创客活动的具体需求，图书馆创立创客空间，让读者亲身体验科技的魅力。如2012年中国科学院文献情报中心建设的"科技创新与创业平台"，提供互动研讨教室、学习共享空间和互动培训教室等服务；2013年上海图书馆成立"创·新空间"，既提供传统图书馆服务，也提供3D打印、多媒体展示及培训活动；2015年长沙市图书馆建立"新三角创客空间"，面向市民及青少年举办"创艺生活""小小创想家"等创意活动[2]；2016年深圳图书馆创设创客空间，引入创客文化服务体系，包括3D打印、手工机床、机器人实训等，并融合STEM[3]课程内容，为青少年读者提供免费创客教育和服务（图7-3）。

图7-3 深圳图书馆创客空间"电子音乐大作战"创意编程活动

自然观察。最近几年，自然教育在国内迅速流行起来，越来越多普通人通过旅行、摄影等方式，更为深入地了解大自然。图书馆界较为敏锐地捕捉到了这种

---

[1] 陶蕾.创客空间——创客运动下的图书馆新模式探索及规划研究[J].现代情报，2014（2）：52—57
[2] 唐晓阳.中美图书馆创客空间建设比较研究[J].图书情报工作，2015（12）：72—77
[3] STEM，即科学（Science）、技术（Technology）、工程（Engineering）与数学（Mathematics），是一种以项目学习、问题解决为导向的课程组织方式，它将科学、技术、工程、数学有机地融为一体，有利于学生创新能力的培养。见教育部《义务教育小学科学课程标准》。

流行趋势,并主动开展自然教育类培训和观察活动。如深圳少年儿童图书馆推出的"亲子观鸟体验班";杭州图书馆开展的"松果公开课"活动;上海嘉定区图书馆开展的"植物知多少"寒假科普探秘活动[①];宁波市图书馆推出的"天一约读"之"大山雀自然学堂"等。这些活动提倡家庭成员观察自然界、身边的动植物,从而了解大自然,引导和帮助家庭开展阅读。

(四)绘本剧比赛或表演

图书馆通过举办亲子绘本剧活动来促进家庭阅读。近年来,深圳、太仓、江阴、宁波等地的图书馆,都举办了亲子绘本剧比赛或表演。这些活动动员父母和孩子共同参与,为加强家庭阅读、深化对阅读和表演内容的理解与记忆、提升阅读的趣味性起到了重要作用。

五、新技术助力图书馆家庭阅读服务

得益于现代技术的发展,图书馆能够真正实现 24 小时 365 天服务。比如图书馆购买的大量数字资源,过去只能在馆内使用,现在则可以通过网络实现馆外访问、在线获取,真正打破了时间和空间的限制;又比如读者获取图书馆活动信息或资源信息,过去只能到馆或通过传统媒体看公告,而现在却能从网站、微信、微博等平台上自由获取。信息技术飞速发展,正改变着读者的阅读习惯和阅读需求,同时也将图书馆服务以更为便捷的形式送到了读者身边。

(一)"听书"助力家庭共读

借助 APP 或微信平台,不少图书馆推出了"听书"服务。听书服务将适宜的家庭阅读内容推送到读者身边,方便家庭成员共读。如国家图书馆推出网上"文津经典诵读",每天为读者介绍和推荐一条中华传统美德格言、一首古诗词,并且配备在线朗诵功能。同时,这些听书平台也鼓励读者和家人共同朗读,上传自己的作品并与人分享。如深圳市罗湖区图书馆在微信公众号推出"罗湖好书声",读者既可以聆听书友分享的"书声",也可以亲身参与录制、分享;上海少年儿童图书馆举办的"亲子朗读声音档案大征集"活动,鼓励家庭成员共同朗

---

① 嘉定区图书馆."植物知多少"开启奇妙科普之旅[EB/OL].[2016-11-9].http://www.jdlib.com/jtdt/jtdt2016/jtdt_899.htm

读，并利用现代信息设备进行录制、存储等。

（二）"物联网"助力"送书到家"

图书馆以 RFID（Radio Frequency Identification，无线射频识别）技术为基础并集成各种高科技技术手段，在全市范围内建立社区投递点，将读者需要的图书送到身边。读者通过移动智能终端访问图书馆网上借阅平台，提出借阅请求，图书馆找到图书后，通过物流系统配送到读者指定的社区分馆或者社区投递点，同时以短信通知读者，读者凭证取书，还书时也可就近还到社区分馆或者投递点。有些图书馆甚至直接将这些图书快递到读者家中。这种新型的"送书上门""送书到家"服务正成为国内图书馆借阅服务的新方式。[①] 目前，苏州图书馆、杭州图书馆、深圳图书馆等，均在进行这方面的有益探索并开展服务。

第二节 深圳市图书馆界"阅读在我家"全城联动阅读推广活动

一、活动背景

深圳，这座摘得"全球全民阅读典范城市"桂冠的年轻移民城市，"因阅读而受人尊重"的观念深入人心。深圳市各级各类图书馆一直自觉肩负着引导全民阅读的责任，不断完善服务设施，为推动全民阅读提供坚实阵地；依托丰富的馆藏资源，为全民阅读提供文献保障，利用专业服务体系，不断提升阅读推广成效。全市公共图书馆常年坚持各类阅读推广活动，并逐渐推出全城联动阅读推广品牌，提升图书馆服务水平。

二、活动简介

2016年4月23日，是深圳市首个未成年人读书日，由深圳市文体旅游局主办，深圳图书情报学会阅读推广委员会总承办，深圳市各公共图书馆、高校图书馆联

[①] 网上借阅社区投递［EB/OL］.［2017-01-14］.http://www.szlib.com/AboutSzlib/AboutSzlibMultiple?catId=30&articleId=5220

合发起，以"促进学习，传播文化，让阅读无所不在"为宗旨，围绕年度重点活动主题"阅读在我家"，开展多样化、特色化、品牌化的阅读推广服务，推出包括"共读半小时""我在图书馆……"，有奖多媒体阅读记忆征集以及"伴读"活动在内的三项大型联动阅读推广活动，借此培育全民阅读理念，增进市民信息素养和文化素养，并通过阅读活动和阅读研究，扩大图书馆影响力，提升图书馆整体形象，打造深圳市"图书馆之城"阅读品牌。[1]

三、活动主要内容和流程

（一）"共读半小时"全城阅读活动

"共读半小时"活动由深圳图书馆、深圳市科技图书馆、深圳少年儿童图书馆、深圳各区图书馆、深圳大学图书馆以及深圳职业技术学院图书馆共同承办，旨在推广图书馆以外的阅读，体现全城同时共读的效应，倡导全民阅读。

活动先选定了20多个共读地点，并于世界读书日当天在图书馆以外的几个地点同时进行，包括公园、咖啡馆、商场、工业区、餐厅、医院等，利用多场所全城共读的活动形式，让阅读渗透于生活中的各个角落（图7-4）。

图7-4 深圳市图书馆界"共读半小时"全城阅读活动

"共读半小时"重在引起民众对阅读的关注，重拾阅读的体验，它提倡的是阅读本身而非阅读的形式和时间，被唤醒的自主阅读意识将促进阅读习惯的养成和阅读思维的运行。

---

[1] 严圣禾，黄婧. 深圳全城联动打造"图书馆之城"阅读活动品牌［EB/OL］.［2017-03-01］.http：//difang.gmw.cn/sz/2016-04-24/content_19831410.htm

（二）"我在图书馆……"多媒体阅读记忆征集活动

活动组织者向全城读者发出邀请，征集读者在图书馆的阅读记忆，形式包括文字、图片、语音、视频，讲述读者与图书馆之间的故事，分享阅读乐趣等。

活动开展期间，全市各公共图书馆以及高校图书馆收到了许多读者的来稿，体裁、格式及载体丰富多彩。同时，活动组织者从各馆征集到的作品中初评出87种优秀作品入围全市评奖，并在图书馆服务宣传周期间揭晓获奖名单。活动建立了一个读者与图书馆情感联系的桥梁，展现了深圳市民对图书馆的热爱及情感。

（三）"伴读活动"

在儿童阅读、亲子阅读逐渐受到社会各界重视的背景下，深圳市图书馆界在深圳首个未成年人读书日期间举办了丰富多彩的伴读活动。活动由全市公共图书馆联合举办，是公共图书馆多年持续推动儿童阅读、致力培养儿童阅读习惯成果的集中展示。

在深圳未成年人读书日期间，深圳市各图书馆为孩子们举办了内容丰富、形式多样的阅读活动，具体如表7-1所示。

表7-1　深圳未成年人读书日部分活动

举办馆	活动主题	活动特点
坪山新区图书馆	"周末故事会"	对低幼儿童进行阅读启蒙
南山图书馆	"跟名师读名著"	带领学龄儿童共读经典
盐田区图书馆	"娃娃讲绘本"	让孩子作为主讲人讲述绘本故事
罗湖区图书馆	"真我童绎——角色扮演表演"活动	让孩子进行角色扮演表演
深圳图书馆	"我读·我选·我快乐——少儿读者自主采借"活动	让孩子参与图书馆馆藏建设
深圳少儿图书馆	"2016年我最喜爱的童书学生评选"活动	让孩子参与优秀童书评选
福田区图书馆	"每一个孩子都是诗人"诗歌创享会	中文阅读活动
宝安区图书馆	少儿英语乐园	英语阅读活动
光明新区图书馆	"大眼睛亲子阅读绘"之"亲子沙龙"	鼓励家长与孩子共读，培养孩子的阅读习惯

四、活动特色

（一）全城联动

此次世界读书日活动，由深圳市文体旅游局主办、深圳图书情报学会阅读推广委员会总承办，深圳市各公共图书馆、高校图书馆共同参与，不仅显示出深圳市各图书馆各具特色的阅读品牌，而且竭诚合力打造"图书馆之城"阅读活动品牌的大局意识，凸显了图书馆在全民阅读推广中的主力军形象。"共读半小时"活动体现出全城图书馆聚合的力量，统一策划，统一宣传（包括文字、海报、折页、视频等），统一活动时间，有的图书馆还统一着装，极具仪式感，每个共读地点都有 40 人以上参与阅读。

（二）参与方式多样

"共读半小时"活动打破了图书馆活动的空间限制，参与读者除了可以在图书馆外的 23 个指定的空间共同阅读之外，还可在家庭、公园等其他任何地方共同阅读；多媒体阅读记忆征集活动则鼓励以多种方式记录读者与图书馆之间的故事，打破传统征文类活动的局限性；"伴读活动"集中在各大图书馆进行，活动丰富、形式多样、主题多变，可以读、可以演、可以看、可以动手做，从周五晚上一直持续到周日，让孩子和家长在不知不觉中爱上阅读。

（三）社会反响大

此次深圳市图书馆界首次联动开展阅读推广活动，参与人数众多，除了为读者提供更为贴心周到的服务以外，对唤醒市民的阅读意识也起到了重要作用。活动受到《人民日报》（海外版）、《中国文化报》《南方都市报》《南方日报》《香港商报》、光明网等媒体的高度关注，广大市民亦纷纷点赞。

第三节　宁波市图书馆"大山雀自然学堂"家庭阅读活动

一、活动背景与简介

博物学在中西方都有久远的历史。中国《诗经》里面的很多诗歌都采自民间，那些"草根诗人"对于身边的动植物的描述与吟唱，本身就是很好的博物观察内容。19 世纪，西方的博物学发展最为光彩夺目，无数博物学家到世界各地探险，采集、描述了大量动植物标本，撰写了大量著作。随着现代科技的飞速发展，博物学作为一门学科有所衰落。但是，急剧加速的城市化进程也催生了更多人对回归乡土、亲近自然的渴望，越来越多人希望在业余时间离开钢筋水泥的"都市森林"，去乡野欣赏野花，听听鸟鸣与蛙声。

最近几年，自然教育在国内迅速流行起来，上海、深圳等城市的多位作者都出版了类似的以"自然笔记""观鸟笔记"等为主题的书。越来越多普通人通过旅行、摄影等方式，更为深入地去了解大自然。在这样的背景下，宁波市图书馆于2016年6月适时推出"天一约读"之"大山雀自然学堂"，通过对自然界、身边的动植物的观察和认识，引导家庭开展阅读。活动目的，是以寓教于乐、生动活泼的形式，带动大家去阅读博物学书籍，乃至与之相关的自然文学与古典文学。

二、活动主题和基本形式

（一）"大山雀学堂"基本形式

"大山雀自然学堂"每月举办一期，每期都会事先确定一个主题（图7-5），并通过图书馆的微信公众号发布，读者可通过公众号报名。活动时间一般在周末。除了讲座之外，学堂还会不定期组织户外亲子自然观察活动。

图7-5　宁波市图书馆"大山雀自然学堂"第二期：认识宁波常见夏候鸟（宁波市图书馆供图）

学堂的主讲人张海华，网名"大山雀"，是当地知名自然摄影师、自然教育实践者。他多年来倡导亲子博物旅行，注重对乡土的自然观察，引导公众了解乡土、热爱乡土。同时，作为一名自然文学创作者，他还研究《诗经》等经典文学，在《宁波晚报·副刊》开设《大山雀的博物旅行》专栏，分享自己的自然观察与博物旅行故事和研究成果。

图书馆在室内沙龙、户外观察活动中，还积极向参与的家庭推荐有关自然方面的书籍，如《〈诗经〉选》《博物人生》《塞尔伯恩博物志》《自然是最好的老师》《林间最后的小孩：拯救自然缺失症儿童》《笔记大自然》《飞鸟记》《中国鸟类野外手册》《常见昆虫野外识别手册》《浙江野花300种精选图谱》等。

（二）"大山雀自然学堂"主题

学堂每期主题均围绕以自然观察带动家庭对大自然和阅读的兴趣进行设计，取得了良好的效果，详见表7-2。

表7-2 "大山雀自然学堂"2016年部分活动主题

时间	主题	主要内容	主要形式
2016年6月（第一期）	"博物旅行，从身边开始"	观察宁波山海相依的地理形势，了解身边多样的生物生态环境	讲座、互动、影像
2016年7月（第二期）	"认识宁波常见夏候鸟"	为大家介绍宁波常见的几十种夏候鸟的分类与辨认方法，同时也通过照片与视频展示鸟类的生活场景	
2016年8月（第三期）	"带孩子去博物旅行"	结合自己带女儿去博物旅行，以及多次带孩子进行自然观察的经验，给大家介绍亲子博物旅行的方式与意义；并建议在博物旅行中加强读书学习，尽量做到"知行合一"	
2016年9月（第四期）	"鸟类世界的爱恨情仇"	聚焦鸟类"感情生活"的隐秘世界，讲述"白额燕鸥的爱情故事""东方大苇莺家庭的劫后余生"等故事	户外观察与活动
	"慈湖踏青"（1次）	一边教大家认识各类花草，一边给大家解读《诗经》，认识《诗经》中出现的动植物名称及其生态；结束时向读者推荐《〈诗经〉经典品读》《〈诗经〉名物图解》等	
	"夜探自然"（3次）	组织大家到公园或郊外一起探索、观察在夜间出没的蛙类、昆虫的生活习性	

（三）"大山雀自然学堂"未来的发展设想

学堂前后运行半年，本着"培养兴趣，轻松阅读"的理念，由浅入深、循序渐进地设计课程，受到社会的广泛欢迎。未来的发展设想如下：

在讲解鸟类、两栖动物、野花、昆虫等博物知识的基础上，逐步增加文学专题，如推介自然文学优秀作品、深度解读《诗经》中的鸟类、植物等；

把"学堂"的"室内版"与"户外版"更好地结合起来，选择合适的地点，在开展户外观察活动的同时，留出一部分时间进行有关博物学或自然文学、古典文学的亲子阅读，进行现场讲解与点评；

组织以家庭为单位的自然创作比赛，展现形式包括作文、绘画或手工制作、演讲等；

邀请家庭成员报名参与演讲，带动家庭阅读的积极性。

三、活动特色

（一）主题新颖，参与度高

在经历了一段时间的沉寂之后，自然教育正逐渐复苏。亲子自然观察活动在国内外正成为一种生活时尚。宁波市图书馆选择以自然教育和自然文学、经典文学作品为切入点，主题新颖时尚，以讲座、影像、户外活动等形式，让孩子和家长共同参与、共同成长。

（二）活动与家庭阅读相结合

在举办讲座、户外活动时，主讲老师注重与经典图书相结合，将《诗经》等读物中出现的动植物与观察活动相结合；征集参加过夜探、观鸟等活动的孩子的作品如作文、绘画等，并在演讲时逐一展示、点评；在活动结束后，通常会推荐与主题相关的自然教育读本。通过倡导"主动阅读"，激发孩子的求知欲，让孩子在大自然与书本的共同熏陶下健康快乐地成长。

四、国内同类图书馆活动

上海、深圳、杭州等地是国内最早开始流行自然教育的地区之一。早在

2011年，深圳少年儿童图书馆就推出了"亲子观鸟"活动，并逐步发展成为"亲子观鸟体验班"，以课堂讲授鸟类知识、现场观察鸟类生态的形式，让读者亲近大自然，亲近鸟类。"亲子观鸟体验班"一般为期两个月，每周末一节课，获得了深圳少儿读者和家庭的热烈欢迎。杭州图书馆于2015年开展"松果公开课"，邀请博物馆馆长、植物园园长等，以课堂授课的方式传播科学文化知识，鼓励亲子阅读。上海嘉定区图书馆于2016年寒假期间开展"植物知多少"寒假科普探秘活动，通过游戏、实验、观察等方式，带领小朋友接触大自然，走近植物，亲身感受植物世界的奇妙，体会植物的多样性。[1]

（宁波市图书馆提供资料）

第四节 江阴市图书馆"阅读·家庭的欢笑"推广实践

一、背景和简介

江阴市是全国文化模范市之一，社会读书氛围浓厚，具有良好的家庭阅读氛围。早在1997年，江阴市便举办了首届读书节暨"一二三"家庭读书工程。迄今为止，江阴市读书节已连续举办20届。江阴市图书馆配合开展读书节活动，从初始的读书知识竞赛、读书演讲比赛、评选十大藏书家，到图书漂流活动、名家讲堂、系列展览等，在倡导家庭阅读、促进全民阅读方面起到了重要作用。

图7-6 "阅读，家庭的欢笑"促读年LOGO
（江阴市图书馆供图）

2013年，江阴市图书馆在"阅读促进年"活动的基础上，以"阅读·家庭的欢笑"为年度活动主题（图7-6），策划

---

[1] 嘉定区图书馆. "植物知多少"开启奇妙科普之旅［EB/OL］.［2016-11-9］. http：//www.jdlib.com/jtdt/jtdt2016/jtdt_899.htm

开展了阅读之旅系列阅读活动，把家庭阅读推广作为一条主线和生命线，全面贯穿到读者服务和活动中去，成为为广大家庭亲子共读进行延伸服务、创新服务的新型载体和手段。该项推广案例获得2013年度"出版界、图书馆界全民阅读年会"优秀案例三等奖。

二、主要内容

（一）"幸福的种子"儿童阅读推广

江阴市图书馆家庭阅读推广活动，把儿童作为主要培养群体，通过儿童阅读带动家庭阅读，在儿童阅读推广中，又以品牌化、系统化的活动作为主要载体。2009年起，该馆以"幸福的种子"为阅读品牌，启动了儿童阅读推广行动，广泛普及儿童阅读，帮助更多孩子获得阅读的文化自觉。根据阵地不同功能、不同小读者年龄层特点，该馆在"幸福的种子"品牌活动下，系统推出了20余个儿童读书活动子品牌：少儿阅读方面的有"创意小园丁""书海拾贝"有奖问答、"阅读顾问老师信箱""成长面对面"阅读沙龙、"少儿读者借阅排行榜""阅读小达人"年度评比、"文明阅读小卫士""阅读小超人"竞答等活动；幼儿阅读方面有"种子乐读故事会""亲子读演坊""温暖绘本之旅""我的绘本我创意"亲子绘本制作DIY、"种子妈妈读书会""妈妈加油站""种子伙伴挑战赛""绘本排行榜""绘本剧展演大赛"等活动。

《幸福的种子》阅读案例获得2011年中国图书馆学会青少年阅读推广委员会阅读推广案例最佳创意奖。《"小手拉大手，书香满家园"绘本亲子阅读推广实践》案例获"2013全国少年儿童阅读年"活动系列之一的"亲子共读，爱的体验——全国家庭亲子阅读推广月活动"优秀案例征集评选一等奖。

（二）"好生活好读书"市民阅读推广

2013年，江阴市图书馆设置了针对家庭阅读的"好生活好读书"专柜、"热门阅读风向标"图书专柜、"智慧回声"暨阳大讲坛讲师著作专柜、"市民导读"图书专柜等。这些家庭阅读图书推荐专柜的设置，为市民阅读提供了指导和帮助，也大大方便了想看此类主题图书的市民。

在常规阅读推广活动的基础上，结合节假日和重大节庆开展阅读推广活动，如在元旦开展"图书跳蚤市场，好书共同分享"活动，在春节开展新春"阅读对对碰"活动等，鼓励市民以家庭为单位参与；此外，还有"七彩夏日游学"系列活动、第十七届"书香江阴"读书节系列活动、"亲子共演，温暖家园"第三届儿童绘本剧大赛等。

三、主要特色

（一）以读者需求为导向

江阴市图书馆常年开展"江阴市图书馆家庭阅读有奖问卷调查"活动，针对幼儿园和小学阶段孩子的家长设置了不同的调查内容，以此掌握开展家庭阅读的基础信息，确定图书馆在推动家庭阅读中的定位。

从反馈信息来看，大多数家长都意识到家庭阅读、亲子阅读的重要性，也都愿意陪伴孩子一起阅读，认为图书馆开展的各项阅读活动对自己及孩子良好阅读习惯的养成有很大帮助，孩子的阅读也带动了整个家庭的阅读。同时，很多家长表示缺少阅读方面的指导，尤其在如何指导孩子阅读方面希望能在图书馆得到提升，帮助他们建立家庭阅读机制。

（二）为家庭阅读提供立体化的阅读指导

目前，江阴市图书馆通过综合规划的方式，举办各类型、各层次、各种规模的阅读指导活动，倡导书香家庭建设，承担家庭亲子阅读引导和指导职责。

举办江阴市儿童阅读研讨会。2010年和2012年，江阴市图书馆分别举办了"播撒阅读种子，收获幸福童年""儿童文学与儿童成长"等主题的全市性儿童阅读研讨会，邀请儿童阅读推广专家、老师、家长等，一起探讨儿童阅读、家庭阅读，让儿童从小培养良好的阅读意识，养成正确的阅读习惯和阅读方法。

举办大型家庭阅读指导公益讲座。邀请国内著名儿童文学作家梅子涵、薛涛、王一梅、彭懿等带来"阅读儿童文学的意义""阅读与成长""如何用经典读物开启儿童阅读之门"等主题讲座；邀请教育专家做"早期阅读""家长如何为幼儿的终身学习建立基础""阅读让孩子放飞梦想"等一系列主题讲座，消除家长阅读指导理念上的盲区，引发家长关注自身的阅读榜样行为。

举办"成长面对面"阅读沙龙活动。聘请近20名优秀语文老师作为图书馆"阅读顾问老师",以小型讲座、交流为形式,每月定期举行活动,从孩子怎样阅读、家长如何指导儿童课外阅读、如何开展亲子阅读等方面帮助读者提高阅读水平。

推出家庭阅读指导专柜。针对0~12岁孩子所在家庭,推出"读什么、怎么读"阅读专柜,重点向家长推荐儿童阅读理论、亲子阅读方法等;推出"家庭阅读经典童书"专柜,引导家长和孩子共读国内外经典儿童文学。针对12~18岁未成年人所在家庭,推出"家庭共读成长读物",提供学习、励志、成才类读物。

制作《家庭阅读指导简明手册》。针对0~12岁孩子所在家庭,解决"孩子为什么阅读""读什么""怎么读""家长怎么做"等方面的问题,指导广大父母开展家庭阅读。

（江阴市图书馆提供资料）

第八讲

国外家庭阅读传统与图书馆家庭阅读推广案例

家庭阅读的主要因素是藏书和书香氛围。家庭环境对于个人阅读的影响，首先是家庭藏书；其次是家庭文化氛围，即家庭成员在文化以及读书方面的相互影响，这种影响有直接的教导，也有潜移默化的影响。[1]从古希腊在公共场合的公共阅读，罗马人的私人图书馆，英法等国的家庭读书沙龙，到俄罗斯家庭中丰富的私人藏书，都彰显了国外家庭阅读的优良传统。

第一节 国外家庭阅读传统概览

一、古罗马的私人图书馆

古罗马受古希腊文化影响颇深。历史上，在征服希腊后，罗马人逐渐开始重视收藏图书并建立图书馆，其中私人图书馆突出反映了罗马文化底色。[2]对于当时众多的罗马贵族而言，书籍就是衡量一个人是否有文化的外在标志之一，一个人的学识在一定程度上可以用他的图书拥有量来衡量。[3]

---

[1] 王玮.试论家庭阅读的重建[J].图书情报知识，2004（5）：13—16
[2] 禹群英，王俊杰.私人图书馆与古罗马文化[J].图书馆论坛，2009（1）：150—152
[3] 禹群英，王俊杰.论古罗马的私人图书馆[J].图书馆界，2009（1）：7—9

古罗马私人图书馆的形态，因主人的财富和藏书的规模而异。藏书较少的，把书卷装在盒子里；藏书较多的，则把图书收藏在书橱里。一般的私人图书馆在书室中会有若干书橱。书橱内有横竖相间分成的小格，用于放置书卷，折页书则放在只有横格的书架上。书橱一般是可以单独移动的，但也有嵌入到墙壁里的书橱。[1]

这些私人图书馆对文化的保存与传承起了重要作用。私人图书馆是当时文化人士进行学术交流和文化探讨的重要场所。古罗马将军卢库鲁斯（Lucullus）在政治上失势之后，将自己的图书馆和花园向来访的朋友和学者开放，他也是第一个把自己的藏书向公众开放的人。私人藏书家还经常把自己的藏书借给朋友，如古希腊帕加马（Pergamon）图书馆馆长克拉特斯（Crates of Mallus）充分利用当时的各种图书馆进行文化传播，极大地激发了罗马人对希腊文化的兴趣。西多因那·阿波利奈尔详细地描述了当时的一座私人图书馆，这座图书馆里有专门供女性读者阅读的宗教启示类书籍和为她们的丈夫准备的学说类文章。到帝国后期，基督教徒的私人图书馆不仅对教徒开放，还对广大公众开放。所有这些，都能很好地反映私人藏书在古罗马社会的交流与文化传承中的重要地位。[2]

二、犹太人的家庭阅读传统

犹太民族因为比其他许多民族更重视学习知识而被称为"智慧的民族"或者"书的民族"。[3] 犹太民族的杰出成就，得益于其卓越的文化素养和精神底蕴，更源于犹太人对读书宗教般的情怀。

犹太教典籍《希伯来圣经》《塔木德》便明确规定，"学习"是犹太教教徒的必备品格和一项神圣的义务，一个不学习的人被认为对上帝不敬，不具备犹太人资格。犹太人认为："一个人要是没有知识，还能有什么呢？一个人一旦拥有知识，那他还能缺什么呢？"[4] 由此可见，学习和阅读于犹太人灵魂深处根深蒂固，

---

[1] Pliny the Younger,Letters［M］.Cambridge,MA：Har-vard University Press,1972：75
[2] ［法］卡特琳娜·萨雷丝.古罗马人的阅读［M］.张平，韩梅，译.桂林：广西师范大学出版社，2005〔转引自：禹群英，王俊杰.论古罗马的私人图书馆［J］.图书馆界，2009（1）：7—9〕
[3] 林青芸.中以两国国民阅读比较分析与思考［J］.厦门城市职业学院学报，2014（4）：88—92
[4] 贺雄飞.四十一级台阶［M］.桂林：漓江出版社，2012：106

并恒久影响民族传承,是推动社会阅读的强大原动力。[1]

犹太人认为,阅读教育应从孩子抓起,阅读可以解决所有教育问题。《塔木德》写道:"父母是孩子人生道路上第一位老师,父母应成为孩子成长的指路明灯。"[2]以色列法律还规定,儿童8岁前,家长每天必须陪孩子阅读1小时。[3]亲子阅读奠定了犹太人早期教育的坚实基础,犹太人的孩子一般1岁牙牙学语就开始念圣经词句,三四岁已能独立阅读儿童读物。[4]而这些早期在家庭中养成的阅读习惯,势必影响犹太人一生。

三、俄罗斯的家庭阅读传统

俄罗斯人历来视图书为精神食粮,视图书馆为精神家园,家庭藏书和利用图书馆的普及率在世界上名列前茅。[5]俄罗斯家庭阅读最早起源于11世纪至12世纪,在当时的斯摩棱斯克、弗拉基米尔等一些城市和私人家庭中出现了图书馆[6],而俄罗斯许多著名文学家的家庭藏书也十分普及。大文豪屠格涅夫故居至今还保留着一间家庭图书馆,藏书曾达4万余册[7]。

如今俄罗斯人仍然认为,家庭文化的影响力胜于财富,它对每个人的成长都有着潜移默化的影响。在俄罗斯人的家庭中,最能让人引以为豪的不是黄金、珠宝,更不是名贵家具,而是种类齐全的私人藏书,书也是彼此馈赠的最好礼物。这使俄罗斯的大多数家庭充满浓厚的读书氛围,家庭成为人生学习的第一场所。1994年的"家庭年"激活了家庭阅读这项活动,使图书馆的服务延伸到家庭,逐步形成图书馆离不开家庭、家庭离不开图书馆的态势。俄罗斯的许多公共图书

---

[1] 南爱峰.犹太人的阅读理念、实践和启示[J].图书馆理论与实践,2015(8):17—19
[2] 犹太人和读书[EB/OL].[2016-12-15].http://www.china.com.cn/zhuanti2005/txt/2002-09/19/content_5206823.htm
[3] 像犹太人一样培养孩子良好的阅读习惯[EB/OL].[2016-12-15].http://blog.sina.com.cn/s/blog_95f2acd8010177gc.html
[4] 南爱峰.犹太人的阅读理念、实践和启示[J].图书馆理论与实践,2015(8):17—19
[5] 王静美.俄罗斯少儿图书馆发挥教育职能的特点分析[J].图书馆工作与研究,2002(2):70—72
[6] 鲍振西.俄罗斯图书馆[J]//中国大百科全书(图书馆学、情报学、档案学)[M].北京:中国大百科出版社,1993
[7] 在屠格涅夫的精神家园里流连[EB/OL].[2016-12-15].http://www.1-123.com/works/Modern/W/weilandewangguo/122628.html

馆和少儿馆都设有家庭阅读研究机构，文化类大学里开设有独立的家庭阅读课程，有关家庭阅读教育的相关内容也被编入了大学教材当中。俄罗斯家庭阅读十分普及，这不仅得益于家庭藏书，也得益于图书馆制定的阅读大纲。家庭阅读大纲还具有整体性，从制定到实施都有一整套措施，能够充分调动馆员、家长的积极性，使阅读走入家庭，走入家庭成员的心中。①

四、其他国家的家庭阅读传统

"知识就是力量"，这句英国作家培根的名言突出表现了英国人热爱读书的传统，也影响了一代代英国人。英国人良好读书习惯的养成，得益于家庭的影响和社会的推动两大方面。英国很多家长都有睡前给孩子念书、讲故事的习惯。而家长自身的阅读习惯更是对孩子形成潜移默化的影响。②

在法国，孩子阅读习惯的培养包含着家长、政府、学校和社会团体等多方的共同努力。为了让孩子从小就对读书感兴趣，法国文化及通讯部和法国全国家庭补助金管理局从2009年起开展了"初识读书"活动。该活动为每个新生儿家庭配备1套纪念册和1本阅读指南，并通过网站、明信片等形式为家长提供阅读建议，同时对家长进行婴儿阅读专业培训。③

德国重视从儿童抓起，6年内一个孩子要打三次"阅读疫苗"。"孩子生下来第一次去打预防针，就会从儿童医生那里得到第一本图画书"，家长也会得到如何培养孩子阅读兴趣、如何给孩子朗读的提示。德国有很多家庭拥有自己的小图书馆，是全世界人均书店密度最高的国家。④

新加坡政府自2001年11月开始实施"天生读书种，读书天伦乐"（Born to Read, Read to Bone）活动，每个婴儿出生时，护士叮嘱产妇的事项中便有"如何读书给婴儿听"一项；政府鼓励婴儿与母亲亲情联系的方式，是以读简单的故事、唱儿歌的方式来进行。⑤

---

① 王静美，朱明德. 俄罗斯图书馆的家庭阅读新模式研究[J]. 图书馆工作与研究，2005（1）：18—20
② 富琳. 国外全民阅读面面观及其启示[J]. 图书馆学研究，2014（18）：84—87
③ 富琳. 国外全民阅读面面观及其启示[J]. 图书馆学研究，2014（18）：84—87
④ 富琳. 国外全民阅读面面观及其启示[J]. 图书馆学研究，2014（18）：84—87
⑤ 富琳. 国外全民阅读面面观及其启示[J]. 图书馆学研究，2014（18）：84—87

第二节 英国"阅读起跑线"计划

一、简介

英国的"阅读起跑线"（Bookstart）计划，是世界上第一个专为学龄前儿童提供阅读指导服务的全球性计划。1992 年由英国慈善机构——图书信托基金会（Booktrust）、伯明翰图书馆服务部和基层医护服务信托基金会联合发起[①]。该计划最初以伯明翰图书馆和当地健康中心为执行单位[②]，逐步发展壮大，并于 2004 年获得英国政府的经费支持和辅助管理，至今已有 20 多年的历史了。

二、主要内容

英国"阅读起跑线"计划旨在让每个英国儿童都能够从早期阅读中受益，享受阅读的乐趣并将阅读作为终身爱好。[③]该计划免费为 0~4 岁儿童发放与其年龄对应的"阅读包"（Bookstart Packs，图 8-1）并开展各种亲子互动的阅读活动，帮助家长掌握培养孩子良好阅读习惯的方法和技巧，鼓励家长与他们的孩子一起分享图书、故事和儿歌，鼓励他们到附近的图书馆借阅图书，并利用图书馆的其他资源。

图 8-1 英国"阅读起跑线"计划"阅读包"

"阅读起跑线"计划最核心的工作内容就是由公共图书馆、教育、卫生等多家机构联手为每个婴幼儿发放一个免费的阅读包。阅读包所包含的内容，详见表 8-1。

---

① 陈永娴. 阅读，从娃娃抓起——英国"阅读起跑线"（Bookstart）计划 [J]. 图书馆理论与实践，2008（1）：101—104
② 李慧敏. 婴幼儿童（0~6）岁阅读推广案例特色研究——以英国、美国、德国为例 [J]. 图书馆工作与研究，2011（8）：109—112
③ 王琳. 婴幼儿阅读推广策略研究——基于英国"阅读起跑线"计划案例 [J]. 图书馆建设，2013（3）：39—42

表 8-1 "阅读起跑线"计划"阅读包"内容

"阅读包"内容	适用对象	内容	获得方式	适用范围
婴儿包 （Bookstart Baby Pack）	0~12个月的婴儿	1个紫色手提袋，里面装有2本硬纸板书、1本童谣书、1本认识形状的书，还有1本《父母阅读指南》	在婴儿7~9个月大的时候，由健康访视员带给婴儿父母，或从当地图书馆索取	全世界
高级包 （Bookstart Plus Pack）	学步儿童	1个书包，里面装有2本书、1本笔记本、1套彩色蜡笔、1套数字卡片、《书目指南》，还有关于分享图书的建议	当地Sure Start中心（英国政府设立的辅助Bookstart的中心）	英国
百宝箱 （Bookstart Treasure Pack）	3~4岁学前儿童	1个红色书包，里面装有2本图画书、1本读书指南、1套书签和1盒彩色铅笔	幼儿园或其他早教机构、当地图书馆	全世界
发光包 （Bookshine Pack）	0~2岁聋哑儿童；2~4岁聋哑儿童	2本硬纸板书，1本发光的介绍如何与聋哑儿童分享图书的小册子，1本发光的列有更多书目、组织和资源的指南书，1个印有手语儿歌的餐垫	健康访视员、当地健康机构、早教机构、当地图书馆	全世界
触摸包 （Booktouch Pack）	0~2岁聋哑儿童；2~4岁聋哑儿童	2本触摸书，1本触摸的介绍如何与聋哑儿童分享图书的小册子，1本触摸的列有更多书目、组织和资源的指南书，1张儿歌CD	健康访视员、当地健康机构、早教机构、当地图书馆	全世界
双语资料 （Dual Language Books）	非英语母语的儿童	双语对照读物：英语、阿尔巴尼亚语、阿拉伯语、孟加拉语、汉语、克罗地亚语、捷克语、波斯语、法语、德语、希腊语、古吉拉特语、印地语、意大利语、日语、韩语、库尔德语、尼泊尔语、旁遮普语、波兰语、葡萄牙语、俄语、索马里语、西班牙语、他加禄语、泰米尔语、土耳其语、乌尔都语、越南语，或者翻译的阅读指南小册子	当地图书馆	全世界

"阅读包"里面装有不同的图书和物品，其适用对象和获取方式依据儿童的年龄和身心发展情况而有所不同，同时，还为参与家庭准备了更多阅读推广活动，如儿歌时间、故事时间、蓝熊俱乐部、全国活动周等活动，而这些活动通常在当

地图书馆或幼儿园等场所举行。

"阅读起跑线"除了让参与的儿童终身受益之外,也使越来越多婴幼儿家庭加入阅读运动之中,让婴幼儿把家长带回书本之中、带回图书馆。[①]

三、在世界范围内的发展

目前,日本、韩国、泰国、澳大利亚、美国、智利、意大利、墨西哥、波兰、南非、印度等多个国家和地区都主动参与到"阅读起跑线"计划中来。我国部分城市也加入和开展了类似的活动。我国台湾地区较早加入 Bookstart 计划,除了对 0~3 岁婴幼儿及其父母免费赠书之外,还邀请婴幼儿教育专家组织父母学习,举办亲子读书会等活动,并从 2009 年开始实行"小学一年级新生阅读推广计划",所有新入学的一年级学生均可获赠全新适龄图书 1 册。苏州图书馆 2011 年启动的"悦读宝贝计划",向苏州户籍的 0~3 岁婴幼儿赠送阅读大礼包,并根据苏州地区婴幼儿阅读的实际情况开展相应的阅读推广活动(图 8-2)。2016 年 4 月 23 日启动的深圳地区"阅芽计划",为深圳地区 0~3 岁儿童免费发放"阅芽包",内含一个多用途书包、两本适应不同年龄段孩子的经典绘本、一本分阶段的阅读指导手册和一本 60 种图画书的导读,同时通过"爱阅公益"微信公众号和 APP 推送早期阅读推荐及在线听读等服务。

图 8-2 苏州图书馆"悦读宝贝计划"发放阅读大礼包(苏州图书馆供图)

[①] 李慧敏. 婴幼儿童(0~6)岁阅读推广案例特色研究——以英国、美国、德国为例[J]. 图书馆工作与研究,2011(8):109—112

第三节 俄罗斯奥廖尔州立儿童图书馆"家庭年"阅读推广实践

一、活动背景

俄罗斯是一个极度重视阅读和家庭文化的国度。"一个家庭没有书,正如房间没有窗户",这足以说明俄罗斯对于家庭阅读的重视。1994年和2008年,是官方确定的"家庭年",几乎所有图书馆都举行了反映家庭内容的各种活动,侧重开展以培养儿童阅读习惯为中心的家庭阅读、儿童阅读活动。[①] 在2008年俄罗斯"家庭年"中,各地图书馆结合自身的资源和条件,开展了适合本地区居民阅读情况的阅读推广活动。如举办反映家庭内容的图书展览、诗歌朗诵会;举办东正教家庭故事会;播放有关家庭题材的电影;举办以家庭为题材的图书作品的读者座谈会、学术研讨会等。[②] 其中奥廖尔州州立儿童图书馆表现突出,特予以介绍。

二、"家庭年"中图书馆开展的家庭阅读推广活动

(一)调查家庭阅读状况

研究组通过发放纸质调查表、口头调查咨询、开展小型调查研究会等方式,对地区家庭的阅读方式、阅读状况和存在的问题进行了一系列的调查活动。调查结果表明,俄罗斯家庭阅读具有良好的基础。每个家庭都拥有私人藏书,每位家长特别是母亲都知道读书的重要性,每位家长都是俄罗斯图书馆的读者。在此基础上,俄罗斯早期婴幼儿阅读、家庭阅读具有潜在的增长态势。存在的问题则主要在于缺乏文献阅读的引导与推荐。

(二)实施早期婴幼儿阅读计划

针对未来家长和拥有0~3岁幼儿的家庭实施早期婴幼儿阅读计划。该馆为"准妈妈"和新生儿母亲制订阅读大纲,提供针对胎儿、婴儿生长发育方面的教育和医学文献,提供有利于母亲与新生儿交流的文献,提供促使孕妇

---

① 孙姝慧.俄罗斯家庭年儿童阅读活动及启示[J].图书馆建设,2012(4):54—57
② 孙姝慧.俄罗斯家庭年儿童阅读活动及启示[J].图书馆建设,2012(4):54—57

心情愉快、保证胎儿发育良好的美育资料；实施"走出去"服务，走访本地区的"准妈妈"，并由图书馆馆员每月到分娩中心为"准妈妈"上一次课，其中最受欢迎的是"不同的孕育获得不同的结果"阅读辅导课程，促使"准妈妈"成为图书馆的固定读者。

（三）开展以家庭为单位的阅读活动

发挥州立儿童图书馆的中心馆作用，组织、协助各地区分馆开展形式多样的家庭阅读活动。如在地区的儿童分馆举办"成人·婴幼儿·图书""家庭与图书""家庭与阅读环境""家庭·图书·图书馆""我与书籍一起成长""我们家庭喜爱的图书"等不同主题的阅读活动，同时组织以"家庭、我和我的家庭"为主题的家庭阅读比赛，并在此框架下举办家庭节日庆祝会、面向母亲的关于家庭阅读的座谈会、家庭创作作品展、"我们尊重阅读"读书活动节等活动。

三、主要特色

（一）根植于良好的法律、政策和社会环境

俄罗斯有关阅读和图书馆的法律、纲要和标准，为家庭阅读服务的开展提供了方向、动力和保障。如2006年，俄罗斯联邦出版与大众传媒司牵头和俄罗斯图书联盟共同签署发布了《国家阅读支持与发展纲要》；俄罗斯图书馆学会2001年通过《俄罗斯公共图书馆活动示范标准》；2011年，俄罗斯图书馆协会通过《2011—2015年俄罗斯图书馆协会发展的优先方向》等。

早在1996年就成立的俄罗斯阅读联盟和从2002年起遍布全国的地区级的专门阅读推广中心，以及跨地区图书馆合作中心，为家庭阅读推广活动提供了良好的合作和分享氛围。这些中心参与国际阅读推广项目，注重交流合作与经验分享，以各种形式宣传、实施、支持阅读推广，影响着联邦政府各区域阅读和扫盲政策的制定与实施。

官方层面确定的"家庭年"主题，使得社会各界对家庭阅读的重视程度显著提高，图书馆开展家庭阅读推广活动充满了动力；良好的社会环境，也使得各级机构能团结合作，活动得以顺利推进。

（二）重视家庭阅读研究

图书馆服务如何延伸至家庭并引导家庭阅读，是俄罗斯图书馆的重要课题。从 20 世纪 90 年代中期起，家庭阅读课程即是俄罗斯文化类大学里的一门独立的课程，为图书馆开展家庭阅读推广提供理论基础和依据。

在"家庭年"中，奥廖尔州州立儿童图书馆也十分重视家庭阅读研究。图书馆在制订计划、开展活动前即成立专题专家研究组，对家庭阅读情况进行调研，并对调研结果进行分析，在调查结果的基础上开展形式多样、针对性强的家庭阅读推广活动。

（三）重视家庭阅读的深化和特殊群体的阅读

在"家庭年"中，奥廖尔州州立儿童图书馆开展的形式多样的家庭阅读活动都不是单一进行的，而是会根据阅读内容开展唱歌、跳舞、绘画、摄影、文学、科学等活动，从而增加感染力，加深阅读记忆。

开展深化阅读的创作比赛，鼓励读者创作。如收集本州儿童创作的文学、摄影、绘画作品，出版专辑，参加全国性比赛等。

开展法制宣传阅读活动，发放法制宣传材料。举办"法制天地"活动；开设法律信息中心；安排馆员为未来接班人班组（读者群）解答法律信息咨询；邀请奥廖尔州的公安局工作人员、律师、法律工作者到图书馆为读者专门解答有关家庭及儿童的法律问题。

为残疾儿童及其家长提供有关残疾儿童治疗、国家对残疾儿童医疗和就业方面的优惠政策以及使用盲文信息的方式，组织残疾儿童及其家长开展阅读活动等。

第四节 日本国际儿童图书馆助力家庭阅读

一、背景与简介

日本是"读书大国"，这和日本政府对阅读的重视是分不开的。早在 1950

年，日本便制定了《图书馆法》，并不断发展和完善。同时，日本社会很早就意识到家庭对孩子阅读习惯和兴趣培养的重要性。例如，1959 年，日本长野召开"全国母亲读书大会"[①]；1960 年，日本儿童读物作家发起"亲子读书运动"，要求父母每天至少陪孩子看 20 分钟的书；1967 年，斋藤尚吾设立日本亲子读书中心[②]；1988 年，校园"晨间阅读运动"正式启动并迅速席卷日本；2000 年，日本"儿童阅读年"启动，国际儿童图书馆正式开馆；2001 年，日本颁布《儿童读书推进相关法律》，制定每年的 4 月 23 日为"儿童阅读日"；2010 年，日本"国民读书年"到来，更是在全社会掀起了全民阅读的热潮。

图书馆在亲子活动中引导社区、家庭共筑阅读氛围。[③] 其中，2000 年正式开馆的日本国立国会图书馆国际儿童图书馆在其中发挥了引领、指导、统筹和助力作用。

二、主要服务内容[④]

国际儿童图书馆是日本唯一的国立儿童图书馆，它作为国立国会图书馆的重要组成部分，依据呈缴本制度全面收集日本国内的童书、儿童杂志、学习参考书以及面向儿童的 DVD、CD-ROM 等。同时通过购买、国际交换、赠送等方式收集了约 120 个国家和地区的童书及相关资料。国际儿童图书馆还对公立图书馆、大学图书馆以及中小学图书馆提供支持，通过互联网提供与儿童、青少年图书相关的信息，举办各种知识讲座，承担讲师派遣、图书馆馆际合作等职责，可以说，它是"日本的童书中心"。

（一）儿童读书活动推进支援计划

该计划时间为 2010 年至 2014 年，服务内容主要为：对全国公共图书馆、学校图书馆、文库等有儿童服务的机构给予信息情报和人才培养方面的大力支持。具体主要体现在：

---

① 石井敦，施金炎. 日本公共图书馆大事年表［J］. 图书馆，1990（1）：61—64，75
② 孙颉，原保忠. 日本少儿阅读的发展及启示［J］. 图书馆，2011（4）：93—95
③ 周樱格. 日本图书馆少儿阅读推广的策略研究与启迪［J］. 图书馆杂志，2012（9）：108—110
④ 崔健. 浅议日本的少儿阅读推广活动——以日本国立国会图书馆国际儿童图书馆为例［J］. 山东图书馆学刊，2014（1）：55—58

在信息发布和网络构建方面，国际儿童图书馆不断充实网站内容，对儿童服务人员提供完整可靠的信息；通过邮件传递服务，积极提供儿童阅读的各种情报；丰富在线服务内容，开发面向儿童使用的OPAC检索系统并在首页提供服务；向儿童服务人员提供交流平台，举办儿童服务合作论坛，并将内容公布，扩大信息资源的共享；成立专门的调查研究小组，负责研究如何将儿童读书推进活动现场化、成果化。

在人才培养方面，自2004年始，面向儿童服务人员举办"儿童文学连续讲座"，并将每次的讲义内容刊行发布；邀请国内外童书和儿童服务的专家学者，举办讲演会或研讨会，并将会议内容公布在网站首页；让更多的儿童服务人员担当研修讲师，通过远距离研修、派遣研修等方式，扩展图书馆的研修事业。

在对学校图书馆的支援方面，向全国中小学免费提供介绍世界各国历史、文化、生活等内容的书籍；与学校图书馆合作，向学生提供学习参考书目，并参与制作课外阅读书目；对学校图书馆的参考咨询和主题讲解提供具体的调查方法，支持学校图书馆实现信息的共通共享；向学校图书馆提供远距离复印、参考咨询和书籍借阅等服务。

（二）儿童服务和家庭阅读推广活动

儿童故事会：由图书馆馆员担当讲师，在每周六和周日为孩子举行。儿童故事会一般只接待儿童读者，内容选自日本故事、外国故事、创作绘本、科学绘本、诗歌、儿童趣味语言游戏、儿歌等，以组合形式满足儿童的好奇心和求知欲。

儿童故事会体验会：2009年开始举办面向成人和图书馆馆员的故事会，共同研讨故事会运营中的经验、细节、困难等。

科学兴趣班：每年举办科学兴趣班，通过各种科学实验引导儿童对科学和科学书籍产生兴趣，并给出相应的科学读书书目。

（三）对学校和学校图书馆的服务

学校图书馆整套借阅服务：2002年11月开始，向全国学校图书馆提供包含外文原版童书在内的50册书籍的套书借阅服务，旨在通过书籍使孩子加深对世界各国、各地区人民生活的理解。

这些套书选书时大致的构成比为6（知识类）:1（传说）1:（创作绘本、小说）：2（外文书）。每套书围绕一个主题，介绍某国地域的历史、地理、自然、风俗和文化等内容。目前涉及的主题主要有：韩国套书、北欧套书、认识世界套书（小学低年级）、加拿大和美国套书、亚洲套书、认识世界套书（小学高年级）、欧洲套书、东亚套书、东南亚和南亚套书、中东和非洲套书、中南美套书、大洋洲与南北极套书等。

参考咨询服务：对儿童图书馆、学校图书馆的主题活动提供参考咨询服务，内容包括藏书调查、藏书机构调查、书籍期刊调查、专题文献介绍、机构介绍等。

参观见学服务：每周二到周四接待幼儿园、小学、中学及各类学校的参观见学活动。

与学校图书馆合作的学习支援项目：与学校社会科的实践研究相结合，为学校社会科的研究提供资料和文献支持，让更多儿童感受到图书馆在学习过程中的促进作用和读书的乐趣。

三、主要特色

（一）开展全国性阅读支持计划

日本国际儿童图书馆在利用馆藏资源和人才队伍，开展日常服务和阅读推广服务的同时，还承担了一部分阅读推广理论研究、全国性儿童阅读推广活动的统筹与规划、为学校和家庭阅读提供支持和支援等工作。这些工作很好地促进了该国阅读推广活动的推进、铺开以及持续进行，引领和支持其他类型的儿童阅读推广机构开展阅读活动。这是值得很多国家和地区借鉴的一点。

（二）走出馆舍，亲近读者

通过学校图书馆整套借阅计划，将各个国家主题的套书通过学校图书馆输送到读者手中；通过学习支援项目，主动走进学校，与授课老师和儿童行为专家学者研究主题，为读者提供研究主题的书目推荐、研究材料的提供等。这些活动都使得该馆服务走出物理馆舍，与读者产生零距离接触，从而起到促进阅读、提高阅读兴趣的作用。

（三）注重全国阅读推广人才的培养

在自身开展的活动中，注重专业人才的培养，定期开展总结研讨，探讨运营过程中的经验、细节、困难等。同时，注重信息分享，通过邮件、网络等多种途径，宣传阅读推广理论和实践进展，为全国从事阅读推广的人士提供免费进修的机会和途径。

附 录

中国幼儿基础阅读书目

基础书目（40种）

年龄段	书名	作者（译者）	出版社	出版时间
（0~3岁）	《中国童谣》	李光迪、金波/文，田原、胡永凯/图	连环画出版社	2012年8月
	《点点点》	[法]埃尔维·杜莱/文图，蒲蒲兰/译	二十一世纪出版社	2012年3月
	《可爱动物操》	方素珍/文，郝洛玟/图	河北教育出版社	2009年11月
	《我爸爸》	[英]安东尼·布朗/文图，余治莹/译	河北教育出版社	2007年4月
	《好饿的毛毛虫》	[美]艾瑞·卡尔/文图，郑明进/译	明天出版社	2008年4月
	《鼠小弟的小背心》	[日]中江嘉男/文，[日]上野纪子/图，赵静、文纪子/译	南海出版公司	2009年8月
	《小玻在哪里》	[英]艾力克·希尔/文图，彭懿/译	接力出版社	2012年10月
	《米菲住院》	[荷兰]迪克·布鲁纳/文图，童趣出版有限公司/编译，阿甲/审译	人民邮电出版社	2009年2月
	《喂——哎——》	[日]和歌山静子/文图，蒲蒲兰/译	连环画出版社	2013年1月
	《我要拉屁屁》	[日]佐佐木洋子/文图，张慧荣/译	二十一世纪出版社	2009年3月

189

续表

年龄段	书名	作者（译者）	出版社	出版时间
（3~4岁）	《爱画画的诗》	林芳萍/文，林小杯/图	明天出版社	2013年4月
	《一园青菜成了精》	编自北方童谣，周翔/图	明天出版社	2008年7月
	《你一半，我一半》	曹俊彦/文图	五洲传播出版社	2011年10月
	《子儿，吐吐》	李瑾伦/文图	明天出版社	2013年6月
	《拔萝卜》	［俄］阿·托尔斯泰、［日］内田莉莎子/文，［日］佐藤忠良/图，朱自强/译	新星出版社	2013年6月
	《逃家小兔》	［美］玛格丽特·怀兹·布朗/文，［美］克雷门·赫德/图，黄迺毓/译	明天出版社	2013年6月
	《数数看》	［日］安野光雅/图	接力出版社	2012年2月
	《大卫，不可以》	［美］大卫·香农/文图，余治莹/译	河北教育出版社	2007年4月
	《我就是喜欢我》	［荷］马克斯·维尔修思/文图，亦青/译	湖南少年儿童出版社	2006年6月
	《和甘伯伯去游河》	［英］约翰·伯宁罕/文图，林良/译	河北教育出版社	2008年9月
（4~5岁）	《乡下动物园》	萧袤/文，梁培龙/图	新世纪出版社	2010年8月
	《京剧猫·武松打虎》	熊亮/文，熊亮、吴翟/图	生活·读书·新知三联书店	2013年6月
	《吃黑夜的大象》	白冰/文，李清月/图	中国少年儿童出版社	2010年2月
	《妈妈，买绿豆！》	曾阳晴/文，万华国/图	明天出版社	2010年11月
	《神笔马良》	洪汛涛/文，张光宇/图	湖南少年儿童出版社	2013年8月
	《雪人》	［英］雷蒙·布力格/图	明天出版社	2009年11月
	《你看起来好像很好吃》	［日］宫西达也/文图，杨文/译	二十一世纪出版社	2009年1月
	《巴巴爸爸的马戏团》	［法］安娜特·缇森、［法］德鲁斯·泰勒/文图，谢逢蓓/译	接力出版社	2010年6月
	《眼》	［波兰］伊娃娜·奇米勒斯卡/文图，明书/译	接力出版社	2013年11月

续表

年龄段	书名	作者（译者）	出版社	出版时间
	《电视迷》	[美]斯坦·博丹,[美]简·博丹/文图,张德启 等/译	新疆青少年出版社	2013年1月
（5~7岁）	《带不走的小蜗牛》	凌拂/文,黄崑谋/图	海燕出版社	2009年9月
	《小巴掌童话》	张秋生/著	中国福利会出版社	2004年9月
	《大头儿子和小头爸爸》	郑春华/著	南海出版公司	2012年7月
	《羽毛》	曹文轩/文,[巴西]罗杰·米罗/图	中国少年儿童出版社	2013年9月
	《进城》	林秀穗/文,廖健宏/图	明天出版社	2010年12月
	《野兽国》	[美]莫里斯·桑达克/文图,宋佩/译	贵州人民出版社	2014年6月
	《三只小猪的真实故事》	[美]乔恩·谢斯卡/文,[美]莱恩·史密斯/图,方素珍/译	河北教育出版社	2007年4月
	《苏和的白马》	[日]大塚勇三/文,[日]赤羽末吉/图,[日]猿渡静子/译	新星出版社	2013年5月
	《田鼠阿佛》	[美]李欧·李奥尼/文图,阿甲/译	南海出版公司	2010年9月
	《杰德爷爷的理发店》	[美]玛格丽·金·米契尔/文,[美]詹姆斯·瑞森/图,柯倩华/译	河北教育出版社	2012年12月

推荐书目（60种）

年龄段	书名	作者（译者）	出版社	出版时间
（0~3岁）	《谁咬了我的大饼》	徐志江/文图	东方娃娃杂志社	2009年9月
	《晚安，大猩猩》	[美]佩吉·拉特曼/文图,爱心树/译	南海出版公司	2010年6月
	《鳄鱼怕怕，牙医怕怕》	[日]五味太郎/文图,上谊编辑部/译	明天出版社	2013年6月
	《让我荡一会儿吧》	[日]清野幸子/文图,[日]猿渡静子/译	南海出版公司	2009年11月
	《亲爱的动物园》	[英]罗德·坎贝尔/文图,李树/译	二十一世纪出版社	2012年5月

191

续表

年龄段	书名	作者（译者）	出版社	出版时间
（0~3岁）	《大象杂技团》	金波/文，钱继伟、大青/图	中国少年儿童出版社	2010年8月
	《做鬼脸》	［日］阿万纪美子/文，［日］上野纪子/图，蒲蒲兰/译	连环画出版社	2010年3月
	《早上好》	［丹麦］汉娜·哈斯特鲁普/文图，任溶溶/译	二十一世纪出版社	2009年10月
	《第一次上街买东西》	［日］筒井赖子/文，［日］林明子/图，彭懿/译	新星出版社	2014年4月
	《这是什么形状》	［日］秦好史郎/文图，杨文/译	北京少年儿童出版社	2005年1月
	《抱抱》	［英］杰兹·阿波罗/文图，上谊编辑部/译	明天出版社	2009年3月
	《藏猫猫》	［日］木村裕一/文图，崔维燕/译	接力出版社	2009年3月
	《蹦！》	［日］松冈达英/文图，蒲蒲兰/译	二十一世纪出版社	2008年10月
	《什么地方不一样？——对比游戏》	［英］帕特里克·乔治/图	接力出版社	2012年1月
	《打预防针，我不怕》	［日］小林雅子/文，［日］冈边理香/图，［日］猿渡静子/译	南海出版公司	2010年1月
（3~4岁）	《是谁嗯嗯在我的头上》	［德］维尔纳·霍尔茨瓦特/文，［德］沃尔夫·埃布鲁赫/图，方素珍/译	河北教育出版社	2007年4月
	《颜色国的秘密》	黄毅民、季颖、陈秋影/文，黄毅民/图	连环画出版社	2011年11月
	《下雨了！》	汤姆牛/文图	北京联合出版公司	2012年8月
	《古利和古拉》	［日］中川李枝子/文，［日］山胁百合子/图，季颖/译	南海出版公司	2012年1月
	《谁的自行车》	［日］高畠纯/文图，小鱼儿/译	中国电力出版社	2010年6月
	《我变成一只喷火龙了！》	赖马/文图	河北少年儿童出版社	2012年12月

续表

年龄段	书名	作者（译者）	出版社	出版时间
（3~4岁）	《小真的长头发》	[日]高楼方子/文图,季颖/译	新星出版社	2014年4月
	《阿立会穿裤子了》	[日]神泽利子/文,[日]西卷茅子/图,米雅/译	明天出版社	2008年12月
	《我不要去幼儿园》	[法]丝特法妮·布莱克/文图,武娟/译	二十一世纪出版社	2010年1月
	《动物绝对不应该穿衣服》	[美]茱蒂·巴瑞特/文,[美]罗恩·巴瑞特/图,沙永玲/译	上海人民美术出版社	2012年3月
	《黄雨伞》	[韩]柳在守/图,[韩]申东一/作曲	接力出版社	2009年5月
	《蜗牛的家在哪里?》	[韩]金长成/文,[韩]崔玟吾/图,余凌燕/译	新疆青少年出版社	2009年6月
	《你睡不着吗?》	[爱尔兰]马丁·韦德尔/文,[爱尔兰]芭芭拉·弗斯/图,潘人木/译	明天出版社	2008年12月
	《咕噜牛》	[英]朱莉娅·唐纳森/文,[德]阿克塞尔·舍夫勒/图,任溶溶/译	外语教学与研究出版社	2005年5月
	《家里的安全》	[英]克莱尔·卢埃林/文,[英]迈克·戈登/图,于水/译	电子工业出版社	2010年10月
（4~5岁）	《老鼠娶新娘》	张玲玲/文,刘宗慧/图	二十一世纪出版社	2008年1月
	《小丑鱼》	冰波/文,谷米/图	教育科学出版社	2011年1月
	《九色鹿》	保冬妮/文,刘巨德/图	重庆出版社	2011年4月
	《小马过河》	彭文席/文,陈永镇/图	贵州人民出版社	2013年9月
	《安的种子》	王早早/文,黄丽/图	海燕出版社	2008年12月
	《100层的房子》	[日]岩井俊雄/文图,于海洋/译	北京科学技术出版社	2010年10月
	《阿文的小毯子》	[美]凯文·亨克斯/文图,方素珍/译	河北教育出版社	2007年4月
	《14只老鼠赏月》	[日]岩村和朗/文图,彭懿/译	接力出版社	2010年3月

续表

年龄段	书名	作者（译者）	出版社	出版时间
（4~5岁）	《11只猫跑马拉松》	［日］马场登／图	新星出版社	2012年6月
	《点》	［加］彼德·雷诺兹／文图，邢培健／译	南海出版公司	2010年6月
	《图书馆狮子》	［美］米歇尔·努森／文，［美］凯文·霍克斯／图，周逸芬／译	河北少年儿童出版社	2011年5月
	《这样的尾巴可以做什么？》	［美］史蒂夫·詹金斯／文，［美］罗宾·佩奇／图，郭恩惠／译	河北教育出版社	2009年5月
	《我不知道我是谁》	［英］乔恩·布莱克／文，［德］阿克塞尔·舍夫勒／图，邢培健／译	新星出版社	2013年11月
	《和我一起玩》	［美］玛丽·荷·艾斯／文图，余治莹／译	河北教育出版社	2010年2月
	《变焦》	［匈牙利］伊斯特万·巴克亚伊／文图	河北教育出版社	2011年9月
（5~7岁）	《团圆》	余丽琼／文，朱成梁／图	明天出版社	2008年1月
	《镜子里的小孩》	向阳／文，幾米／图	海豚出版社	2011年1月
	《春神跳舞的森林》	严淑女／文，张又然／图	河北教育出版社	2010年5月
	《中国山川故事》	周翔 等／文图	河北少年儿童出版社	2014年1月
	《小小牛顿幼儿馆》（第1辑）	台湾牛顿出版公司／文图	贵州教育出版社	2010年10月
	《想当老师的猫》	王晓明／文图	二十一世纪出版社	2011年9月
	《新学堂歌》	谷建芬／选编，蔡皋 等／图，谷建芬／作曲	河北教育出版社	2014年4月
	《极地特快》	［美］克里斯·范·奥尔斯伯格／文图，杨玲玲、彭懿／译	南海出版公司	2011年1月
	《我最熟悉的……》	［德］拉尔夫·布茨科 等／文，［德］拉尔夫·布茨科／图，郭静／译	北京科学技术出版社	2010年9月

续表

年龄段	书名	作者（译者）	出版社	出版时间
（5~7岁）	《我有感觉》	[美]阿丽奇/文图，戴伟杰/译	河北教育出版社	2014年1月
	《人之初》	吉葡乐、素数花开/文，安培/图	北京联合出版公司	2014年1月
	《小威向前冲》	[英]尼古拉斯·艾伦/文图，李小强/译	贵州人民出版社	2008年10月
	《汉声数学图画书》	[美]明德尔·西托默 等/文，理查德·库法里 等/图，汉声杂志/译	贵州人民出版社	2013年11月
	《咕叽咕叽》	陈致元/文图	明天出版社	2012年6月
	《小纸船看海》	林良/文，郑明进/图	福建少年儿童出版社	2013年7月

（摘自《中国人阅读书目（一）——中国幼儿基础阅读书目·导赏手册》，朱永新、王林主编，新阅读研究所研制，中国人民大学出版社2014年9月版）

中国小学生基础阅读书目

基础书目（30种）

学段	类别	书名	作者（译者）	出版社	出版时间
小学低段（1~2年级）	文学	《蝴蝶·豌豆花——中国经典童诗》	金波/诗歌主编，蔡皋/绘画主编	河北教育出版社	2010年4月
		《稻草人》	叶圣陶/著	中国文联出版社	2014年7月
		《没头脑和不高兴》	任溶溶/著	浙江少年儿童出版社	2012年4月
		《小猪唏哩呼噜》	孙幼军/著，裘兆明/图	春风文艺出版社	2008年6月
		《我有友情要出租》	方素珍/著，郝洛玟/绘	新疆青少年出版社	2013年2月
		《我想去看海》	[法]克利斯提昂·约里波瓦/文，[法]克利斯提昂·艾利施/图，郑迪蔚/译	二十一世纪出版社	2006年8月

195

续表

学段	类别	书名	作者（译者）	出版社	出版时间
小学低段（1~2年级）	科学	《濒临危机的动物》	法国伽利玛少儿出版社/编，[法]皮埃尔·德·雨果/绘，王文静/译	接力出版社	2009年7月
		《在人体中游览》	[美]乔安娜·柯尔/文，[美]布鲁斯·迪根/图，蒲公英童书馆/译	贵州人民出版社	2011年1月
	人文	《千字文·三字经·弟子规》	郝光明、罗容海、王军丽/译注	文化艺术出版社	2011年4月
		《中国神话故事》	聂作平/编著	天津教育出版社	2007年4月
小学中段（3~4年级）	文学	《千家诗》	谢枋得、王相/编选，李乃龙/译注	文化艺术出版社	2011年4月
		《三毛流浪记》	张乐平/著	少年儿童出版社	2014年4月
		《宝葫芦的秘密》	张天翼/著，丁武/图	新蕾出版社	2005年9月
		《安徒生童话精选》	[丹麦]安徒生/著，叶君健/译	人民文学出版社	2003年5月
		《长袜子皮皮》	[瑞典]阿斯特丽德·林格伦/著，[瑞典]英格丽德·万·尼曼/图，李之义/译	中国少年儿童出版社	2009年10月
		《亲爱的汉修先生》	[美]贝芙莉·克莱瑞/著，柯倩华/译	新蕾出版社	2009年6月

续表

学段	类别	书名	作者（译者）	出版社	出版时间
小学中段（3~4年级）	科学	《奇妙的数王国》	李毓佩/著	中国少年儿童出版社	2011年6月
		《让孩子着迷的77×2个经典科学游戏》	[日]后藤道夫/著，施雯黛、王蕴洁/译	南海出版公司	2011年1月
	人文	《林汉达中国历史故事集》	林汉达/著	中国少年儿童出版社	2009年2月
		《书的故事》	[俄]伊林/著，胡愈之/译	二十一世纪出版社	2011年7月
小学高段（5~6年级）	文学	《西游记》	吴承恩/著	人民文学出版社	1955年2月
		《城南旧事》	林海音/文，关维兴/图	中国青年出版社	2007年4月
		《草房子》	曹文轩/著	江苏少年儿童出版社	1998年4月
		《我的妈妈是精灵》	陈丹燕/著	中国福利会出版社	2011年5月
		《夏洛的网》	[美]E.B.怀特/著，任溶溶/译	上海译文出版社	2004年5月
	科学	《叶永烈讲述科学家故事100个》	叶永烈/著	湖北少年儿童出版社	2009年1月
		《昆虫记》	[法]法布尔/著，陈筱卿/译	人民文学出版社	2013年4月
		《地心游记》	[法]儒勒·凡尔纳/著，杨宪益、闻时清/译	二十一世纪出版社	2011年7月
	人文	《孔子的故事》	李长之/著	二十一世纪出版社	2011年7月
		《少年音乐和美术故事》	丰子恺/著	二十一世纪出版社	2011年7月

推荐书目（70 种）

学段	类别	书名	作者（译者）	出版社	出版时间
小学低段（1~2 年级）	文学	《百岁童谣》	山蔓/编著，李全华 等/绘画	贵州人民出版社	2011 年 8 月
		《寻找快活林》	杨红樱/著	湖北少年儿童出版社	2006 年 12 月
		《十兄弟》	沙永玲/编著，郑明进/绘图	五洲传播出版社	2012 年 9 月
		《月光下的肚肚狼》	冰波/著	湖南少年儿童出版社	2012 年 1 月
		《格林童话选》	［德］格林兄弟/著，溪云/译	天津教育出版社	2013 年 5 月
		《让路给小鸭子》	［美］罗伯特·麦克洛斯基/文图，柯倩华/译	河北教育出版社	2009 年 11 月
		《青蛙和蟾蜍》	［美］艾诺·洛贝尔/文图，潘人木、党英台/译	明天出版社	2009 年 6 月
		《木偶奇遇记》	［意］卡洛·科罗迪/著，徐调孚/译	天津教育出版社	2007 年 4 月
		《了不起的狐狸爸爸》	［英］罗尔德·达尔/著，［英］昆廷·布莱克/绘，代维/译	明天出版社	2009 年 3 月
		《我和小姐姐克拉拉》	［德］迪米特尔·茵可夫/著，陈俊/译	二十一世纪出版社	2005 年 9 月
	科学	《一粒种子的旅行》	［德］安妮·默勒/文图，王乾坤/译	南海出版公司	2010 年 11 月
		《鼹鼠博士的地震探险》	［日］松冈达英/文图，蒲蒲兰/译	二十一世纪出版社	2008 年 10 月
		《动物王国大探秘》	［英］茱莉亚·布鲁斯/文，［英］兰·杰克逊/图，杨阳、王艳娟/译	广州出版社	2008 年 9 月
	人文	《笠翁对韵》	［清］李渔/著	浙江古籍出版社	2011 年 11 月
		《人》	［美］彼得·史比尔/著，李威/译	贵州人民出版社	2008 年 4 月

续表

学段	类别	书名	作者（译者）	出版社	出版时间
小学中段（3~4年级）	文学	《武松打虎》	刘继卣/绘	天津杨柳青画社	2003年1月
		《孙悟空在我们村里》	郭风/著	湖北少年儿童出版社	2006年9月
		《让太阳长上翅膀》	金波/著	江苏少年儿童出版社	2007年1月
		《小英雄雨来》	管桦/著	湖北少年儿童出版社	2009年8月
		《戴小桥全传》	梅子涵/著	江苏少年儿童出版社	2009年1月
		《舒克贝塔航空公司》	郑渊洁/著	二十一世纪出版社	2007年7月
		《我是白痴》	王淑芬/著，彭婷/插图	二十一世纪出版社	2009年9月
		《雪花人》	[美]杰奎琳·布里格斯·马丁/文，[美]玛丽·阿扎里安/图，柯倩华/译	河北教育出版社	2007年11月
		《父与子》	[德]卜劳恩/著，洪佩奇/编译	译林出版社	2012年8月
		《丁丁历险记》	[比利时]埃尔热/编绘，王炳东/译	中国少年儿童出版社	2009年12月
		《爱丽丝漫游奇境记》	[英]刘易斯·卡洛尔/著，王永年/译	二十一世纪出版社	2009年7月
		《柳林风声》	[英]肯尼思·格雷厄姆/著，任溶溶/译	上海译文出版社	2012年8月
		《彼得·潘》	[英]詹姆斯·巴利/著，杨静远/译	天津教育出版社	2007年4月
		《时代广场的蟋蟀》	[美]乔治·塞尔登/著，[美]盖斯·威廉姆斯/绘，傅湘雯/译	新蕾出版社	2007年9月
		《窗边的小豆豆》	[日]黑柳彻子/著，[日]岩崎千弘/图，赵玉皎/译	南海出版公司	2003年1月

续表

学段	类别	书名	作者（译者）	出版社	出版时间
小学中段（3~4年级）	科学	《生命的故事》	［英］维吉尼亚·李伯顿/文图，刘宇清/译	二十一世纪出版社	2010年2月
		《最美的科普·四季时钟系列》	［德］英姆迦德·鲁特、［德］乌纳·雅各布/著，顾白/译	江苏少年儿童出版社	2011年4月
		《可怕的科学·科学新知系列》	［英］迈克尔·考克斯 等/著，［英］高达德 等/绘，阎庚 等/译	北京少年儿童出版社	2010年1月
		《101个神奇的实验》	［德］安提亚·赛安、［德］艾克·冯格/文，［德］夏洛特·瓦格勒/图，谢霜/译	湖北美术出版社	2011年2月
		《我的第一本科学漫画书》	［韩］洪在彻、［韩］吴炫 等/文，［韩］郑俊圭/图，林虹均/译	二十一世纪出版社	2007年10月
	人文	《成语故事》	李新武/编写	人民文学出版社	2001年8月
		《最美最美的中国童话·传统节日篇》	汉声杂志社/编	江苏美术出版社	2014年1月
		《讲给孩子的中国地理》	刘兴诗/著	希望出版社	2003年1月
		《希腊神话故事》	聂作平/编著	天津教育出版社	2002年2月
		《儿童哲学智慧书》（第一辑）	［法］奥斯卡·柏尼菲 等/文，［法］卡特琳娜·莫里斯 等/图，李玮/译	接力出版社	2009年10月
小学高段（5~6年级）	文学	《绘本聊斋》	蒲松龄/原著，马兰、王育生 等/改编，施大畏 等/绘	连环画出版社	2010年9月
		《寄小读者》	冰心/著	人民文学出版社	2000年5月

续表

学段	类别	书名	作者（译者）	出版社	出版时间
小学高段（5~6年级）	文学	《有老鼠牌铅笔吗?》	张之路/著	浙江少年儿童出版社	2010年8月
		《四弟的绿庄园》	秦文君 等/著	北方妇女儿童出版社	2010年1月
		《我要做好孩子》	黄蓓佳/著	江苏少年儿童出版社	1996年12月
		《狼王梦》	沈石溪/著	浙江少年儿童出版社	2009年10月
		《狼獾河》	格日勒其木格·黑鹤/著	接力出版社	2008年6月
		《铁丝网上的小花》	[意]克里斯托夫·格莱兹 等/著，[意]罗伯特·英诺森提/绘，代维/译	明天出版社	2007年7月
		《鲁宾孙飘流记》	[英]笛福/著，徐霞村/译	人民文学出版社	1959年9月
		《汤姆·索亚历险记》	[美]马克·吐温/著，张友松/译	天津教育出版社	2007年4月
		《福尔摩斯探案全集》	[英]阿瑟·柯南道尔/著，俞步凡/译	译林出版社	2006年8月
		《小王子》	[法]安东尼·德·圣艾修伯里/著，艾柯/译	天津教育出版社	2007年8月
		《永远讲不完的故事》	[德]米切尔·恩德/著，李士勋/译	二十一世纪出版社	2009年3月
		《哈利·波特与魔法石》	[英]J.K.罗琳/著，苏农/译	人民文学出版社	2000年9月
		《不老泉》	[美]娜塔莉·巴比特/著，吕明/译	二十一世纪出版社	2012年5月
		《牧羊少年奇幻之旅》	[巴西]保罗·柯艾略/著，丁文林/译	南海出版公司	2009年3月
	科学	《超新星纪元》	刘慈欣/著	重庆出版社	2009年4月
		《潘家铮院士科幻作品集》	潘家铮/著	中国少年儿童出版社	2006年9月
		《安德的游戏》	[美]奥森·斯科特·卡德/著，李毅/译	安徽少年儿童出版社	2013年6月

续表

学段	类别	书名	作者（译者）	出版社	出版时间
小学高段（5~6年级）	科学	《森林报》	[俄]维·比安基/著，王汶/译	二十一世纪出版社	2007年10月
		《万物简史》	[英]比尔·布莱森/著，严维明/译	接力出版社	2009年7月
		《科学家工作大揭密》	[英]理查德·斯皮尔伯利、[英]路易斯·斯皮尔伯利/著，王庆/译	湖北美术出版社	2010年11月
	人文	《中国读本》	苏叔阳/著	海豚出版社	2011年6月
		《老子说·庄子说》	蔡志忠/编绘	生活·读书·新知三联书店	2001年1月
		《"世纪三国"系列》	[澳大利亚]罗伯英潘/绘，钟孟舜/漫画，罗吉甫/撰文	二十一世纪出版社	2009年7月
		《中国孩子的梦》	谷应/著	湖北教育出版社	1999年8月
		《莎士比亚戏剧故事集》	[英]查尔斯·兰姆，[英]玛丽·兰姆/改写，萧乾/译	人民文学出版社	2004年7月
		《希利尔讲艺术史》	[美]希利尔/著，李爽、朱玲/译	贵州教育出版社	2010年4月
		《诺贝尔奖获得者与儿童对话》	[德]贝蒂娜·施蒂克尔/编，张荣昌/译	生活·读书·新知三联书店	2013年7月
		《居里夫人的故事》	[英]埃列娜·杜尔利/著，二粟/译	江苏少年儿童出版社	2009年3月

（摘自《中国人阅读书目（二）——中国小学生基础阅读书目·导赏手册》，朱永新、王林主编，新阅读研究所研制，中国人民大学出版社2014年9月版）

中国初中生基础阅读书目

基础书目（30 种）

类别	书名	作者（译者）	出版社	出版日期
文学	《唐诗三百首》	[清] 蘅塘退士 / 编, 顾青 / 注	中华书局	2012 年 6 月
	《水浒传》	[明] 施耐庵、罗贯中 / 著	人民文学出版社	1997 年 1 月
	《三国演义》	[明] 罗贯中 / 著	人民文学出版社	1973 年 12 月
	《朝花夕拾》	鲁迅 / 著	人民文学出版社	1979 年 12 月
	《边城》	沈从文 / 著, 李晨 / 绘	中国青年出版社	2010 年 1 月
	《月牙儿·我这一辈子——老舍短篇小说选》	老舍 / 著	湖南文艺出版社	2013 年 2 月
	《男生贾里 女生贾梅》	秦文君 / 著	作家出版社	2007 年 5 月
	《伊索寓言全集》	[古希腊] 伊索 / 著, 李汝仪 / 译	译林出版社	2011 年 4 月
	《古希腊戏剧选》	[古希腊] 埃斯库罗斯 等 / 著，罗念生 等 / 译	人民文学出版社	2012 年 11 月
	《简·爱》	[英] 夏洛蒂·勃朗特 / 著, 祝庆英 / 译	上海译文出版社	2010 年 8 月
	《契诃夫短篇小说选》	[俄] 契诃夫 / 著, 汝龙 / 译	人民文学出版社	2002 年 6 月
	《生如夏花——泰戈尔经典诗选》	[印度] 泰戈尔 / 著, 郑振铎 / 译	江苏文艺出版社	2011 年 7 月
	《最后一片叶子——欧·亨利短篇小说选》	[美] 欧·亨利 / 著, 黄源深 / 译	上海译文出版社	2011 年 1 月
	《绿山墙的安妮》	[加] 露西·蒙哥马利 / 著, 马爱农 / 译	人民文学出版社	1999 年 5 月
	《假如给我三天光明》	[美] 海伦·凯勒 / 著, 王家湘 / 译	北京十月文艺出版社	2013 年 2 月
	《我的心只悲伤七次——纪伯伦经典散文诗选》	[黎巴嫩] 纪伯伦 / 著, [美] 约翰·辛格尔·萨金特 / 绘, 冰心 / 译	江苏文艺出版社	2012 年 6 月
	《老人与海》	[美] 海明威 / 著, 吴劳 / 译	上海译文出版社	2009 年 6 月

续表

类别	书名	作者（译者）	出版社	出版日期
文学	《布鲁克林有棵树》	［美］贝蒂·史密斯/著，方柏林/译	译林出版社	2009年7月
	《海鸥乔纳森》	［美］理查德·巴赫/著，何贵清/绘，夏杪/译	南海出版公司	2009年11月
人文	《〈论语〉译注》	杨伯峻/译注	中华书局	2006年12月
	《名人传》	［法］罗曼·罗兰/著，傅雷/译	译林出版社	2010年6月
	《汉字王国》	［瑞典］林西莉/著，李之义/译	生活·读书·新知三联书店	2007年1月
	《苏菲的世界》	［挪威］乔斯坦·贾德/著，孙懿欢/绘，萧宝森/译	作家出版社	2012年11月
	《你一定爱读的极简欧洲史》	［澳大利亚］约翰·赫斯特/著，席玉苹/译	广西师范大学出版社	2011年1月
	《杰出青少年的7个习惯》	［美］肖恩·柯维/著，陈允明 等/译	中国青年出版社	2011年9月
科学	《科学的旅程》	［美］雷·斯潘根贝格、［美］黛安娜·莫泽/著，郭奕玲 等/译	北京大学出版社	2008年11月
	《数理化通俗演义》	梁衡/著	湖北少年儿童出版社	2009年1月
	《发明的故事》	［美］布里奇斯/著，张青民/译	陕西人民出版社	2009年2月
	《数学家的眼光》	张景中/著	中国少年儿童出版社	2011年7月
	《海底两万里》	［法］儒勒·凡尔纳/著，沈国华 等/译	译林出版社	2010年6月

推荐书目（70种）

类别	书名	作者（译者）	出版社	出版日期
文学	《镜花缘》	［清］李汝珍/著，洪小如/改写	人民文学出版社	2012年1月
	《浮生六记》	［清］沈复/著，朱奇志/校译·点批，钱海燕/绘	中国青年出版社	2009年1月

续表

类别	书名	作者（译者）	出版社	出版日期
文学	《朱自清散文选集》	蔡清富/编	百花文艺出版社	2009年6月
	《骆驼祥子》	老舍/著	人民文学出版社	1962年11月
	《文心》	夏丏尊、叶圣陶/著	生活·读书·新知三联书店	2008年11月
	《呼兰河传》	萧红/著，侯国良/绘	中国青年出版社	2012年8月
	《射雕英雄传》	金庸/著	广州出版社	2008年3月
	《俗世奇人》	冯骥才/著	作家出版社	2008年12月
	《撒哈拉的故事》	三毛/著	北京十月文艺出版社	2011年7月
	《平凡的世界》	路遥/著	人民文学出版社	2004年5月
	《我与地坛》	史铁生/著	人民文学出版社	2011年1月
	《顾城的诗·顾城的画》	顾城/著	江苏文艺出版社	2013年9月
	《海子的诗》	海子/著	人民文学出版社	1995年4月
	《诗歌读本》（初中卷）	钱理群、洪子诚/主编，西渡/编	广西师范大学出版社	2010年10月
	《格列佛游记》	［英］斯威夫特/著，张健/译	人民文学出版社	1979年12月
	《少年维特的烦恼》	［德］歌德/著，杨武能/译	人民文学出版社	1999年7月
	《傲慢与偏见》	［英］简·奥斯丁/著，王科一/译	上海译文出版社	2010年8月
	《普希金抒情诗精选集》	［俄］普希金/著，穆旦/译	当代世界出版社	2009年8月
	《基督山伯爵》	［法］大仲马/著，蒋学模/译	人民文学出版社	1978年12月
	《汤姆叔叔的小屋》	［美］斯托夫人/著，王家湘/译	人民文学出版社	1998年10月
	《茵梦湖》	［德］施托姆/著，施种等/译	上海译文出版社	2011年6月
	《猎人笔记》	［俄］屠格涅夫/著，力冈/译	浙江文艺出版社	2010年3月

续表

类别	书名	作者（译者）	出版社	出版日期
文学	《茶花女》	［法］小仲马/著，王振孙/译	上海译文出版社	2006年8月
	《格兰特船长的儿女》	［法］儒勒·凡尔纳/著，陈筱卿/译	人民文学出版社	2010年10月
	《狄金森诗选》	［美］艾米莉·狄金森/著，蒲隆/译	上海译文出版社	2010年10月
	《小妇人》	［美］路易莎·梅·奥尔科特/著，刘春英、陈玉立/译	译林出版社	1998年8月
	《哈克贝里·芬历险记》	［美］马克·吐温/著，张万里/译	上海译文出版社	2011年5月
	《爱的教育》	［意］亚米契斯/著，夏丏尊/译	新世界出版社	2014年2月
	《莫泊桑短篇小说选》	［法］莫泊桑/著，赵少侯/译	人民文学出版社	2002年6月
	《道连·格雷的画像》	［爱尔兰］王尔德/著，黄源深/译	人民文学出版社	2004年1月
	《青鸟》	［比利时］梅特林克/著，郑克鲁/译	上海译文出版社	2011年9月
	《月亮和六便士》	［英］毛姆/著，傅惟慈/译	上海译文出版社	2009年10月
	《斯·茨威格中短篇小说选》	［奥地利］斯·茨威格/著，张玉书/译	人民文学出版社	2006年6月
	《飘》	［美］米切尔/著，戴侃等/译	人民文学出版社	1990年8月
	《动物农场》	［英］乔治·奥威尔/著，荣如德/译	上海译文出版社	2009年7月
	《蝇王》	［英］威廉·戈尔丁/著，龚志成/译	上海译文出版社	2009年10月
	《毛毛——时间窃贼和一个小女孩的不可思议的故事》	［德］米切尔·恩德/著，李士勋/译	二十一世纪出版社	2006年12月
	《芒果街上的小屋》	［美］桑德拉·希斯内罗丝/著，潘帕/译	译林出版社	2012年1月

续表

类别	书名	作者（译者）	出版社	出版日期
文学	《天蓝色的彼岸》	［英］希尔／著，刀刀／绘，张雪松／译	新世界出版社	2004年10月
	《圣经故事》	［美］玛丽·巴切勒／编著，［美］约翰·海森／绘，文洁若／译	华夏出版社	2011年1月
	《追风筝的人》	［美］卡勒德·胡塞尼／著，李继宏／译	上海人民出版社	2006年5月
人文	《中国近代史》	蒋廷黻／著	岳麓书社	2010年1月
	《傅雷家书》	傅敏／编	江苏文艺出版社	2012年6月
	《地图的发现》	杨浪／著	生活·读书·新知三联书店	2006年9月
	《培根人生论》	［英］弗兰西斯·培根／著，何新／译	湖南文艺出版社	2012年7月
	《甘地自传》	［印度］莫罕达斯·卡拉姆昌德·甘地／著，钟杰／译	吉林出版集团有限责任公司	2009年11月
	《人类的故事》	［美］房龙、［美］约翰·梅里曼／著，胡允桓／译	生活·读书·新知三联书店	2010年4月
	《人性的弱点》	［美］戴尔·卡耐基／著，李晨曦／译	译林出版社	2011年7月
	《渴望生活——梵高传》	［美］欧文·斯通／著，常涛／译	北京十月文艺出版社	2008年4月
	《牛奶可乐经济学》	［美］罗伯特·弗兰克／著，闾佳／译	中国人民大学出版社	2010年12月
	《365种改变世界的方法》	［英］迈克尔·诺顿／著，刘亦然 等／译	生活·读书·新知三联书店	2010年11月
	《最美的音乐史——从巴赫到"摇滚之王"普雷斯利的故事》	［德］鲁道夫·赫富特纳／著，王泰智、沈惠珠／译	山西人民出版社	2010年6月
	《人类群星闪耀时》	［奥地利］斯蒂芬·茨威格／著，高中甫、潘子立／译	译林出版社	2011年7月

续表

类别	书名	作者（译者）	出版社	出版日期
科学	《科学发现纵横谈》（新编）	王梓坤/著	北京师范大学出版社	2000年11月
	《科学是美丽的——科学艺术与人文思维》	[美]沈致远/著	上海教育出版社	2007年8月
	《物理世界奇遇记》	[美]乔治·伽莫夫、[英]罗素·斯坦纳德/著，吴伯泽/译	科学出版社	2008年4月
	《探求上帝的秘密》	赵峥/著	北京师范大学出版社	2009年7月
	《视觉之旅：神奇的化学元素》	[美]西奥多·格雷/著，[美]西奥多·格雷、[美]尼克·曼/摄影，陈沛然/译	人民邮电出版社	2011年2月
	《趣味天文学》	[俄]别莱利曼/著，刘玉中/译	中国青年出版社	2011年9月
	《笔记大自然》	[美]克莱尔·沃克·莱斯利、[美]查尔斯·E.罗斯/著，麦子/译	华东师范大学出版社	2008年6月
	《趣味动物学》	谢乐恩/编著	中国青年出版社	2010年9月
	《眷恋昆虫——写给爱虫或怕虫的人》	[美]托马斯·艾斯纳/著，虞国跃/译	外语教学与研究出版社	2008年8月
	《人类基因的历史地图》	[美]史蒂夫·奥尔森/著，霍达文/译	生活·读书·新知三联书店	2008年6月
	《生命的多样性》	[美]爱德华·欧·威尔逊/著，王芷等/译	湖南科学技术出版社	2003年12月
	《寂静的春天》	[美]蕾切尔·卡森/著，吕瑞兰、李长生/译	上海译文出版社	2008年1月
	《大自然的文字》	[俄]伊林、[俄]谢加尔/著，沈念驹/译	浙江文艺出版社	2011年4月
	《发现之旅——历史上最伟大的十次自然探险》	[英]托尼·赖斯/编著，林洁盈/译	商务印书馆	2013年1月
	《大科学家50》	[德]贝恩德·舒/著，张社蚕/译	生活·读书·新知三联书店	2008年10月

续表

类别	书名	作者（译者）	出版社	出版日期
科学	《时间机器·隐身人》	［英］威尔斯/著，叶旭君、庄建华/译	辽宁少年儿童出版社	2010年8月
	《火星编年史》	［美］雷·布拉德伯里/著，陶雪蕾/译	四川科学技术出版社	2008年11月

（摘自《中国人阅读书目（三）——中国初中生基础阅读书目·导赏手册》，朱永新、李希贵主编，新阅读研究所、北京十一学校研制，中国人民大学出版社2014年9月版）

中国高中生基础阅读书目

基础书目（30种）

类别	书名	作者（译者）	出版社	出版时间
文学	《宋词三百首》	上彊村民/编，吕明涛、谷学彝/编注	中华书局	2006年1月
	《古文观止》	吴楚材、吴调侯/编选，葛兆光、戴燕/注解	中华书局	2008年10月
	《红楼梦》	曹雪芹、高鹗/著，俞平伯/校，启功/注	人民文学出版社	2000年5月
	《呐喊 彷徨 故事新编》	鲁迅/著，丁聪/绘	人民文学出版社	2013年4月
	《家》	巴金/著	人民文学出版社	1981年9月
	《雷雨》	曹禺/著	人民文学出版社	1994年9月
	《围城》	钱锺书/著	人民文学出版社	1991年2月
	《白狗秋千架》	莫言/著	上海文艺出版社	2012年10月
	《莎士比亚喜剧悲剧集》	［英］威廉·莎士比亚/著，朱生豪/译	译林出版社	2010年7月
	《蒙田随笔》	［法］蒙田/著，梁宗岱、黄建华/译	人民文学出版社	2012年11月
	《堂吉诃德》	［西班牙］塞万提斯/著，张广森/译	上海译文出版社	2010年8月
	《巴黎圣母院》	［法］雨果/著，陈敬容/译	人民文学出版社	1982年6月

续表

类别	书名	作者（译者）	出版社	出版时间
文学	《高老头》	［法］巴尔扎克/著，张冠尧/译	人民文学出版社	2002年1月
	《复活》	［俄］列夫·托尔斯泰/著，安东、南风/译	上海译文出版社	2011年1月
	《百年孤独》	［哥伦比亚］加西亚·马尔克斯/著，范晔/译	南海出版公司	2011年5月
人文	《傅佩荣译解〈大学〉〈中庸〉》	傅佩荣/著	东方出版社	2012年5月
	《〈史记〉选》	王伯祥/选注	人民文学出版社	1957年4月
	《中国哲学简史》	冯友兰/著，赵复三/译	生活·读书·新知三联书店	2009年5月
	《谈美》	朱光潜/著	广西师范大学出版社	2006年6月
	《苏东坡传》	林语堂/著，张振玉/译	湖南文艺出版社	2012年1月
	《民主的细节》	刘瑜/著	上海三联书店	2009年6月
	《万历十五年》	［美］黄仁宇/著	中华书局	2006年8月
	《理想国》	［古希腊］柏拉图/著，郭斌和、张竹明/译	商务印书馆	1986年8月
	《菊与刀》	［美］鲁思·本尼迪克特/著，吕万和等/译	商务印书馆	2012年1月
科学	《从一到无穷大——科学中的事实和臆测》	［美］G.伽莫夫/著，暴永宁/译	科学出版社	2002年11月
	《科学的历程》	吴国盛/著	北京大学出版社	2002年10月
	《数学大师——从芝诺到庞加莱》	［美］埃里克·坦普尔·贝尔/著，徐源/译	上海科技教育出版社	2012年8月
	《宇宙》	［美］卡尔·萨根/著，周秋麟等/译	吉林人民出版社	2011年1月
	《物种起源》	［英］查理·达尔文/著，钱逊/译	江苏人民出版社	2011年3月
	《蚕丝——钱学森传》	［美］张纯如/著，鲁伊/译	中信出版社	2011年4月

推荐书目（70种）

类别	书名	作者（译者）	出版社	出版时间
文学	《〈诗经〉选》	余冠英/选注	中华书局	2012年9月
	《唐宋传奇选》	张友鹤/选注	人民文学出版社	1964年5月
	《元人杂剧选》	顾学颉/选注	人民文学出版社	1998年8月
	《西厢记》	王实甫/著，张燕瑾/校注	人民文学出版社	1995年10月
	《〈聊斋志异〉选》	蒲松龄/著，李伯奇、徐文军/选注	人民文学出版社	2006年1月
	《儒林外史》	吴敬梓/著，张慧剑/校注，程十髪/绘	人民文学出版社	1958年11月
	《〈饮水词〉笺校》	纳兰性德/著，赵秀亭、冯统一/笺校	中华书局	2005年7月
	《〈人间词话〉译注》	施议对/译注	岳麓书社	2008年12月
	《九叶派诗选》	蓝棣之/编选	人民文学出版社	2011年9月
	《毛泽东诗词欣赏》	周振甫/著	中华书局	2013年4月
	《寂寞的十七岁》	白先勇/著	广西师范大学出版社	2010年10月
	《倾城之恋》	张爱玲/著	北京十月文艺出版社	2012年6月
	《平凹散文》	贾平凹/著	浙江文艺出版社	2008年4月
	《灵魂只能独行》	周国平/著	人民文学出版社	2012年7月
	《我的精神家园》	王小波/著	北京十月文艺出版社	2011年10月
	《文化苦旅》	余秋雨/著	东方出版中心	2001年4月
	《野火集》	龙应台/著	生活·读书·新知三联书店	2010年5月
	《一个人的村庄》	刘亮程/著	春风文艺出版社	2006年1月
	《朦胧诗新编》	洪子诚、程光炜/编选	长江文艺出版社	2009年9月
	《活着》	余华/著	作家出版社	2012年8月
	《穆斯林的葬礼》	霍达/著	北京十月文艺出版社	2012年6月
	《忏悔录》	[法]卢梭/著，范希衡 等/译	人民文学出版社	1992年6月

续表

类别	书名	作者（译者）	出版社	出版时间
文学	《红与黑》	［法］司汤达/著，张冠尧/译	人民文学出版社	1999年1月
	《大卫·科波菲尔》	［英］狄更斯/著，庄绎传/译	人民文学出版社	2000年12月
	《呼啸山庄》	［英］艾米莉·勃朗特/著，宋兆霖/译	上海文艺出版社	2007年8月
	《变形记　城堡》	［奥地利］弗朗茨·卡夫卡/著，李文俊、米尚志/译	译林出版社	2012年1月
	《瓦尔登湖》	［美］亨利·戴维·梭罗/著，徐迟/译	上海译文出版社	2009年6月
	《推销员之死》	［美］阿瑟·米勒/著，英若诚/译	上海译文出版社	2011年4月
	《了不起的盖茨比》	［美］菲茨杰拉德/著，巫宁坤 等/译	上海译文出版社	2009年10月
	《雪国》	［日］川端康成/著，林少华/译	青岛出版社	2012年1月
	《麦田里的守望者》	［美］J.D.塞林格/著，施咸荣/译	译林出版社	2010年6月
	《荒诞派戏剧选》	［法］贝克特 等/著，施咸荣 等/译	外国文学出版社	1983年8月
	《日瓦戈医生》	［俄］鲍·列·帕斯捷尔纳克/著，白春仁、顾亚铃/译	上海译文出版社	2012年2月
	《挪威的森林》	［日］村上春树/著，林少华/译	上海译文出版社	2007年7月
	《逃离》	［加］艾丽丝·门罗/著，李文俊/译	北京十月文艺出版社	2009年7月
人文	《〈老子〉今注今译》	陈鼓应/注译	商务印书馆	2003年12月
	《庄子》	孙通海/译注	中华书局	2007年3月
	《〈孟子〉译注》	杨伯峻/译注	中华书局	2012年5月
	《中国文化的命运》	梁漱溟/著	中信出版社	2013年5月
	《中国古建筑二十讲》	楼庆西/著	生活·读书·新知三联书店	2001年9月
	《乡土中国》	费孝通/著	人民出版社	2008年10月
	《司马迁之人格与风格》	李长之/著	天津人民出版社	2007年7月
	《梓翁说园》	陈从周/著	北京出版社	2011年2月

续表

类别	书名	作者（译者）	出版社	出版时间
人文	《李鸿章与晚清四十年》	雷颐 / 著	山西人民出版社	2008 年 1 月
	《天朝的崩溃——鸦片战争再研究》	茅海建 / 著	生活·读书·新知三联书店	2005 年 7 月
	《美的历程》	李泽厚 / 著	生活·读书·新知三联书店	2009 年 7 月
	《定西孤儿院纪事》	杨显惠 / 著	花城出版社	2007 年 3 月
	《重新发现社会》	熊培云 / 著	新星出版社	2011 年 5 月
	《总统是靠不住的》	林达 / 著	生活·读书·新知三联书店	2013 年 7 月
	《写给中学生的逻辑学》	彭漪涟、余式厚 / 著	北京大学出版社	2010 年 1 月
	《袁氏当国》	唐德刚 / 著	广西师范大学出版社	2004 年 11 月
	《王二的经济学故事》	郭凯 / 著	浙江人民出版社	2012 年 7 月
	《论法的精神》	［法］孟德斯鸠 / 著，许明龙 / 译	商务印书馆	2012 年 5 月
	《超越自卑》	［奥地利］阿尔弗雷德·阿德勒 / 著，郁丹 / 译	凤凰出版社	2011 年 7 月
	《第三帝国的兴亡》	［美］威廉·夏伊勒 / 著，董乐山 等 / 译	世界知识出版社	2012 年 1 月
	《全球通史——从史前史到 21 世纪》	［美］斯塔夫里阿诺斯 / 著，吴象婴 等 / 译	北京大学出版社	2006 年 10 月
	《文明的冲突与世界秩序的重建》	［美］塞缪尔·亨廷顿 / 著，周琪 等 / 译	新华出版社	2010 年 1 月
	《乌合之众——大众心理研究》	［法］古斯塔夫·勒庞 / 著，严雪莉 / 译	凤凰出版社	2011 年 7 月
	《寻路中国——从乡村到工厂的自驾之旅》	［美］彼得·海斯勒 / 著，李雪顺 / 译	上海译文出版社	2011 年 1 月
	《给莉莉的信——关于世界之道》	［英］艾伦·麦克法兰 / 著，管可秾、严潇潇 / 译	商务印书馆	2006 年 6 月
科学	《伽利略的手指》	［英］彼得·阿特金斯 / 著，许耀刚 等 / 译	湖南科学技术出版社	2007 年 12 月
	《战争的果实——军事冲突如何加速科技创新》	［美］迈克尔·怀特 / 著，卢欣渝 / 译	生活·读书·新知三联书店	2009 年 6 月

续表

类别	书名	作者（译者）	出版社	出版时间
科学	《啊哈，灵机一动》	［美］马丁·伽德纳／著，李建臣、刘正新／译	科学出版社	2007年8月
	《量子世界——写给所有人的量子物理》	［美］肯尼斯·W.福特／著，王菲／译	外语教学与研究出版社	2008年12月
	《平行宇宙》	［美］加来道雄／著，伍义生、包新周／译	重庆出版社	2008年5月
	《科学大师的失误》	杨建邺／著	湖北科学技术出版社	2013年4月
	《自私的基因》	［英］里查德·道金斯／著，卢允中等／译	吉林人民出版社	1998年10月
	《致命的盛宴》	［美］理查德·罗德斯／著，汪仲、张定绮／译	中国青年出版社	2000年10月
	《怀斯曼生存手册》	［英］约翰·怀斯曼／著，张万伟、于靖蓉／译	北方文艺出版社	2011年1月
	《爱因斯坦：生活和宇宙》	［美］沃尔特·艾萨克森／著，张卜天／译	湖南科学技术出版社	2009年4月

（摘自《中国人阅读书目（四）——中国高中生基础阅读书目·导赏手册》，朱永新、李希贵主编，新阅读研究所、北京十一学校研制，中国人民大学出版社2014年9月版）

中国父母基础阅读书目

基础书目（30种）

类别	书名	作者（译者）	出版社	出版时间
儿童发展类	《西尔斯亲密育儿百科》	［美］威廉·西尔斯、玛莎·西尔斯、［美］罗伯特·西尔斯、［美］詹姆斯·西尔斯／著，邵艳美、唐婧／译	南海出版公司	2009年11月
	《申宜真幼儿心理百科》	［韩］申宜真／著，陈放、付刚／译	世界图书出版公司	2009年12月
	《儿童健康指南——零至十八岁的身心灵发展》	［德］米凯拉·格洛克勒、［德］沃尔夫冈·戈贝尔／著，林玉珠等／译	河北教育出版社	2012年2月

续表

类别	书名	作者（译者）	出版社	出版时间
儿童发展类	《有吸收力的心灵》	[意]玛利亚·蒙台梭利/著，蒙台梭利丛书编委会/译	中国妇女出版社	2012年1月
	《家庭教育》	陈鹤琴/著	华东师范大学出版社	2013年5月
	《青春期——发展、关系和文化》	[美]F·菲利浦·赖斯、[美]金·盖尔·多金/著，陆洋、林磊、陈菲/译	上海人民出版社	2009年8月
	《好孩子：三分天注定，七分靠教育》	洪兰/著，尹建莉/主编	长江文艺出版社	2012年11月
	《习惯决定孩子一生》	孙云晓/著	北京师范大学出版社	2013年9月
	《童年的王国》	[奥地利]鲁道夫·斯坦纳/著，潘定凯/译	深圳报业集团出版社	2014年5月
	《解放儿童》	刘晓东/著	江苏教育出版社	2008年12月
父母成长类	《爱的艺术》	[美]艾·弗洛姆/著，李健鸣/译	上海译文出版社	2008年4月
	《斯波克父母经》	[美]本杰明·斯波克/著，刘莹/译	安徽科学技术出版社	2012年7月
	《好妈妈胜过好老师》	尹建莉/著	作家出版社	2014年11月
	《发现母亲》	王东华/著	中国妇女出版社	2014年1月
	《睿智的父母之爱》	[俄]B.A.苏霍姆林斯基/著，罗亦超/译	长江文艺出版社	2014年11月
	《为何家会伤人》	武志红/著	北京联合出版公司	2014年6月
	《夏山学校》	[英]A.S.尼尔/著，王克难/译	南海出版公司	2014年1月
	《谁拿走了孩子的幸福》	李跃儿/著	国际文化出版公司	2013年7月
父母成长类	《少有人走的路》	[美]M·斯科特·派克/著，于海生/译	吉林文史出版社	2011年6月
	《教育漫话》	[英]约翰·洛克/著，傅任敢/译	教育科学出版社	2014年12月

续表

类别	书名	作者（译者）	出版社	出版时间
亲子互动类	《0~7岁孩子家庭游戏全方案》	［德］科耐莉亚·尼弛、［德］吉拉德·胡特尔/著，张文鹏、申洁/译	中国妇女出版社	2012年1月
	《民间游戏》	余志慧/编	黄山书社	2012年7月
	《傅雷家书》	傅敏/编	天津社会科学院出版社	2014年6月
	《幸福的种子》	［日］松居直/著，刘涤昭/译	二十一世纪出版社	2013年9月
	《朗读手册》	［美］吉姆·崔利斯/著，沙永玲、麦奇美、麦倩宜/译	南海出版公司	2009年7月
	《小巫教你讲故事》	小巫/著	新世纪出版社	2012年1月
	《音乐漂流瓶》	肖复兴/著	新疆青少年出版社	2012年3月
	《林间最后的小孩——拯救自然缺失症儿童》	［美］理查德·洛夫/著，自然之友、王西敏/译	中国发展出版社	2014年8月
	《塔莎的传家宝》	［美］托娃·马丁/著，孙婷婷/译	中国城市出版社	2015年3月
	《P.E.T父母效能训练手册》	［美］托马斯·戈登/著，宋苗/译	天津社会科学院出版社	2009年6月

推荐书目（70种）

类别	书名	作者（译者）	出版社	出版日间
儿童发展类	《善解童贞（一）——0~6岁孩子的性发展与性关怀》	胡萍/著	广西科学技术出版社	2011年7月
	《儿童的秘密——秘密、隐私和自我的重新认识》	［加］马克斯·范梅南、［荷］巴斯·莱维林/著，陈慧黠、曹赛先/译	教育科学出版社	2014年12月
	《怎样满足婴儿的心灵》	［日］内藤寿七郎/著，顾振申/译	河北少年儿童出版社	2014年6月

续表

类别	书名	作者（译者）	出版社	出版日间
儿童发展类	《平衡发展的孩子——运动和幼儿早期学习》	［英］萨利·戈达德·布莱斯／著，于淑芬／译	民主与建设出版社	2011年1月
	《儿童的人格教育》	［奥地利］阿尔弗雷德·阿德勒／著，彭正梅、彭莉莉／译	上海人民出版社	2011年1月
	《童年，人生幸福之源》	［美］爱德华·哈洛韦尔／著，覃薇薇／译	浙江人民出版社	2013年4月
	《好奇心》	［美］托德·卡什丹／著，谭秀敏／译	浙江人民出版社	2014年7月
	《性格的力量》	［美］保罗·图赫／著，刘春艳、柴悦／译	机械工业出版社	2013年5月
	《入学早知道——儿童入学必备的八种能力》	钱志亮／主编	北京师范大学出版社	2011年5月
	《郑玉巧育儿经》	郑玉巧／著	二十一世纪出版社	2008年11月
	《养育男孩》	［澳］史蒂夫·比达尔夫／著，丰俊功、宋修华／译	中信出版社	2014年4月
	《培育女孩》	［美］詹姆士·杜布森／著，李晓燕／译	华东师范大学出版社	2014年2月
	《语迟的孩子》	［美］托马斯·索维尔／著，顾鹏、王文卿／译	湖北教育出版社	2013年11月
	《蜗牛牵我去散步》	陈婕著	北京大学出版社	2012年12月
	《涂鸦，宝宝说给世界的话》	［意］艾薇·克劳迪／著，崔银辉／译	南方出版社	2012年12月
	《母乳育儿全书》	国际母乳会／著，荀寿温／译	新星出版社	2012年9月
	《透析童年——探寻成人和孩子生命的内在连结》	王树／著	中央编译出版社	2014年7月
	《游戏力》	［美］劳伦斯·科恩／著，李岩／译	军事谊文出版社	2011年5月
	《崔玉涛：宝贝健康公开课》	崔玉涛／著	北京出版社	2013年1月
	《读懂孩子——心理学家实用教子宝典（6~12岁）》	边玉芳／著	北京师范大学出版社	2014年1月

续表

类别	书名	作者（译者）	出版社	出版日间
	《〈3~6岁儿童学习与发展指南〉解读》	李季湄、冯晓霞/著	人民教育出版社	2013年3月
父母成长类	《阅读与经典》	彭懿/著	接力出版社	2011年9月
	《不要用爱控制我》	[美]帕萃丝·埃文斯/著，郑春蕾、梅子/译	京华出版社	2007年6月
	《卡尔·威特的教育》	[德]卡尔·威特/著，刘恒新/译	京华出版社	2004年8月
	《早期教育与天才》	[日]木村久一/著，唐欣/译	江苏人民出版社	2009年7月
	《长大不容易》	卢勤/著	长江文艺出版社	2011年4月
	《改变孩子先改变自己——好爸爸贾容韬教子手记》	贾容韬/著	作家出版社	2013年1月
	《家长学校：德国顶尖教育家给家长上的14堂课》	[德]安德里亚·比朔夫、[德]汉斯·贝旺格/著，李王琦/译	江苏人民出版社	2012年7月
	《新父母学校》	刘良华/著	北京师范大学出版社	2013年7月
	《爱弥儿》	[法]让·雅克·卢梭/著，彭正梅/译	上海人民出版社	2011年1月
	《儿童的利益——学会如何尊重孩子》	[法]弗朗索瓦兹·多尔多/著，王文新/译	上海社会科学院出版社	2012年1月
	《正面管教》	[美]简·尼尔森/著，玉冰/译	京华出版社	2009年1月
	《父母平和 孩子快乐》	[美]劳拉·马卡姆/著，刘海青/译	上海社会科学院出版社	2014年1月
	《培养独立的孩子——生存教育在美国》	[美]黄全愈/著	中国人民大学出版社	2010年8月
	《为了孩子——和家长谈谈未成年人保护法》	赵忠心、关颖/主编	中国法制出版社	2007年12月
	《光有爱还不够——帮助孩子构建自我》	[法]克洛德·阿尔莫/著，王文新、李美平/译	上海社会科学院出版社	2012年1月
	《教出乐观的孩子》	[美]马丁·塞利格曼、[美]卡伦·莱维奇、[美]莉萨·杰科克斯、[美]简·吉勒姆/著，洪莉/译	浙江人民出版社	2013年6月

续表

类别	书名	作者（译者）	出版社	出版日间
父母成长类	《中国家训经典》	翟博/编	海南出版社	2002年6月
	《做最好的家长——李镇西老师教养女儿手记》	李镇西/著	漓江出版社	2015年10月
	《无条件养育》	[美]艾尔菲·科恩/著，小巫、耿丹/译	天津教育出版社	2012年6月
	《家庭成就孩子——李子勋的后现代亲子课》	李子勋/著	中信出版社	2011年6月
	《单亲家庭教育指南》	[美]卡尔·皮卡哈特/著，吴婷婷/译	电子工业出版社	2011年7月
	《父母的觉醒》	[美]沙法丽·萨巴瑞/著，王臻/译	上海社会科学院出版社	2013年9月
	《为什么孩子这么难教》	[美]斯坦利·I·格林斯潘、[美]杰奎琳·萨蒙/著，姚芸竹/译	华东师范大学出版社	2011年1月
	《好孩子的成长99%靠妈妈》	[韩]张炳慧/著，李世鹏/译	海天出版社	2006年2月
	《父亲塑造女儿的未来》	[美]里克·约翰逊/著，安珍、盛海霞/译	北京出版社	2013年3月
	《斯宾塞的快乐教育》	[英]赫伯特·斯宾塞/著，吕可丁/译	北京联合出版公司	2013年3月
	《阅读儿童文学》	梅子涵/著	少年儿童出版社	2013年9月
	《简单父母经》	[美]金·约翰·培恩、[美]利萨·M·罗斯/著，杨雪、张欢/译	辽宁科学技术出版社	2013年7月
	《10岁之前教会孩子如何做人》	[韩]文龙鳞/著，马南顺/译	中国轻工业出版社	2009年6月
	《孩子与恶》	[日]河合隼雄/著，李静/译	东方出版中心	2014年4月
	《家庭教育基本功：家长12"变"培养孩子的10个策略》	冉乃彦/著	黑龙江教育出版社	2011年12月
亲子互动类	《让孩子聪明的121个大脑训练游戏》	[英]罗伯特·费希尔/著，李中/译	新世界出版社	2013年4月
	《许多孩子，许多月亮》	蓝剑虹/著	东方出版社	2011年1月
	《如何培养孩子的社交商》	[美]凯西·柯恩/著，安燕玲/译	中央编译出版社	2013年1月

续表

类别	书名	作者（译者）	出版社	出版日间
亲子互动类	《李中莹亲子关系全面技巧》	李中莹/著	中国华侨出版社	2013年3月
	《孩子，把你的手给我》	［美］海姆·G·吉诺特/著，张雪兰/译	京华出版社	2010年4月
	《唐浩明评点〈曾国藩家书〉》	唐浩明/著	山东人民出版社	2014年1月
	《如何说 孩子才会听，怎么听 孩子才肯说》	［美］阿黛尔·法伯、［美］伊莱恩·玛兹丽施/著，安燕玲/译	中央编译出版社	2013年3月
	《孩子提问题，大师来回答》	［英］杰玛·埃尔文·哈里斯/著，杜冰/译	上海社会科学院出版社	2013年9月
	《亲子游戏 每天一个》	罗耀先/主编	中国人口出版社	2014年11月
	《大地的礼物——与孩子一起做园艺》	［英］比亚翠斯·洛奇/著，周悬/译	天津教育出版社	2012年6月
	《父与子冒险书》	［德］克里斯蒂安·安科维奇/著，郑萌芽/译	浙江科学技术出版社	2011年12月
	《天哪！数学原来可以这样学》	［日］野口哲典/著，刘慧、韩丽红/译	陕西师范大学出版社	2009年4月
	《佩蓉教孩子学礼仪》	［美］蒋佩蓉/著，根基教育机构/译	中华工商联合出版社	2012年2月
	《亲爱的安德烈》	龙应台、安德烈/著	广西师范大学出版社	2013年3月
	《诺贝尔奖获得者与儿童对话》	［德］贝蒂娜·施蒂克尔/著，张荣昌/译	生活·读书·新知三联书店	2003年7月
	《与孩子共享自然》	［美］约瑟夫·克奈尔/著，叶凡、刘芸/译	天津教育出版社	2005年5月
	《图解〈说文解字〉：画说汉字》	［东汉］许慎/原著，《图解经典》编辑部/编著	北京联合出版公司	2014年7月
	《中国人阅读书目（三）——中国初中生基础阅读书目·导赏手册》	朱永新、李希贵/主编	中国人民大学出版社	2014年9月

（摘自《中国人阅读书目（七）——中国父母基础阅读书目·导赏手册》，朱永新主编，新阅读研究所编著，山西教育出版社2016年9月版）

南书房家庭经典阅读书目

2014 年度（30 种）

序号	书名	作者（译者）	出版社	出版时间
1	《〈诗经〉选》	余冠英 / 注译	人民文学出版社	1979 年 10 月
2	《老子》	饶尚宽 / 译注	中华书局	2006 年 9 月
3	《〈论语〉译注》	杨伯峻 / 译注	中华书局	2012 年 5 月
4	《史记》	[汉] 司马迁 / 撰，[南朝·宋] 裴骃 / 集解，[唐] 司马贞 / 索隐，[唐] 张守节 / 正义	中华书局	2013 年 9 月
5	《唐诗三百首》	顾青 / 编注	中华书局	2009 年 7 月
6	《宋词选》	胡云翼 / 选注	上海古籍出版社	2007 年 7 月
7	《水浒传》	[明] 施耐庵、罗贯中 / 著	人民文学出版社	1997 年 1 月
8	《三国演义》	[明] 罗贯中 / 著	人民文学出版社	1973 年 12 月
9	《西游记》	[明] 吴承恩 / 著，黄肃秋 / 注释	人民文学出版社	2010 年 10 月
10	《徐霞客游记》	[明] 徐霞客 / 著，朱惠荣 / 整理	中华书局	2009 年 1 月
11	《古文观止》	[清] 吴楚材、吴调侯 / 编选，葛兆光、戴燕 / 注解	中华书局	2008 年 10 月
12	《红楼梦》	[清] 曹雪芹 / 著，[清] 无名氏 / 续，中国艺术研究院红楼梦研究所 / 校注	人民文学出版社	2008 年 7 月
13	《人间词话》	王国维 / 著，徐调孚 / 校注	中华书局	2012 年 7 月
14	《胡适文存》	胡适 / 著	华文出版社	2013 年 7 月
15	《国史大纲》	钱穆 / 著	商务印书馆	1996 年 6 月
16	《四世同堂》	老舍 / 著	人民文学出版社	2012 年 8 月
17	《沈从文小说选》	沈从文 / 著	人民文学出版社	2004 年 3 月
18	《十万个为什么(新世纪版)》	卢嘉锡 / 总主编	少年儿童出版社	2013 年
19	《荷马史诗·伊利亚特》	[古希腊] 荷马 / 著，罗念生、王焕生 / 译	人民文学出版社	1994 年 11 月
20	《理想国》	[古希腊] 柏拉图 / 著，郭斌和、张竹明 / 译	商务印书馆	1986 年 8 月
21	《一千零一夜》	纳训 / 译	人民文学出版社	1994 年 6 月

续表

序号	书名	作者（译者）	出版社	出版时间
22	《莎士比亚喜剧悲剧集》	［英］威廉·莎士比亚/著，朱生豪/译	译林出版社	2010年7月
23	《国富论》	［英］亚当·斯密/著，杨敬年/译	陕西人民出版社	2011年1月
24	《格林童话全集》	［德］雅各布·格林、［德］威廉·格林/著，杨武能、杨悦/译	译林出版社	2010年11月
25	《安徒生童话全集》	［丹麦］安徒生/著，叶君健/译	中国城市出版社	2010年1月
26	《简·爱》	［英］夏洛蒂·勃朗特/著，吴钧燮/译	人民文学出版社	2012年5月
27	《昆虫记》	［法］法布尔/著，梁守锵 等/译	花城出版社	2011年5月
28	《西方哲学史》	［英］罗素/著，上卷何兆武、李约瑟/译，下卷马元德/译	商务印书馆	1976年6月
29	《小王子》	［法］圣埃克絮佩里/著，周克希/译	上海译文出版社	2012年8月
30	《从一到无穷大——科学中的事实和臆测》	［美］G.伽莫夫/著，暴永宁/译	科学出版社	2002年11月

2015年度（30种）

序号	书名	作者（译者）	出版社	出版时间
1	《〈春秋左传〉注》	杨伯峻/编著	中华书局	2009年10月
2	《〈孟子〉译注》	杨伯峻/译注	中华书局	2008年12月
3	《庄子》	方勇/译注	中华书局	2010年6月
4	《〈楚辞〉选》	［战国］屈原 等/著，马茂元/选注	人民文学出版社	1998年8月
5	《说文解字》	［汉］许慎/撰，［宋］徐铉/校定	中华书局	2013年7月
6	《乐府诗选》	余冠英/选注	中华书局	2012年9月
7	《〈世说新语〉笺疏》	［南朝·宋］刘义庆/著，［南朝·梁］刘孝标/注，余嘉锡/笺疏	中华书局	2011年3月
8	《资治通鉴》	［宋］司马光/编著	中华书局	2007年1月

续表

序号	书名	作者（译者）	出版社	出版时间
9	《四书章句集注》	[宋]朱熹/撰	中华书局	2011年1月
10	《西厢记》	[元]王实甫/著，张燕瑾/校注	人民文学出版社	1995年10月
11	《〈传习录〉注疏》	[明]王阳明/撰，邓艾民/注	上海古籍出版社	2012年12月
12	《聊斋志异》	[清]蒲松龄/撰	中华书局	2009年1月
13	《呐喊》	鲁迅/著	人民文学出版社	2006年12月
14	《东西文化及其哲学》	梁漱溟/著	上海人民出版社	2015年1月
15	《中国哲学简史》	冯友兰/著，涂又光/译	北京大学出版社	2013年1月
16	《上下五千年》	林汉达 等/编著	少年儿童出版社	2012年1月
17	《美的历程》	李泽厚/著	生活·读书·新知三联书店	2009年7月
18	《沉思录》	[古罗马]玛克斯·奥勒留/著，梁实秋/译	译林出版社	2012年2月
19	《堂吉诃德》	[西班牙]塞万提斯/著，杨绛/译	人民文学出版社	1987年2月
20	《培根论说文集》	[英]培根/著，水天同/译	商务印书馆	2009年8月
21	《论美国的民主》	[法]托克维尔/著，董果良/译	商务印书馆	2009年7月
22	《论自由》	[英]约翰·密尔/著，许宝骙/译	商务印书馆	2009年3月
23	《汤姆叔叔的小屋》	[美]斯托夫人/著，王家湘/译	人民文学出版社	1998年10月
24	《瓦尔登湖》	[美]亨利·大卫·梭罗/著，王金玲/译	重庆出版社	2010年4月
25	《契诃夫短篇小说选》	[俄]契诃夫/著，汝龙/译	人民文学出版社	2002年6月
26	《新教伦理与资本主义精神》	[德]马克斯·韦伯/著，李修建、张云江/译	中国社会科学出版社	2009年12月
27	《甘地自传》	[印度]莫罕达斯·卡拉姆昌德·甘地/著，钟杰/译	吉林出版集团有限责任公司	2009年11月
28	《老人与海》	[美]海明威/著，吴劳/译	上海译文出版社	2006年8月
29	《艺术发展史》	[英]贡布里希/著，范景中/译	天津人民美术出版社	2006年12月
30	《百年孤独》	[哥伦比亚]加西亚·马尔克斯/著，范晔/译	南海出版公司	2011年6月

2016年度（30种）

序号	书名	作者（译者）	出版社	出版时间
1	《〈周易〉通义》	李镜池/著，曹础基/整理	中华书局	1981年9月
2	《孙子兵法》	[春秋]孙武撰，[三国]曹操/注，郭化若/今译	上海古籍出版社	2006年7月
3	《汉书》	[汉]班固/撰	中华书局	2007年8月
4	《文心雕龙》	[南朝·梁]刘勰/著，王志彬/译注	中华书局	2012年6月
5	《坛经》	尚荣/译注	中华书局	2010年5月
6	《儒林外史》	[清]吴敬梓/著，张慧剑/校注，程十髪/插图	人民文学出版社	1958年11月
7	《新民说》	梁启超/原著，康雪/编著	中国文史出版社	2013年7月
8	《缘缘堂随笔》	丰子恺/著	岳麓书社	2010年8月
9	《傅雷家书》	傅敏/编	江苏文艺出版社	2012年6月
10	《围城》	钱锺书/著	人民文学出版社	1991年2月
11	《乡土中国》	费孝通/著	生活·读书·新知三联书店	2013年9月
12	《中国历史地图集》	谭其骧/主编	中国地图出版社	1982年10月至1987年4月
13	《传奇》	张爱玲/著	中国青年出版社	2000年7月
14	《历史》	[古希腊]希罗多德/著，王以铸/译	商务印书馆	1959年6月
15	《神曲》	[意]但丁/著，田德望/译	人民文学出版社	2002年12月
16	《社会契约论》	[法]卢梭/著，何兆武/译	商务印书馆	2003年3月
17	《常识》	[美]托马斯·潘恩/著，何实/译	华夏出版社	2004年1月
18	《红与黑》	[法]斯丹达尔/著，郭宏安/译	译林出版社	2010年12月
19	《欧也妮·葛朗台》	[法]巴尔扎克/著，张冠尧/译	人民文学出版社	2000年5月
20	《悲惨世界》	[法]雨果/著，郑克鲁/译	上海译文出版社	2010年8月
21	《物种起源》	[英]达尔文/著，周建人、叶笃庄、方宗熙/译	商务印书馆	1995年6月
22	《安娜·卡列尼娜》	[俄]列夫·托尔斯泰/著，草婴/译	译林出版社	2014年4月

续表

序号	书名	作者（译者）	出版社	出版时间
23	《变形记》	［奥地利］卡夫卡/著，叶廷芳、赵登荣 等/译	浙江文艺出版社	2003年1月
24	《中华科学文明史》	［英］李约瑟/原著，［英］柯林·罗南/改编，上海交通大学科学史系/译	上海人民出版社	2010年12月
25	《父与子全集》	［德］卜劳恩/著，洪佩奇/编译	译林出版社	2007年6月
26	《一九八四》	［英］乔治·奥威尔/著，董乐山/译	上海译文出版社	2009年6月
27	《静静的顿河》	［俄］米哈依尔·肖洛霍夫/著，力冈/译	译林出版社	2010年9月
28	《寂静的春天》	［美］蕾切尔·卡森/著，吕瑞兰、李长生/译	上海译文出版社	2008年1月
29	《别逗了,费曼先生》	［美］R.P.费曼、［美］R.莱顿/著，王祖哲/译	湖南科学技术出版社	2012年9月
30	《正义论》	［美］约翰·罗尔斯/著，何怀宏、何包钢、廖申白/译	中国社会科学出版社	2009年7月

（深圳图书馆编制）

后　记

"耕读传家久，诗书继世长"，家庭阅读是促进中华文化一脉相承、绵延相传的重要方式。建设书香中国，核心在于建设书香家庭。在大力推进全民阅读的当下，家庭是一个重要的起点。推进家庭阅读，成为图书馆界日益受到重视的研究课题。

近年来，深圳图书馆充分认识到家庭阅读的重要性，深入开展图书馆家庭阅读推广研究与实践，自2013年起创建了以推广经典阅读为主旨的新型阅读空间——"南书房"，研制"南书房家庭经典阅读书目"并制订十年发布计划，举办"深圳学人·南书房夜话"学术沙龙、经典诵读等系列活动，积极推进家庭经典阅读，打造家庭藏书示范，致力于推动家庭藏书和家庭阅读成为现代文明家庭的重要支撑力量。有鉴于此，中国图书馆学会阅读推广委员会于2016年新增设立的"图书馆与家庭阅读专业委员会"，挂靠单位指定为深圳图书馆。中国图书馆学会"阅读推广人"系列教材中的《图书馆家庭阅读推广》，亦委派深圳图书馆张岩馆长负责组织编写。

《图书馆家庭阅读推广》是一部以面向阅读推广人为主、兼顾家庭阅读传统与文化的普及型读物，主要内容分为两大部分：第一部分为家庭阅读传统与文化，从源与流的角度大致介绍了中外家庭阅读传统、中国传统家庭藏书文化及书房布置、现代家庭藏书构建及家庭阅读氛围营造、家庭阅读方法等；第二部分侧重图书馆家庭阅读推广，分析图书馆在家庭阅读推广中的作用与意义，重点介绍图书馆家庭阅读书目的编制、家庭阅读推广活动的策划与品牌建设，并配套遴选若干图书馆家庭阅读推广案例，以期为图书馆实际工作提供参考。

本书组织了以深圳图书馆业务骨干为主要力量的编写团队。全书共分为八讲，各讲具体编写、审稿人员如下：

第一、二讲，高小军、卢璐撰写，师丽梅审稿。

第三、七、八讲，倪连红撰写；第四、六讲，程帆撰写；第五讲，张盈芳撰写；附录，张盈芳整理；第三至八讲，肖容梅审稿。

全书由张岩负责统筹策划并定稿，肖容梅负责编撰组织工作并对各阶段文本及主要章节提出了具体指导意见及修改建议。

本书编写过程中，中国图书馆学会阅读推广委员会顾问王余光、副主任徐雁提出了框架性指导意见；厦门、宁波、哈尔滨、江阴、苏州独墅湖等地的图书馆提供了宝贵的一手资料；朝华出版社的编辑老师对书稿后期编辑提出了诸多建议，一并谨致由衷谢忱！

编者

2017 年 3 月 7 日